La peur de l'Abîme

Aleta Edwards

La peur de l'Abîme

Guérir les blessures de la honte et du
perfectionnisme

Les Éditions Pilule Rouge
2017

Première édition en français, 2017.
Les Éditions Pilule Rouge
ISBN : 978-2-916721-85-9

Traduction basée sur la deuxième édition en anglais : Red Pill Press, 2016.

Titre original : « Fear of the Abyss - Healing the Wounds of Shame and Perfectionism »

Traduit de l'anglais (États-Unis) par l'équipe francophone du Groupe Futur Quantique (QFG Inc.)

Imprimé en Pologne, par SOWA.

Table des matières

Dédicace

J'aimerais dédicacer à mon mari, Rand, ce livre que je n'aurais jamais pu écrire sans son assistance ni son sacrifice. Si son appui, ses commentaires rédactionnels, ses multiples lectures du manuscrit et sa gestion de toute la partie technique furent indispensables, son soutien émotionnel et sa foi en moi et en ce livre furent ses plus grandes contributions.

Note des traducteurs

Tandis que les psychologues d'Amérique du Nord utilisent les mots
« client » ou « patient » selon leurs préférences personnelles et le cadre
dans lequel ils œuvrent, l'auteur a préféré - comme beaucoup d'autres psychothérapeutes - utiliser le mot « client » dans la version anglaise, considéré comme plus humaniste et moins médicalisé. L'équipe de traduction
française a toutefois choisi d'utiliser le mot « patient » qui paraîtra plus naturel aux lecteurs francophones d'autant que cette distinction particulière
entre les deux termes n'existe pas en français.

Cette précision étant énoncée, nous sommes heureux de rendre accessible aux lecteurs francophones cet excellent ouvrage qui, de par sa simpli-
cité et la prégnance de son empathie, leur apportera, nous l'espérons, une
meilleure compréhension des problématiques qu'eux-mêmes ou leur en-
tourage peuvent rencontrer. Il constitue ainsi une boîte à outils pour élargir leurs horizons et avancer quel que soit le contexte, leurs programmes
mentaux, et leurs différences culturelles. Accessible à tous, il fournit de
plus des exercices pratiques pour les placer sur la voie de la guérison.

Préface à la seconde édition brochée

Depuis l'auto-publication de l'édition brochée de *La peur de l'Abîme*, j'ai continué à recevoir de nombreux courriels de lecteurs me faisant part de leur vie et m'expliquant combien ce livre les avait aidés. J'aime avoir des nouvelles des gens. J'ai appris à quel point le problème de la honte est en réalité extrêmement répandu. Dire aux gens qu'ils n'ont pas à être parfaits ne répond pas à la question de savoir pourquoi ils éprouvent le besoin de l'être en premier lieu, et il est nécessaire de s'occuper des blessures émotionnelles sous-jacentes pour que cela change. Lorsque les gens changent réellement à un niveau profond, leurs rêves se transforment, et ils peuvent se surprendre à commencer à ressentir autrement les choses qui auparavant auraient déclenché une angoisse perfectionniste et y réagir différemment. Ceci est très différent du fait d'essayer de vous dissuader d'éprouver un sentiment, au contraire, vous vous trouvez agréablement surpris lorsque vous vous apercevez de ces changements. Cela montre une réelle transformation à un niveau profond. Je crois que nous éprouvons tous le besoin, que nous en soyons conscients ou non, d'être compris tels que nous sommes véritablement, et c'est là mon objectif. J'ai le plaisir d'avoir des nouvelles de tant de gens merveilleux et j'espère que mon livre continuera à en aider d'autres. Je suis heureuse et reconnaissante que les Éditions Pilule Rouge aient publié mon livre qui pourra ainsi toucher davantage de personnes.

Dr Aleta Edwards
Tampa, Floride
22 mars 2016

Préface à la première édition brochée

Depuis la publication de la version numérique de *La peur de l'Abîme*, j'ai reçu des centaines de commentaires de lecteurs me racontant leur vie et me disant combien mon livre les avait aidés. Leurs remarques me touchent beaucoup et me font plaisir, et j'apprécie chacune d'elles. Beaucoup m'ont aussi encouragée à publier une version papier de mon livre, et l'ouvrage que vous tenez actuellement entre vos mains est la réponse à ces sollicitations.

Dr Aleta EDWARDS
Tampa, Floride
31 octobre 2013

Préface

Pourquoi ce livre

Mes années de pratique en tant que psychologue m'ont fait découvrir que les gens peuvent réellement *guérir*, et non pas simplement améliorer leurs stratégies d'ajustement. Bien que les stratégies d'ajustement soient importantes et nous aident à traverser les moments difficiles, ce n'est pas la même chose que la guérison. Selon le degré de difficulté de leurs problèmes et le niveau d'introspection auquel ils sont prêts à se livrer, les gens peuvent véritablement guérir — c'est-à-dire abandonner leurs anciens modes de comportement ainsi que leurs pensées et sentiments attenants.

Mon orientation est psychodynamique, c'est-à-dire que je crois qu'il faut aider les gens à aller à la source des maux qui les taraudent. L'histoire ou le récit d'une personne et son inconscient — les pensées et sentiments en dehors du champ de la conscience — sont les clés de ce processus. Dans ce type de thérapie, je vise l'intégration – considérer les nombreux éléments différents de sa personnalité avec amour, compassion et respect, et comprendre que nous possédons tous certaines tendances que nous n'aimons pas qui peuvent être tempérées par nos côtés positifs. Il n'est pas nécessaire de nier ces tendances, ce qui laisserait aux gens le sentiment de ne pas être authentique. Ce que certains appellent la part d'ombre doit être reconnue et embrassée, et non écartée presque comme s'il s'agissait d'une personne distincte. Ce livre ne vous dira pas comment gérer ces sentiments, mais vous encouragera à vous voir comme une personne entière — quoique peut-être dotée de sentiments que vous fuyez — et à vous engager sur la voie de la guérison.

De nombreuses personnes commencent à réaliser l'importance de la conscience, de vivre dans le présent, de savoir qui elles sont vraiment. Pour ce faire, elles doivent voir qui elles ne sont *pas*, surmonter les problèmes et les défenses qui obscurcissent leurs véritables sentiments. Les bénéfices sont importants : guérison de blessures émotionnelles et une conscience beaucoup plus grande. Malheureusement, de nombreuses personnes qui se pensent spirituelles croient qu'elles ne devraient pas éprouver de sentiments « négatifs ». Ce n'est pas vrai ; l'être humain connaît de nombreuses pensées sombres et difficiles avant de parvenir à la véritable compassion ou au pardon, et c'est définitivement le cas pour la conscience de soi. Pour réellement savoir qui vous êtes, connaître l'essence de vous-même, vous devez savoir qui vous prétendez être et qui vous n'êtes pas, et la guérison suit le même chemin que le développement de la conscience.

J'ai écrit ce livre pour aider ceux qui possèdent certains groupes de traits de caractère que je rencontre fréquemment chez mes patients. Plus précisément, j'ai écrit ce livre pour ceux qui souffrent de problèmes de perfectionnisme, de contrôle, de honte, de difficultés à prendre des décisions, pensent de manière manichéenne, redoutent la critique, ont une faible estime d'eux-mêmes, craignent d'être déçus ou de décevoir, ont une vie fantasmatique inhibée, et des problèmes relationnels en rapport avec ces traits. Cet ensemble de traits, je le dénomme *constellation* PCH, pour perfectionnisme, contrôle, et honte. Tous ces problèmes sont interdépendants et décrivent un certain *type* de personne ; ils outrepassent les catégories diagnostiques. Bien qu'ils puissent avoir conduit ou non à un diagnostic formel, ils induisent néanmoins des problèmes dans la vie et des sentiments de malaise.

Le perfectionnisme constitue souvent le plus évident des traits de cette constellation ou de ce type de personnalité. Je pense que les gens à la personnalité perfectionniste se sentent en réalité tout *sauf* parfaits. Peut-être cela *vous* décrit-il. Vous aussi avez peut-être l'impression que se cache à l'intérieur de vous une horrible personne contre laquelle vous devez toujours vous défendre. Comme l'a exprimé un jeune patient extrêmement brillant et perspicace, « Pensez-vous que j'*aime* être aussi rigide, strict et critique ? Je *déteste* ça, mais si jamais je bois un verre ou vais dans un bar, j'ai tout simplement peur de devenir comme mes parents. [...] Si je dis un mensonge ou ferme les yeux sur le petit mensonge de quelqu'un d'autre, je deviendrai un horrible menteur comme eux, à trouver des excuses pour tout et ne jamais rien faire. ».

Ceux qui se sentent ainsi ne connaissent pas encore l'immense pouvoir de guérison de l'assimilation des sentiments et des expériences. Cette assimilation ne se fait pas rapidement, exige beaucoup de travail et parfois une introspection douloureusement honnête, mais c'est le seul moyen pour guérir les blessures émotionnelles à l'origine des symptômes perturbateurs. Bien qu'ardue, cette voie se solde par d'immenses bénéfices. Elle génère une personne plus satisfaite et paisible, une personne plus lucide et réfléchie, plus à même de développer des buts authentiques et les mener à bien. Elle vous fera réaliser que vous avez bien plus de choix que vous ne l'auriez imaginé, parce que vous avez décidé de vivre en conscience. Les gens sont surpris et réconfortés de découvrir que raconter leur histoire et explorer leurs sentiments pendant que quelqu'un écoute avec intelligence et compassion constitue un puissant outil de guérison.

Bien que ce livre ne soit pas de la psychothérapie et ne puisse la remplacer, il vous invite bel et bien à emprunter la voie de l'introspection — à vous voir non comme une étiquette ou un problème, mais comme une personne riche et unique dotée de nombreux traits productifs, improductifs, et neutres. Vous pouvez utiliser ce livre seul, le partager avec un thérapeute, ou vous en servir conjointement à une pratique méditative.

Mon espoir

J'espère aussi que vous *profiterez* de ce livre. Lorsque vous lirez des passages qui font appel à votre honnêteté, votre force et votre courage, rappelez-vous que les gens qui souffrent de ces symptômes sont généralement des personnes très gentilles, éthiques et d'une grande moralité. Ce ne sont pas des traits que vous souhaiteriez ou devriez vouloir modifier. De nombreuses personnes qui font face à leurs propres difficultés singulières luttent ne serait-ce que pour développer *certaines* des belles qualités qui sont naturelles à la personnalité PCH.

Souvenez-vous que nous sommes tous des « formules tout compris ». Nos traits positifs et négatifs jaillissent de la même source, et le défi de la vie est d'amener notre personnalité à plus d'équilibre et de conscience. Une patiente, gentille et loyale envers ses proches, me dit qu'elle souhaiterait pouvoir être « drôle et pétillante » comme l'une de ses amies. Cette amie était généreuse et gentille, mais elle n'était pas très stable ni fiable. Je répondis à ma patiente que sans être « drôle et pétillante », elle était une amie et une personne extraordinaire et que son amie plus spontanée devait lutter contre le revers de sa spontanéité : l'impulsivité.

La personne PCH se juge souvent ainsi : elle se compare à celles dotées de qualités plus valorisées dans notre culture, qui trop souvent sous-estime les traits plus matures de la fiabilité et de la compassion que l'on trouve dans la personnalité PCH. Leur sens de la moralité et leur préoccupation de la manière dont ils affectent les autres est souvent ce qui la conduit au départ vers la thérapie. Aussi, tandis que vous affrontez vos défis, souvenez-vous que vous êtes une bonne personne qui tente de grandir. À mesure que vous élargissez votre esprit et réalisez à quel point vous faites preuve de force et de courage, ces éléments deviendront aussi une part authentique de votre image de vous-même.

Introduction

J'ai écrit ce livre pour un *type* de personne spécifique, type que je rencontre fréquemment dans mon cabinet privé. Ces personnes — que je désigne par le terme de « personnalités PCH » — souffrent de problèmes de perfectionnisme, de contrôle et de honte, mais elles ont aussi des difficultés à prendre des décisions, pensent en termes manichéens rigides — tout noir ou tout blanc —, vivent dans la terreur de la critique — en particulier de l'autocritique —, et éprouvent une faible estime pour elles-mêmes, entre autres caractéristiques. J'aime imager les problèmes individuels de cette constellation PCH par les rayons d'une roue. Le moyeu de cette roue représente ce que les personnalités PCH ressentent réellement intérieurement et qui les conduit à souffrir de ces problèmes. C'est le centre de cette roue qui doit guérir ; alors toute la constellation de problèmes ou de symptômes pourra disparaître.

Bien que le terme « personnalité PCH » ne reprenne que trois des traits que l'on trouve souvent dans cette personnalité — perfectionnisme, contrôle et honte — j'aurais pu tout aussi aisément avoir choisi n'importe lequel des autres. PCH est seulement une manière abrégée de désigner tous les traits qui se rencontrent tous dans une certaine mesure chez n'importe qui doté de cette personnalité. Certains de ces traits pourraient vous évoquer le trouble obsessionnel compulsif — TOC — mais mes patients possédant ce type de personnalité ne présentent pas les caractéristiques essentielles de ce trouble. Les gens véritablement atteints de TOC, avec leurs rituels répétitifs souvent élaborés, sont dans une telle souffrance que cela les empêche souvent de participer à des psychothérapies orientées vers l'introspection ou même au type de réflexion sur soi que requiert ce livre.

Ainsi, bien que la personnalité PCH puisse partager certains traits avec les obsessionnels compulsifs, la plupart viennent me voir avec une dépression, de l'anxiété ou des troubles de paniques. Parfois, ils ont déjà consulté un autre thérapeute qui leur a dit que leur anxiété ou leurs autres symptômes seraient mieux traités par une thérapie cognitive et comportementale qui enseigne des stratégies d'ajustement pour réduire ou contrôler les symptômes. Ils apprennent ces techniques, mais sont mécontents des résultats parce qu'ils *savent* à un certain niveau que quelque chose les pousse à avoir les symptômes auxquels ils continuent à faire face. Les symptômes qui sont traités sont simplement la manifestation de leurs sentiments sous-jacents qui demeurent en place même après avoir appris de nouveaux modes de « stratégies d'ajustement ». Personne ne leur a jamais dit qu'il existe un espoir qu'ils puissent réellement guérir en abordant le « moyeu » de leur personnalité, la dynamique sous-jacente qui provoque leur souffrance. On ne leur a jamais demandé de raconter leur « histoire », le récit de leur vie qui a mené aux symptômes. Un jeune patient très clairvoyant me dit lors de la première séance qu'il avait l'impression d'avoir perdu une partie de lui-même et qu'il voulait la retrouver. Il avait tout à fait raison.

Bien que ce livre, dans ses différents chapitres, aborde certains des problèmes qui affligent la personne PCH, il n'est pas écrit pour un problème spécifique — les « rayons » de la roue PCH — mais pour un certain *type* de personne qui souffre de ces maux. Il existe une pléthore de livres disponibles sur l'anxiété, la panique ou la dépression, mais cet ouvrage est destiné à un certain *type* de personne qui pourrait souffrir de ces symptômes. Il n'y est pas non plus question de stratégies d'ajustement, mais plutôt d'un engagement dans un processus de guérison, processus qui aboutit à une plus grande conscience. Ce n'est pas un processus facile. Ceux qui entament une thérapie en escomptant un miracle qui transformera leur personnalité du jour au lendemain espèrent l'impossible. Et après tout, qui souhaiterait vraiment que notre personnalité soit si malléable que l'on puisse se réveiller un matin sans plus se reconnaître ? Non, le vrai changement et la véritable guérison exigent un réel travail, un travail d'introspection et de sincérité parfois rigoureuses, que ce soit ou non avec l'aide d'un psychothérapeute professionnel.

Organisation du livre

Puisque dans la constellation PCH, les différents traits sont étroitement liés, il est difficile de les dissocier et de les aborder tels des problèmes individuels. Si la structure linéaire d'un livre nécessite cette façon de procéder, l'interdépendance de ces problèmes exige également du lecteur de toujours garder à l'esprit combien ces traits sont interconnectés dans la structure globale de cette personnalité. Dans le livre, vous verrez que de nombreux chapitres traitent de « rayons » particuliers de la constellation PCH, mais qu'ils se chevauchent quelque peu étant donné que les problèmes ont le même moyeu ou la même racine. Malgré la répétition, le lecteur devra fréquemment revenir sur les chapitres déjà lus pour progressivement dresser le tableau d'ensemble.

En raison du besoin d'organisation linéaire, voici comment le livre est agencé : le Chapitre 1 offre une vue d'ensemble de la constellation des problèmes PCH et discute de mes objections contre l'étiquetage diagnostic. Les Chapitres 2 à 4 abordent des problèmes particuliers, ou des rayons individuels — à savoir la honte, la rigidité et la déception. Le Chapitre 5 interrompt les problèmes individuels pour discuter de deux théories qui expliquent comment nous développons ces problèmes, car pour mieux comprendre la constellation, vous avez besoin de savoir comment se produit cette évolution. Les Chapitres 6 à 9 traitent du reste des problèmes sur lesquels j'ai choisi de me concentrer dans ce livre — contrôle, décisions, fantasmes et difficultés relationnelles.

Le Chapitre 10 est axé sur l'Abîme. Bien que creuser sous les problèmes de surface jusqu'à la partie de votre inconscient qui se trouve au plus près de votre conscience puisse vous procurer un immense soulagement, affronter l'Abîme est la partie la plus difficile de toutes, car elle se situe généralement à mille lieues de votre perception consciente. Dans ce chapitre, vous trouverez des travaux plus avancés qui vous invitent à réellement analyser ce dont vous avez peur — le type de personne que vous craignez d'être sous le couvert de ces traits spécifiques. Le Chapitre 11 traite de votre Moi authentique, et des liberté et paix que procure un Moi intégré. Lorsque vous pouvez véritablement faire face à l'Abîme, les défenses qui vous éloignent de la connaissance de votre Moi authentique tombent, et vous ne serez plus jamais le même.

Les chapitres sur les rayons individuels comportent des exercices conçus pour vous aider progressivement à vous connaître de plus en plus en profondeur. Les exercices de départ vous aident à vous mettre à l'aise avec le fait de souffrir de problèmes — comme nous tous — et à vous observer sans jugement. Alors que de nombreux exercices sont axés sur ce qui se cache derrière ou au-delà des symptômes, ils vous invitent aussi progressivement à vous rapprocher de plus en plus de votre Moi réel authentique. Changer est difficile, et vous devrez rassembler tout votre courage pour accomplir ce travail.

Bien que ces exercices puissent parfois vous faire fondre en larmes, je vous invite également à rire ! Rire de soi-même peut s'avérer immensément libérateur et c'est une réaction très naturelle face à la découverte que le « monstre » qui se dissimule en vous n'est désormais pas plus effrayant qu'un petit animal acculé. En se faisant « attraper », le pire est passé tandis que la peur se retrouve exposée.

Vous ne pouvez escompter faire un exercice une seule fois et récolter les fruits d'un profond changement. Par conséquent, je vous suggère de tenir un journal et d'intégrer les exercices à votre vie jusqu'à ce qu'ils deviennent une partie de vous-même. À mesure que vous poursuivrez ce processus, vous vous rapprocherez de plus en plus de votre inconscient, ce qui signifie que vous vous connaîtrez mieux et vous sentirez moins à la merci d'un esprit dont vous avez parfois l'impression qu'il ne vous appartient même pas. Une plus grande conscience de soi conduit à une plus grande maîtrise de soi-même et de sa vie. Continuez à répéter les exercices de chaque chapitre jusqu'à ce que vous n'en ayez plus besoin. Chaque chapitre en contient de nouveaux, mais les plus anciens doivent devenir une partie de vous-même tout comme de votre vie.

Mes patients

Au cours de ma carrière de clinicienne, j'ai bénéficié d'une pratique extrêmement diversifiée. J'ai travaillé avec des hommes et des femmes, des homosexuels et des hétérosexuels, et des gens de races, âges et groupes ethniques et culturels variés. J'ai réalisé l'évaluation psychologique d'enfants, conduit des thérapies auprès de personnes âgées dans des maisons de retraite, traité des militaires en service actif, et travaillé avec des patients privés issus de différents groupes. Les questions de PCH ne se limitent à aucun groupe spécifique, ce qui en fait des problèmes universels dont il est très important de s'occuper.

Veuillez noter que, bien que les personnes dont les données ont inspiré mes anecdotes m'aient toutes autorisée à me servir de leurs histoires, celles que vous croiserez dans ce livre sont composites. J'ai modifié le sexe, l'âge et les circonstances, mais les problèmes demeurent fidèles à l'idée. Par conséquent, si vous rencontriez par hasard quelqu'un qui a inspiré une anecdote, vous ne le sauriez pas. Simultanément, ces problèmes étant tellement répandus, vous pourriez vous y « reconnaître », ou y « voir » de nombreuses personnes de votre connaissance, mais toute ressemblance avec des personnes réelles ne sera qu'une coïncidence.

Je ne vous connais pas personnellement, mais j'aimerais vous assister dans votre processus de guérison. Au cours de mes dix-huit années d'exercice privé, j'ai suivi cette voie avec de nombreux patients, et j'ai vu guérir bon nombre de personnes possédant cette dynamique. Il n'y a pas de plus grand plaisir que d'entendre un patient me dire « Vous vous souvenez quand je passais mon temps à me reprocher la moindre petite chose ? », puis de savourer la liberté qu'il ressent désormais. Ce fut pour moi un honneur et un privilège de les aider sur cette voie qu'ils ont empruntée avec courage, honnêteté, et une véritable soif de mieux se connaître.

L'envie de ne pas avoir peur des régions dissimulées et enclavées de notre esprit mais d'affronter, reconnaître et, oui, faire de la place à la soi-disant négativité est une lutte que nous devons tous livrer et qui, à mon avis, est inévitable. Guérir ne signifie pas ne jamais être triste. Cela signifie ne pas être aveuglé par l'angoisse qui semble surgir de nulle part, toujours avoir le sentiment de devoir patauger pour simplement éviter les turbulences de la vie. Puisque vous lisez ce livre, je sais que vous voulez entamer ce processus de guérison, et je vous souhaite le meilleur des voyages.

Chapitre 1

La constellation PCH

L'acronyme PCH — pour perfectionnisme, contrôle et honte — désigne le type de personne auquel ce livre est destiné. Toutefois, ce ne sont là que trois des traits de ce type de personnalité, et les autres traits dont il sera question dans ce livre auraient tout aussi bien pu être choisis pour représenter l'ensemble. Nous, êtres humains, sommes constitués de constellations de traits. Lorsque nous possédons certains traits, il est très probable que nous possédions également d'autres traits correspondants qui tendent à aller de pair.

Les constellations vous sont déjà familières. Vous avez déjà peut-être rencontré des personnes comme la voisine de mon grand-père, qu'il avait coutume de surnommer une « je peux faire mieux que toi ». Si quelqu'un n'allait pas bien, elle répliquait qu'elle-même avait de plus gros problèmes. Si quelqu'un était fier d'un petit-fils, le sien était mieux. Comme on pouvait s'y attendre, elle devenait furieuse si elle pensait qu'un autre se vantait. De manière tout aussi prévisible, elle se mettait à déprimer lorsque les gens ne pouvaient étancher sa soif d'attention. Peut-être connaissez-vous aussi des gens vifs et amusants, mais savez qu'ils sont souvent peu fiables et pas très bien organisés. Vous voyez comment certains traits se combinent — tant les aspects positifs que les aspects négatifs des types de personnalité dans leur globalité.

Nous nous présentons tous sous forme de « lot », et nos traits ont tous un côté positif et un côté négatif. Ceci n'est pas seulement vrai de vous, mais de nous tous. Par exemple, les gens considérés comme « voulant tout régenter » — et oui, ce sont généralement des personnalités PCH — sont prodigieusement loyaux, organisés et fiables. Ces traits méritent d'être conservés et le monde en a sacrément besoin — mais sans les effroyables sentiments d'anxiété et de doute de soi qui peuvent affliger un individu présentant des problèmes de PCH. Ici, j'écris pour ceux qui souffrent de l'aspect plus négatif de ces traits, qui travaillent très dur et peuvent être très accomplis, mais qui pourtant ne parviennent pas à trouver en eux la paix ou la joie.

Souffrez-vous d'une anxiété provenant de l'intérieur de vous-même et qui ne semble pas liée à ce qui se passe dans votre vie ? Avez-vous le sentiment que si vous n'êtes pas parfait dans tout ce que vous faites — que si vous commettez la moindre erreur — vous n'êtes pas compétent ? Éprouvez-vous un tel désir d'être nécessaire que vous en oubliez vos besoins ? Recherchez-vous intensément la validation mais avez peu d'amour propre ? Est-il difficile pour vous d'admirer quelqu'un ou le talent d'une autre personne sans vous y comparer défavorablement ? Vous surmenez-vous au travail pour ensuite vous sentir sous-estimé ? Ressentez-vous le besoin de rendre les choses prévisibles en essayant de les contrôler ? Trouvez-vous difficile de vous fier à vos intuitions à propos des autres, et doutez-vous de vos perceptions, en particulier si vous voyez ou ressentez quelque chose de négatif ? Vous est-il difficile de prendre des décisions comme si chacune d'elles était cruciale ? Votre pensée est-elle rigide ? Redoutez-vous la déception — qu'il s'agisse de décevoir les autres ou d'être vous-même déçu ?

Si vous avez répondu « oui » à ne serait-ce que quelques-unes de ces questions, alors vous savez à quel point les traits PCH peuvent s'avérer terriblement inconfortables. Des gens sont venus chercher mon aide pour des troubles paniques, inconscients de la relation avec la problématique PCH qui déclenchent la panique, en ayant l'impression qu'elle surgit de nulle part. Pourtant, l'esprit humain est excessivement riche et comporte sa propre logique. Les raisons de ces crises ne deviennent claires que si l'on demande aux gens de raconter leur histoire, si on les écoute et les encourage à s'écouter eux-mêmes. Certaines personnes viennent en thérapie en se plaignant de perfectionnisme ou d'anxiété sévère, et certains d'entre eux me disent qu'ils ont en fait connu de véritables épisodes obsessionnels compulsifs, piégés dans un enfer de rituels qui semble interminable. Ils sont parvenus tant bien que mal à dépasser ce stade, mais sont toujours en souffrance puisque la personnalité est demeurée la même.

Bien que je sois tout à fait en faveur des stratégies d'ajustement — la vie l'exige assurément — je suis très peinée quand viennent me voir des gens à qui l'on a diagnostiqué des troubles paniques et qui souffrent toujours terriblement de leurs problèmes de PCH *et* de crises de panique. Si aider les gens à gérer leurs problèmes est important et utile, les problèmes quant à eux, les véritables sentiments sous la surface, demeurent ignorés. Par exemple, une personne peut avoir des crises de panique parce qu'une partie de la constellation PCH — la façon dont elle *aimerait* se considérer elle-même ou envisager les autres — est menacée par ses réels sentiments à son endroit, ou autre, qui émergent à la conscience. Cette personne est très différente de celle qui souffre de panique par peur de l'abandon, par exemple. Il en va de même pour la dépression. Quelqu'un est-il déprimé parce que le besoin de se croire parfait — problématique PCH — est mis à mal, ou est-ce dû à une autre raison ?

Par conséquent, quel que soit le diagnostic apparent ou la manière dont les symptômes se manifestent, je regarde à la fois les traits extérieurs — les rayons de la roue — et la véritable souffrance qui se trouve au centre.

Cette « souffrance » est une sorte de malaise émotionnel qui ne s'apaise jamais réellement, bien qu'avec des efforts intenses et des manœuvres défensives, elle puisse être maintenue à distance. Pour moi, cela équivaut à nager sur place : oui, rester en vie et garder la tête hors de l'eau sont plutôt importants, mais ce serait magnifique d'aller quelque part. Cela m'attriste lorsque les personnes viennent pour leur première visite et m'informent de leur diagnostic puis font apparaître que leur dynamique n'a jamais été abordée. Ce qui s'est réellement produit, c'est qu'un système de défense très fragile a dû faire face à des circonstances qui ont provoqué son effondrement. On peut faire bien davantage pour quelqu'un que l'aider à retrouver son état antérieur à la crise : les problèmes qui à l'origine l'ont rendu vulnérable peuvent être traités.

Les étiquettes diagnostiques que les gens reçoivent peuvent obscurcir le réel noyau de personnalité qui provoque le symptôme ou donne lieu à cet étiquetage. De même, étudier les problèmes individuels isolément, sans compréhension du *type* de personne qui rencontre ces problèmes, peut voiler ce qui a besoin de guérir. Avant d'aborder plus en détail la constellation des traits PCH, examinons de plus près certains des dangers que pose l'étiquetage diagnostique ou l'étude isolée des problèmes.

Personnes et étiquettes

De nos jours, les personnes se diagnostiquent souvent elles-mêmes avant de décider de consulter un professionnel de la santé mentale. Elles m'appelleront et déclareront qu'elles ont un trouble panique, de l'anxiété, ou sont déprimées. Elles ont généralement raison. Le problème, c'est que les étiquettes que l'on appose aux individus, ou qu'ils peuvent même se coller eux-mêmes, peuvent les empêcher de recevoir le traitement le plus efficace et d'atteindre leur optimum de santé mentale ainsi que le bonheur. Se concentrer uniquement sur une étiquette dévalorise la personne et efface sa personnalité. On sait tous qu'une personne n'est pas ses symptômes ou ses étiquettes, mais un être humain dans son entier. La totalité de cette personne possède une histoire, un vécu et une personnalité uniques.

Pour un thérapeute qui emploie une approche psychanalytique ou holistique, ces étiquettes sont loin d'être aussi importantes que l'*individu* qui souffre des symptômes, la personne de chair et de sang qui vient chercher de l'aide auprès de lui, et l'histoire qui l'a conduite à sa porte. Le récit de chaque personne est important et doit être entendu et respecté. Peut-être que l'idée la plus importante de ce livre est que vous n'êtes *pas* votre diagnostic, mais un être humain éminemment sensible avec une histoire, des couches d'émotions et des dynamiques imbriquées. Être soigné en conséquence, et apprendre à vous traiter en conséquence, constituent un énorme pas vers la guérison.

Examinons quelques exemples de patients portant le même diagnostic dont les problèmes peuvent être très différents et nécessiter des approches tout aussi différentes. Cela nous aidera aussi à cibler précisément ceux à qui ce livre est destiné. Bon nombre des patients que je vois se plaignent de se sentir déprimés. Imaginez deux personnes sombrer dans la dépression après avoir été renvoyées d'un emploi. La première n'a pas les qualifications professionnelles requises et se sent trop accablée et angoissée pour pouvoir rechercher un nouvel emploi. La seconde est hautement qualifiée et en bonne position pour trouver un autre travail, mais se sent stupide et croit que les gens brillants ne se font pas renvoyer. La seconde personne est du type PCH car la honte et la blessure d'amour propre sont au cœur de sa dépression. Son perfectionnisme a subi un rude revers. La première personne fait face à de simples problèmes de perte et de préoccupation quant à l'avenir ; elle possède un type de personnalité totalement différent.

De même, une personne peut être cliniquement déprimée après la rupture d'une relation parce qu'elle éprouve du chagrin et que l'autre lui manque terriblement, tandis qu'une autre le sera, car le fait d'être rejeté aura éveillé d'intenses sentiments de honte, des sentiments tellement puissants qu'elle ne pourra même pas aller jusqu'à ressentir le manque de l'être perdu. La première personne souffre de sentiments de perte normaux, tandis que la seconde souffre d'une blessure d'amour propre et de honte, et peut-être de sentiments d'échec — des problèmes du type de la personnalité PCH. Envisageons un cas supplémentaire : une personne a vécu une enfance horrible et n'est jamais parvenue à profiter de la vie en quoi que ce soit, car la base d'une vie heureuse n'était tout simplement pas présente. Elle est toujours léthargique et ne s'intéresse pas à grand-chose. Une autre vit une crise émotionnelle parce qu'elle n'a pas réussi une matière à l'école — non parce qu'elle ne pourra pas poursuivre ses études, mais parce qu'elle a senti qu'elle avait échoué. À nouveau, nous avons le même diagnostic de dépression, mais chez des types de personnes très différents. La seconde est du type PCH : la perfectionniste n'a pas pu supporter d'échouer à un examen.

L'anxiété constitue une autre plainte courante que l'on ne peut comprendre sans connaître le type de personnalité et la dynamique sous-jacente de la personne qui présente le symptôme. Par exemple, quelqu'un peut développer un trouble anxieux après un divorce à cause de la peur de faire les choses seul, tandis qu'un autre dans la même situation peut redouter d'être critiqué lorsqu'il essaye de nouvelles choses. À nouveau, la seconde personne possède une personnalité PCH ; la crainte de la critique se trouve au cœur de l'anxiété.

Dans chacun de ces exemples, les deux personnes partagent un même diagnostic, mais l'on peut voir que leurs problèmes sous-jacents sont très différents, et je ne les traiterai jamais de la même façon.

Un cas survenu dans ma pratique il y a quelques années illustre de manière plus radicale pourquoi l'on ne peut pas se contenter d'observer les symptômes et qu'il est nécessaire d'analyser la personne qui les manifeste. « Debbie » avait connu une enfance très défavorisée et pénible. Pour y survivre, elle avait développé un type de personnalité PCH qui lui avait fourni des règles pour mettre de l'ordre dans son monde chaotique. Adulte, elle était assez rigide et anxieuse. Comme elle était généralement déprimée, mais réussissait pourtant de temps à autre à se remonter le moral, elle se décrivait comme ayant des « sautes d'humeur ». Lorsque Debbie alla consulter un psychiatre et lui parla de ses « sautes d'humeur », on lui diagnostiqua un trouble bipolaire, une grave pathologie psychologique pour laquelle on lui prescrivit une médication lourde. Le seul souci était qu'elle n'avait jamais été bipolaire ! Lors de nos séances, nous avons évoqué le profond sentiment de honte qu'elle ressentait vis-à-vis d'elle-même et l'enfance malheureuse qui avait provoqué ses nombreux symptômes. Au cours de sa thérapie, aucun signe de trouble bipolaire ne se manifesta et ses médicaments furent très vite arrêtés.

C'est le perfectionnisme, la peur de la critique et la honte des personnes PCH de chacun de ces exemples qui sont à l'origine de leurs problèmes, après que les circonstances de la vie ont empêché leurs mécanismes de défense normaux de fonctionner. Les autres personnes citées dans ces exemples ne rencontrent *pas* les mêmes problèmes, mais elles reçurent cependant la même étiquette diagnostique. Traiter la dépression, l'anxiété, ou tout autre symptôme sans considérer l'individu *qui* en souffre ne permettra à personne de réellement guérir. Cela cause aux gens énormément de tort et ne favorise pas le changement — cela ne fait que les renvoyer à l'état protégé, quel qu'il soit, dans lequel ils se trouvaient avant que la crise émotionnelle n'éclate.

J'ai vu tellement de gens en grande souffrance être traités de cette manière lorsque leur perfectionnisme ou tout autre symptôme de PCH étaient pris à partie, et leurs réels problèmes n'avaient jamais été abordés. Que vous travailliez vous-même sur ces questions ou alliez voir un psychologue, connaissez vos problèmes pour pouvoir obtenir de l'aide à leur sujet. Votre problème n'est jamais la dépression ou l'anxiété. Ce n'est qu'une simple étiquette diagnostique. Vous pourriez dire que la dépression ou l'anxiété sont la *conséquence* de la problématique avec laquelle vous avez vécu toute votre vie.

Le trouble panique est un autre diagnostic dans lequel les aspects de la constellation PCH jouent souvent un rôle et où il est essentiel de regarder la personne réelle qui se trouve sous l'étiquette. Il y a évidemment des gens qui ont toujours été nerveux et craintifs, qui ont des crises de panique occasionnelles et qui ne sont *pas* des personnalités PCH. Mais les problèmes de PCH sont les premiers suspects lorsqu'un nouveau patient rapporte souffrir de crises de panique. Lorsque je rencontre ce genre de personne, la première question que je me pose est : pourquoi panique-t-il *maintenant* ? Quand les années ont passé, nous avons besoin de savoir pourquoi et quand les crises de panique se sont manifestées, et ce qui se passait à l'époque.

« Lois » vint me consulter en se plaignant de crises de panique. Elle souffrait d'agoraphobie, ce qui l'empêchait parfois de sortir de chez elle, et me dit en riant qu'elle avait un « cerveau dérangé ». Je lui demandai quand ces problèmes avaient commencé et ce qui se passait à l'époque. Si elle n'avait pas toujours été ainsi, pourquoi pensait-elle que quelque chose clochait dans son cerveau ? Il avait dû se produire quelque chose qui avait provoqué cette panique au départ. Lois répondit que la panique était apparue quelques années auparavant lorsqu'elle avait divorcé de son mari physiquement violent et emménagé dans son propre logement. Il passait encore la voir et voulait qu'elle sorte avec lui. Elle avait peur de refuser et se sentait coupable d'avoir divorcé. Elle développa une agoraphobie, ce qui lui donna une excuse pour ne pas être obligée de sortir avec lui ; sa réaction à lui fut de la traiter de « folle ».

Je demandai à Lois si elle avait été maltraitée durant son enfance et elle me raconta une histoire très triste : elle avait peur de rentrer à la maison après l'école car son père, qui attendait qu'elle et ses frères et sœurs rentrent, allait les brutaliser. Elle décrivit des scènes incroyablement effrayantes et violentes. Au cours de nombreuses séances, il devint évident que pour survivre à une enfance épouvantable, Lois avait développé une personnalité PCH. Elle avait mis de l'ordre dans une partie de son monde du mieux qu'un petit enfant puisse le faire. Elle était « censée » aimer sa mère et son père. Plus tard, elle était « censée » aimer son mari. Ces « *être censée* » reflètent une pensée manichéenne rigide, une composante de la personnalité PCH. Aucune circonstance atténuante n'était permise : on est juste « censé » faire ou éprouver certaines choses en permanence. Parce qu'elle avait dû développer un système pour survivre à une enfance effroyable, Lois n'avait jamais assimilé ses sentiments pour son père ni questionné son amour pour cet homme brutal.

Un jour, Lois alla aux toilettes durant notre séance. Elle revint en pleurs mais en souriant — oui, les deux à la fois — et dit : « J'ai compris ! Je n'ai pas à aimer quelqu'un que je ne veux pas ! Mon père était un salaud fou et violent et j'ai épousé quelqu'un comme lui — et lui aussi, je le hais ! ». Depuis ce jour, son trouble panique et son agoraphobie avaient dans une large mesure disparu. Nous discutâmes du fait qu'être triste est bien plus facile que de paniquer, et que se culpabiliser de ne pas faire l'impossible lui avait semblé une meilleure option que d'affronter les graves préjudices qui lui avaient été infligés. Le cerveau de Lois n'était pas défaillant. Elle n'était pas irrécupérable. Mais elle dut *vraiment* s'attaquer à la rigidité de sa pensée manichéenne pour véritablement guérir.

Quand je rencontrai Lois pour la première fois, elle prenait des médicaments depuis trois ans. On lui avait dit qu'il n'existait pas de traitement pour les troubles paniques et on l'envoya suivre des cours de relaxation. Ces derniers soulagèrent un peu la panique mais ne l'éliminèrent pas, c'est pourquoi elle était venue me voir. À un certain niveau, Lois savait qu'elle n'avait pas réellement touché le fond du problème. Quelques jours après notre séance initiale, je reçus une lettre de son psychiatre m'expliquant qu'elle souffrait d'un grave trouble panique et était une personne dépendante, et que je devais effectuer avec elle un travail comportemental cognitif — le même travail d'ajustement qu'elle avait déjà accompli. Mais grâce au travail intense de Lois et à sa perspicacité, et sans davantage de techniques d'« ajustement », son trouble panique fut finalement guéri. Les médicaments ne furent plus nécessaires. Elle fut capable de dire à son ancien mari qu'elle ne voulait rien avoir à faire avec lui et qu'elle menait sa propre vie.

Lois avait perdu des années de sa vie parce que le système l'avait étiquetée et transformée en une autre personne « incurable » dont le seul recours était d'apprendre à s'adapter. Personne ne lui avait demandé quand ou pourquoi elle avait développé ses problèmes, comment elle vivait avant cela, ni n'avait analysé ses atouts ainsi que sa personnalité globale. Personne ne l'avait en aucun cas regardée comme une personne entière — seul le trouble panique avait été considéré.

En cas d'anxiété et de troubles paniques, je pense qu'il est particulièrement crucial d'aborder la problématique qui les sous-tend. Ces troubles *sont* guérissables. J'ai personnellement vu ces symptômes guérir chez grand nombre de personnes, et je souhaite qu'il en soit de même pour tous. Encore une fois, les symptômes ne sont que la manifestation des sentiments sous-jacents qui évoluent vers une personnalité globale. Traiter ces symptômes, c'est ignorer la personnalité et dévaloriser la personne. Les symptômes ne sont pas la question — ce ne sont que le sommet de l'iceberg.

Avec Lois, ce processus prit environ huit mois. Elle ne voulut pas creuser jusqu'à la raison profonde qui lui avait fait développer cette défense. Comme Lois, certains de mes patients souhaitent être soulagés de leurs symptômes, tandis que pour d'autres, maximiser leur connaissance d'eux-mêmes constitue un but en soi. Lois déclara qu'elle prenait de l'âge et souhaitait simplement vivre, ce qui me parut sensé. Un an plus tard, elle vint à mon cabinet pour me dire qu'elle avait décroché un travail génial dans un domaine qui lui tenait énormément à cœur. Elle mettait ses talents créatifs à profit et elle adorait ça. Comme tant d'autres rencontrant ces difficultés, les frères et sœurs de Lois étaient affligés de problèmes similaires, et elle devint pour eux une source d'aide significative.

Maintenant que j'ai montré comment des gens différents présentant les mêmes symptômes y sont parvenus par des voies très différentes, je souhaite évoquer brièvement ce que j'entends par la « dynamique ». Cela constitue la clé pour comprendre la constellation PCH dont nous traiterons ultérieurement.

Qu'est-ce que la « dynamique » ?

Pourquoi combiner une variété de catégories diagnostiques dans la même constellation de traits PCH, et qu'ont en commun ces traits ? Ils résultent tous de la même « dynamique » sous-jacente. La dynamique fait référence à l'influence qu'exercent nos pensées et sentiments inconscients sur notre perception consciente puis sur nos actes.

L'idée que nous sommes motivés par des facteurs inconscients n'est certainement pas nouvelle. FREUD est célèbre pour avoir développé l'idée que nous possédons un esprit inconscient, les choses dont nous ne sommes pas conscients, que nous nous cachons à nous-mêmes. Nous connaissons certainement tous des gens dont on dit qu'ils sont « dans le déni », un exemple de ce que FREUD avait à l'esprit. Si un événement de la vie provoque un sentiment que nous entretenons secrètement ou inconsciemment, il peut se produire une crise émotionnelle. Repensez à Lois. Je n'ai pas vu un trouble panique, mais une femme effrayée qui avait le sentiment qu'elle était « censée » aimer un père maltraitant et qui tentait d'apaiser sa culpabilité en essayant d'aimer un mari violent. Elle s'efforçait de se soumettre comme on lui avait appris à le faire. Les personnes PCH « jouent selon les règles », mais souvent on ne leur a pas appris la règle de l'auto-préservation ou du bonheur.

Les psychothérapeutes à orientation psychanalytique ont un grand respect pour l'inconscient et sa dynamique. Toutefois, notre culture s'est laissée séduire par les étiquettes qui déterminent souvent le type de traitement que nous recevons. Ces étiquettes ignorent les facteurs dynamiques, en particulier les sentiments inconscients sous-jacents qui affectent les expériences vécues de chaque personne et qui sont à leur tour affectés *par* ces dernières. Nous pouvons nous sentir piégés par ces sentiments et ne sommes libérés que lorsqu'ils se trouvent sous le contrôle de notre conscience.

Remémorez-vous mes premiers exemples. Une personne perd un travail et sombre dans la dépression parce qu'elle n'a pas les qualifications et s'inquiète de perdre son logement, et une autre est déprimée parce qu'elle se sent stupide. Quelqu'un peut être déprimé soit à cause d'une solitude et d'un chagrin insupportables, soit à cause de la honte et de la peur d'affronter ses propres sentiments. Il ne s'agit pas du même type de personne. Bien que toutes deux souffrent de dépression, leur *dynamique* est très différente. C'est une raison de plus pour laquelle je minimise les étiquettes diagnostiques dans ma pratique. J'ai vu trop de gens souffrir trop longtemps parce que leur histoire et leur dynamique avaient été ignorées.

L'anxiété que vous ressentez ne vient pas de nulle part : elle survient parce qu'un système de défense fragile est menacé. Imaginez une pensée comme une forme physique et vos défenses comme un censeur en métal que vous placez entre vos pensées et votre conscience. À présent, imaginez la pensée se heurter contre ce censeur encore et encore. À chaque fois que cela se produit, le choc provoque de la panique ou de l'anxiété. Votre résistance provoque de la douleur. Si vous pouvez diminuer cette résistance ou supprimer la barrière, vous n'aggraverez pas la douleur de la pensée elle-même. En fait, sans la résistance, vous n'aurez que la pensée ou le sentiment, bien qu'il soit fort probable qu'elle ou il soit triste, sinon vous n'auriez pas en tout premier lieu érigé la barrière.

Par exemple, les gens extrêmement perfectionnistes et anxieux à ce sujet ne se sentent absolument pas parfaits. Généralement, ils se sentent plutôt imparfaits et tentent d'empêcher les autres de voir toute vulnérabilité ; même eux évitent d'en voir afin de repousser les sentiments douloureux et négatifs. Nous éprouvons tous des sentiments négatifs — toute une panoplie — et lorsqu'on ne les reconnaît pas, ils continuent à essayer d'être entendus. C'est là que gît la source de l'anxiété. Mais lorsque cela arrive, ce n'est rien de plus que notre esprit qui tente de nous faire accepter et reconnaître ces sentiments, pas une maladie ou quelque chose qui vient d'ailleurs.

Les gens s'épuisent à entretenir cette façade défensive. À un certain moment, vous devez voir précisément ce que vous n'aimez pas en vous, que ce soit juste ou non — et souvent ça ne l'est pas — et cela apaisera l'angoisse du besoin d'être parfait. Pourquoi ne pas vous offrir l'opportunité de réellement vous connaître, d'élargir votre conscience de vous-même et devenir une personne entière ? Votre anxiété est simplement une partie de vous-même qui tente de se faire reconnaître, pas un ennemi. Mieux vous vous connaissez, plus vous avez vraiment le contrôle. Vous n'avez alors plus à vous inquiéter de ce qu'une partie de vous-même, retenue par une barrière, puisse faire irruption, car elle se trouve sous votre contrôle conscient. Ce sont les gens refoulés qui ont tendance à perdre le contrôle, pas ceux qui sont en contact avec leurs sentiments. Devenir conscient de sentiments inconscients ne retirera *pas* votre moralité, votre spiritualité ou votre éthique, mais *éliminera* la sensation de sentiments semblant surgir de nulle part.

Pour votre propre bien-être, je vous demande de vous regarder avec une profonde et sincère honnêteté afin d'affronter les sentiments parfois douloureux qui gisent sous la surface. Peut-être ne seront-ils pas aussi terribles lorsque vous les examinerez, et peut-être arriverez-vous à voir la bonté en vous-même à mesure que vous parcourrez ce livre et le processus qu'il encourage. C'est mon souhait. J'observe constamment à quel point les gens sont durs avec eux-mêmes ; l'ironie est que lorsqu'ils plongent leur regard en eux-mêmes plus avant, un puissant courage émotionnel émerge. Celui-ci devient alors une ressource et une partie authentique de leur image d'eux-mêmes.

La constellation PCH

Nous avons tous rencontré des perfectionnistes. Ce sont ceux pour qui tout doit être « impeccable », même lorsqu'une légère omission ou une petite erreur serait à peine visible. Travailler avec les autres ou entretenir une relation peut présenter de sérieuses difficultés, car les perfectionnistes se sentent également obligés d'empêcher les autres de « cafouiller », puisque cela se répercutera aussi sur eux et perturbera leur vision ordonnée de la façon dont le monde devrait être. C'est de cette manière qu'ils gagnent leur réputation de « vouloir tout régenter ». Peut-être moins évident est le fait que lorsqu'un perfectionniste commet cette rare erreur, sa réaction sous-jacente est souvent celle de la honte. Vous en apprendrez les raisons ultérieurement. Pour l'instant, je me contenterai de préciser que pour le perfectionniste, commettre une erreur est *moralement inacceptable*, et donc commettre une erreur, c'est être *immoral* — une mauvaise personne. Honte et perfectionnisme vont souvent de pair.

Vous sentez-*vous* dévasté lorsque vous commettez une erreur ? Tirez-vous alors la conclusion que vous êtes d'une certaine manière totalement indigne ou détestable ? Comme tant d'autres, vous pouvez redouter l'humiliation et pourtant vous sentir humilié pour des erreurs banales et quelconques. La honte que vous ressentez peut vous amener à nier vos véritables sentiments envers vous-même comme envers les autres.

D'autres traits appartenant à la constellation PCH sont la pensée manichéenne et l'indécision. Il existe peu de « zones grises » pour la personne PCH. Une ligne de conduite est soit bonne, soit mauvaise. Il n'y a pas de « petit mensonge innocent ». Il est facile de voir d'où émane l'indécision de la personne PCH quand les situations sont toutes noires ou toutes blanches et que tant de choses dépendent de chaque décision. Il est particulièrement triste d'observer ce type de pensée chez des gens intelligents, comme le sont la plupart de mes patients PCH, car cela sacrifie la subtilité que l'on rencontre généralement dans la réflexion des gens intelligents.

« Jeff » était un jeune patient qui exprimait une tristesse résignée face au fait de perdre ses amis parce qu'il disait toujours la vérité. Il expliqua que si quelqu'un lui demandait s'il aimait une nouvelle coupe de cheveux, par exemple, il se sentait obligé de dire la vérité plutôt que d'arrondir les angles. Il agissait ainsi que cette personne lui soit proche ou non, et indépendamment du contexte. Lorsque je lui expliquai qu'il existait des niveaux dans la vérité et le partage des opinions, il me répondit : « Je le sais. Je n'aime pas être comme ça. Je ne peux pas m'en empêcher. ». Pour cet homme par ailleurs extrêmement intelligent, dire un mensonge est une option, elle s'avère mauvaise et ce sont les personnes mauvaises qui la choisissent ; dire la vérité est la seule autre option, elle s'avère bonne et c'est ce que choisissent les gens bien. Si seulement la vie était aussi nette et simple que cela !

Mais bien entendu, c'est là le désir de la personne PCH. Cet homme bien au-dessus de la moyenne se livrait à un raisonnement hautement simpliste, indice certain pour le thérapeute qu'il s'agissait d'une manœuvre émotionnelle défensive. La remarque de Jeff qu'il ne pouvait s'empêcher de dire l'exacte vérité était pour moi particulièrement touchante, puisque la plupart des gens PCH tenteront de justifier leurs actes ; Jeff, au contraire, savait que quelque chose le rendait ainsi, et il ne s'en défendait pas, mais le reconnaissait comme son problème.

Une autre caractéristique de la pensée PCH est sa nature concrète. Par le passé, lorsque je faisais passer des tests d'intelligence, j'observais souvent des problèmes de PCH et d'angoisses. Faire usage de raisonnement abstrait et d'intuition est extrêmement anxiogène pour les personnes PCH qui perdront souvent des points à un test en particulier. Pour utiliser un exemple semblable à celui du test, lorsque je demandai à une femme très intelligente en quoi une casserole et une poêle étaient similaires, elle répondit immédiatement que les deux servaient à cuisiner, une réponse parfaite et une abstraction correcte. Puis, elle eut l'air paniqué et lâcha : « Non ! Ne comptez pas ça ! Les deux sont en métal ! ». Elle avait parfaitement répondu à une question à deux points et avait tout gâché, n'obtenant aucun point du tout. La généralisation était trop inconfortable pour le petit monde étriqué avec lequel elle était plus à l'aise. De même, lorsque vous demandez à une personne PCH en quoi la gauche et la droite sont similaires, elle vous regardera souvent d'un air visiblement gêné et dira qu'elles sont en réalité opposées. L'idée d'opposés ayant quelque chose en commun est clairement trop inconfortable pour les gens engagés dans une pensée rigide manichéenne.

Les traits PCH peuvent affecter tous les aspects de votre vie. Par exemple, vous pouvez éprouver un fort besoin d'être nécessaire, car cela vous conforte et neutralise les sentiments sous-jacents de ne pas être à la hauteur. Pourtant, dans une relation saine, les deux parties devraient avoir besoin l'une de l'autre et être nécessaires l'une à l'autre. Dans une relation, tout le monde aime contribuer, être estimé et se sentir compétent. Si vous êtes du style à toujours donner, peut-être avez-vous remarqué que vos proches, amis ou conjoint, semblent souvent ne pas apprécier — vous considèrent comme trop contrôlant ou s'énervent contre vous. La raison en est que votre besoin d'être nécessaire submerge leur besoin de se sentir compétent, d'apporter leur propre contribution, et votre propre besoin d'avoir besoin. De par mon expérience, les PCH sont des gens extrêmement gentils et attentionnés. Le problème est — et nous en parlerons plus en détails dans le chapitre sur les relations — que cette dynamique ne laisse que peu de place à la bienveillance ou à la gentillesse de l'autre personne.

Si vous lisez ce livre, il y a des chances que vous soyez forts pour donner, mais pas autant pour recevoir. J'ai eu une fois un patient (qui n'était *pas* de type PCH) qui se plaignait que sa petite amie était trop parfaite et se chargeait de tout. Elle faisait un si bon travail qu'il avait le sentiment qu'elle n'avait pas besoin de lui. Il ne comprenait pas qu'elle agissait ainsi dans une tentative désespérée de le garder auprès d'elle, pour lui faire voir qu'elle était quelqu'un de bien ; et *elle* ne comprenait pas qu'il avait aussi besoin de se sentir convenable. Les gens ne veulent pas réellement quelqu'un de parfait, mais quelqu'un avec qui ils se sentent bien dans leur peau. Toutefois, comme vous le savez, l'anxiété peut vous diriger, même lorsque vous voyez que ce que vous faites cause du tort à une relation qui vous est chère. Votre besoin d'être parfait et d'être nécessaire empêche-t-il l'autre d'évoluer, de contribuer et de se sentir comme un égal ?

Les fois où j'ai été obligée d'annuler un rendez-vous à cause d'une maladie ou d'une urgence, mes patients PCH ont toujours exprimé une sincère sollicitude à mon égard et m'ont assuré que cela ne les dérangeait pas. Vous aussi êtes sans doute gentil et très attentionné, et personne ne voudrait changer cela. Pourtant, comme je l'ai dit, les traits ont des aspects positifs et négatifs ; garder le positif et ne plus être tourmenté par le négatif constitue l'essence de mon approche. Le défi est de parvenir à l'équilibre ; bien que votre nature généreuse soit beaucoup appréciée, vous devez laisser les autres donner et aussi accepter de recevoir. Le monde a besoin de personnes éthiques et charitables, mais c'est la torture que s'auto-inflige la personnalité PCH qui doit être éradiquée, pas son caractère. Vous pouvez conserver vos merveilleux traits tout en cessant d'être dur avec vous-même, et c'est là notre but.

Il existe aussi de nombreuses personnes qui ne sont pas de type PCH et qui sont rigides, méticuleuses, qui paniquent ou sont violentes. Nombre de personnes possèdent *certains* traits PCH — ce sont, après tout, des problématiques très humaines — mais chez elles, le problème provient d'un morcellement du moi. Il est essentiel de vous rappeler et de comprendre qu'une personne PCH n'est *pas* uniquement quelqu'un dont la personnalité s'avère posséder certains traits identiques, mais que c'est aussi quelqu'un d'éthique qui se soucie du bien et du mal, de la façon dont les autres sont traités, et qui possède une excellente maîtrise de soi. Une personne PCH ne maltraite pas, ni ne maltraiterait. Si vous avez de sérieux problèmes de colère ou de violence, ou faites de mauvais choix qui vous nuisent et négligent les autres, alors vous n'êtes pas une personne PCH. Bien que ce livre puisse vous éclairer sur certains sujets, vous n'avez pas en vous le type d'Abîme dont il est question ici.

L'Abîme

Pourquoi les personnes PCH devraient-elles être ainsi ? J'ai découvert qu'à un niveau plus profond, les personnes souffrant de dynamique PCH éprouvent ce que j'appelle une *peur de l'Abîme*. Elles craignent que si jamais elles relâchaient leur contrôle rigide, une très méchante personne, tapie dans leur côté obscur ou dans l'Abîme, ne soit libérée et domine leur personnalité. Souvent, elles redoutent de devenir comme telle ou telle personne, généralement un parent ou toute autre personne qui fut importante dans leur enfance, dont elles détestent les habitudes ou la personnalité et ont l'impression de les abriter en elles-mêmes. Il n'est alors guère étonnant que les personnes PCH se plaignent d'avoir une faible estime d'elles-mêmes. Avoir l'impression d'être habité par une sorte de monstre ne prête pas à ressentir un sentiment de bien-être — bien au contraire.

Mes patients souffrant de problématique PCH sont toujours hantés par cet Abîme, tel le bourreau de travail qui craint d'être paresseux, ou celui qui doit constamment coller à la stricte vérité, même au risque d'offenser les autres, parce qu'il redoute de devenir un menteur. Cette peur de l'Abîme s'enracine dans la croyance erronée que l'on doit à tout prix dissimuler une partie de soi pour ne pas perdre le contrôle. Quelle perte d'énergie que de vivre en se défendant contre ces sentiments douloureux et effrayants. Il est bien mieux de les confronter et de vivre pleinement.

Je ne peux vous décrire la joie que j'ai ressentie lorsque des patients qui avaient affronté leur Abîme m'ont raconté combien des situations qui, par le passé, auraient été pour eux extrêmement anxiogènes et douloureuses étaient devenues plus neutres et étaient abordées avec sérénité. Une patiente qui s'était toujours efforcée d'être la meilleure de la classe m'a relaté avoir eu B à un examen et qu'en rentrant à la maison, elle avait réalisé qu'elle n'avait même pas tenté de découvrir qui avait eu A, qu'elle s'en fichait et qu'elle n'était pas déprimée. Désormais, elle n'avait plus peur de l'être humain faillible, imparfait, mais normal qu'elle était vraiment. Une autre patiente, un bourreau de travail, me raconta que son patron lui avait encore fait une demande déraisonnable et qu'elle lui avait répondu qu'elle serait heureuse de s'en charger s'il priorisait les autres tâches et lui laissait du temps... et que ce fut facile ! Elle ne s'inquiétait plus d'être considérée comme une paresseuse, ou d'avoir elle-même l'impression de l'être, si elle ne se pliait pas à toutes les demandes de son patron.

Ces patients m'ont dit que l'absence de culpabilité et de honte dans ces situations était comme un énorme poids qu'on leur aurait enlevé. Ils n'ont pas travaillé directement à apprendre à dire non ou à être imparfaits, mais bien sur la blessure sous-jacente. Ils ont affronté l'Abîme. Quand les gens sont aptes et prêts à franchir ce pas, les défenses contre la connaissance de soi s'effritent, signe d'un véritable et réel changement.

Ainsi, ce que je dénomme l'Abîme est une croyance à propos de soi-même associée aux peurs correspondantes qui ne sont pas intégrées et né-cessitent des quantités d'énergie astronomiques pour être maîtrisées. Pour les jungiens, cet Abîme équivaut à ce qu'ils appellent l'« Ombre », et il est important de comprendre qu'il peut être intégré à l'ensemble de la per-sonnalité et y être assimilé. Qu'êtes-vous si vous ne vous conformez pas aux règles établies pour continuer à prouver que vous n'êtes pas mauvais d'une manière ou d'une autre ?

Les gens dotés de cette personnalité ont des idées très spécifiques, bien qu'inconscientes, sur la part d'eux-mêmes redoutée qu'ils fuient ; les traits PCH conservent cette connaissance de Soi. Tenter de neutraliser ces senti-ments d'anxiété, de panique et de tristesse quand vos pensées et sentiments réels tentent de se connecter à vous est l'antithèse de la véritable guérison. Embrasser les soi-disant sentiments négatifs et les intégrer à votre Moi total est la voie de la guérison. Lorsque les sentiments positifs et négatifs ne sont pas cloisonnés, mais se modulent mutuellement, l'on parvient à une acceptation mature des problèmes qui nécessitent encore du travail sans continuer à se sentir aussi mal.

Leçons de vie

Je chéris la conviction qu'il existe un lien très réel entre notre esprit, notre corps et notre âme, et que nous devons tous passer par certaines leçons de vie pour gagner en sagesse et nous élever à un niveau de conscience supérieur. Je ne sous-entends pas que nous sommes ici pour être parfaits, mais je crois véritablement que nous sommes ici pour progresser en conscience et en actes, et dépasser le niveau initial qui était le nôtre à notre naissance. La vie est comme une école, et si l'on savait tout dès le départ, il n'y aurait aucune utilité à être ici. Je considère la conscience de soi comme un lien vers la spiritualité car, paradoxalement, se focaliser sur soi-même et gagner en compréhension nous amène à voir que tout ne tourne pas autour de nous. Nous sommes alors libres de remarquer et d'apprécier les merveilles de ce monde qui ne nous atteignaient pas auparavant.

J'ai connu beaucoup de personnes bataillant avec une leçon de vie particulière en thérapie se retrouver subitement confrontées à une situation inopinée éprouvante directement liée à cette lutte, comme pour dire « Maintenant, il est temps de régler la question une fois pour toutes ». Par exemple, un jeune patient, dont la mère lui préférait sa sœur cadette, vit à son travail une promotion, dont il avait le sentiment qu'elle lui revenait de droit, être attribuée à une très jeune femme qui venait à peine de commencer. Cela résonna chez mon patient en raison de son histoire familiale. Un autre patient qui occupait un poste très bien payé, mais se faisait toujours du souci pour l'argent, se mit à aborder la question de ce que l'argent représentait l'amour et la sécurité pour lui. Environ une semaine après avoir établi ce lien, il partit en voyage d'affaires et se fit voler deux cents dollars. Je suis incapable de vous dire combien de fois ce type de coïncidences se sont produites, je ne parle pas des cas où une personne se met elle-même dans l'embarras, mais où la vie s'interpose dans sa problématique en hurlant presque « Voici une leçon de vie pour toi ! ».

Bien que soulager la souffrance soit le but immédiat d'une thérapie, ce faisant, on recherche souvent la raison première à son apparition, quelle leçon de vie elle enseigne. Ainsi, outre la compréhension de nos sentiments, qu'ils soient conscients ou inconscients, et de leur interconnexion avec nos expériences, nous devons également en venir à connaître leur *sens*. Ce sens élargit le contexte de notre souffrance passée et nous apporte réconfort et orientation pour l'avenir. Considérer la vie comme un voyage m'a permis d'avoir de l'espoir et de le partager avec autrui.

Espoir de guérison

En raison de mes nombreuses expériences avec des personnes comme Lois, qui ont passé des années à apprendre à s'ajuster et à s'entendre dire qu'il n'y avait pas de remède, je pense sincèrement qu'il est indispensable que la dynamique des personnes PCH soit abordée. Ce sont des êtres humains dont la vie importe ! Vous pourriez dire, « Oui, on a bien compris votre point de vue, mais ne serait-il pas possible de gérer la panique jusqu'à ce que la personne aborde réellement les problèmes sous-jacents ? ». Vous auriez raison. Elle *doit* être gérée si elle est sévère, avec des techniques d'ajustement, peut-être même avec des médicaments, ou les deux. Mais cela ne s'arrête pas là. Les stratégies d'ajustement et les médicaments ne guérissent pas les blessures qui causent le problème. Nous semblons avoir oublié qu'il est possible de guérir et qu'il n'est pas réellement si difficile d'aider à faire sortir la problématique de l'ombre et faciliter la véritable guérison.

Si vous souffrez de trouble panique ou anxieux, demandez-vous : quand avez-vous commencé à rencontrer des problèmes, où étiez-vous, que faisiez-vous et quelle en était la cause ? Remémorez-vous l'époque où vous ne paniquiez pas et demandez-vous ce qui a changé et ce qui vous a affecté aussi profondément dans votre vie. Comme pour Lois, il s'agit probablement d'une pensée ou d'un sentiment culpabilisants que vous évitez à tout prix. Une fois affrontés, ils ne provoqueront plus de culpabilité intolérable et de souffrance. Maintenus en dehors du champ de la conscience, la pensée ou le sentiment possèdent le pouvoir infini de terroriser. Comme tant d'autres peurs, c'est l'inconnu qui provoque les plus grandes douleurs et souffrances.

Vous pouvez être concerné par certains des problèmes évoqués ici, ou par la totalité. Les étiquettes diagnostiques peuvent varier. Nombre des problèmes que rencontrent les personnes avec une constellation PCH sont traités dans les derniers chapitres. Puisque ces personnes sont nombreuses à avoir reçu un diagnostic de trouble panique, anxieux ou dépressif, il est des plus crucial d'insister sur le fait qu'il est nécessaire de penser à la *personne* diagnostiquée. Ce n'est pas la dépression, par exemple, qui est importante, mais *qui* en souffre, et *pourquoi*. C'est là le point de vue psychodynamique ou holistique. Ainsi, une personne développe-t-elle un trouble panique parce qu'un événement de la vie a menacé de renverser toute sa ligne de défense, d'amener à la surface des choses auxquelles elle n'est pas préparée ? Ou cette personne a-t-elle toujours été extrêmement anxieuse ? Je ne dis pas qu'on ne peut en aucun cas aider ce second type de personne, ce que je *dis*, c'est qu'il s'agit de personnes extrêmement différentes et que l'étiquette commune peut induire, et *a induit*, en erreur.

Et si la vie oblige une personne PCH à faire face à l'échec ? Tout le système de défense peut s'effondrer et nous avons alors affaire à une personne PCH très déprimée. C'est très différent d'une personne déprimée à cause d'une perte ou d'une peine. Lorsqu'un trouble est provoqué par des pensées et des sentiments refoulés et déniés qui se dévoilent sans qu'un travail thérapeutique approprié ne soit accompli sur eux, il est non seulement possible de se faire aider pour l'état de crise que cela suscite, mais aussi *in fine* d'aboutir à une structure plus forte et plus authentique qu'auparavant. Une personne PCH déprimée peut surmonter le besoin de se sentir parfaite tout autant que la dépression. C'est ce que nous entendons lorsque nous disons qu'une crise peut être un cadeau, une opportunité de croissance. Les gens avec qui j'ai travaillé m'ont souvent dit, après qu'ils vont mieux, qu'ils étaient heureux d'avoir vécu une crise, car leur vie s'était améliorée maintenant que leur conscience d'eux-mêmes s'était élargie.

Les stratégies d'ajustement sont très importantes dans la vie et nous devons tous nous adapter à beaucoup de choses. Toutefois, gérer n'est pas guérir. Une de mes patientes s'était toujours adaptée à merveille jusqu'à ce qu'elle vive une crise qui lui fit très rapidement développer un trouble panique. Cette patiente était allée à l'université et avait obtenu un diplôme que ses parents avaient choisi. Comme la plupart des personnes PCH, elle redoutait de décevoir qui que ce soit, donc elle continua et trouva un emploi dans le domaine choisi par ses parents. Elle réussit mais se sentait malheureuse. Elle n'arrivait plus à vivre le rêve de ses parents et prétendre qu'elle était heureuse. Dans son perfectionnisme, elle avait idéalisé ses parents et niait avoir un problème relationnel avec eux. Elle paniquait tous les jours en allant au travail.

Aussitôt qu'elle reconnut que la carrière qu'elle n'avait pas choisie la rendait malheureuse, la panique disparut presque totalement. Les défenses étaient tombées. Elle vivait le rêve de ses parents en prétendant être heureuse alors qu'elle ne l'était pas, et tout son système avait flanché. Malgré la souffrance, cela lui fut bénéfique, car elle soigna les sentiments qui précisément lui avaient fait redouter en premier lieu de décevoir ses parents. Elle n'aurait pas pu en arriver là si ses stratégies d'ajustement avaient fonctionné. La guérison survient lorsque vous affrontez vos problèmes sous-jacents. Ce livre vous encourage à devenir plus conscient de vous-même, à entrer dans le processus de guérison.

Si vous entamez une thérapie pour la dépression, la panique ou l'anxiété et que vous avez une dynamique PCH, assurez-vous de consulter un thérapeute qui puisse travailler avec vous sur votre problématique de sorte à pouvoir parvenir à une guérison optimale. Je reçois de nombreux appels de personnes me disant qu'elles ont des traits obsessionnels compulsifs et un trouble anxieux, qu'elles ont fait des recherches, appris qu'il n'y avait pas de traitement et que la thérapie cognitive et comportementale est la plus adaptée. Lorsque je leur explique le type de thérapie que je propose, certaines décident d'aller ailleurs. Cependant, beaucoup reviennent me voir, insatisfaites des sentiments qu'on leur laisse « gérer ». Je crois que l'expérience humaine est trop riche et subtile pour que son ensemble fasse l'objet d'études empiriques. La vie et l'esprit humain comportent bon nombre de phénomènes merveilleux et abstraits qui ne se prêtent pas à des mesures précises, comme la joie de communiquer avec une autre personne sans procéder à des comparaisons cruelles avec soi-même.

J'ai vu des gens guérir à maintes reprises. Aborder la dynamique et affronter des vérités depuis longtemps niées ou refoulées est très puissant. Bien que je comprenne que vous souhaitiez simplement la disparition de votre anxiété, il est très important de vous souvenir qu'il ne s'agit pas d'une entité extérieure et que vous écoutiez ce qu'elle tente de vous dire. Après tout, ce n'est qu'une partie de vous-même qui demande à être reconnue et à avoir une place dans votre personnalité globale. Vous pouvez même envisager l'anxiété comme un appel à une meilleure santé mentale, car si vous tenez compte de ce qu'elle vous dit, vous n'aurez plus à redouter que ces pensées et sentiments ne refassent surface.

Dans le Chapitre 5, nous examinerons pourquoi les gens souffrent de ces problèmes et comment ils se développent psychologiquement. Différents aspects PCH seront abordés dans chaque chapitre. Il n'y a là aucune hiérarchie, et veillez à vous souvenir de l'analogie de la roue avec son moyeu et ses rayons. Nous traiterons des rayons, qui vous apparaîtront sans doute comme une longue liste de problèmes, mais n'ont bien qu'un seul centre. Lorsque ce centre est plus équilibré, les rayons, ou les symptômes, le sont aussi.

Exercice

Dans ce livre, je vous suggérerai une série d'exercices que vous pouvez faire en commençant par celui qui se trouve ci-dessous, et que vous pouvez poursuivre tout en lisant les chapitres suivants, étant donné qu'ils nécessitent beaucoup de travail et ne donnent pas lieu à un changement immédiat. C'est parfait. Je dis toujours à mes patients que c'est une bonne chose que le changement soit difficile. Je sais que lorsque je vais me coucher, je ne me réveillerai pas en criminel, que je possède un réel noyau stable. Et vous aussi. Si vous changiez trop rapidement, il n'y aurait pas de processus et vous n'évolueriez pas — vous seriez juste quelqu'un d'autre — et je veux que ce soit vous qui bénéficiez de votre dur labeur. Essayez ces exercices et vous découvrirez que votre esprit commence à se déployer, à avoir plus d'options ainsi qu'une conscience élargie.

Établissez une liste des problèmes qui vous ennuient le plus. Puis listez la dynamique, votre comportement probable et les conséquences. L'idée ici n'est pas de parvenir à une liste exhaustive, mais d'initier le processus de se sentir à l'aise avec le fait de rencontrer des problèmes, de vous le concéder avec compassion et respect. Soyez-en simplement conscient. Vous lisez ce livre, donc vous avez décidé que vous vouliez mieux vous connaître et comprenez que cela participe au processus de guérison. Vous ne pouvez pas vous reprocher vos sentiments ou leur émergence, mais vous pouvez commencer à observer comment vos sentiments affectent votre comportement, ce qui en retour peut vous empêcher de progresser.

Le tableau suivant comporte un exemple de liste. Cette liste peut vous convenir, ou la vôtre peut être différente, mais l'essentiel est de reconnaître que vous êtes une personne qui cherche à guérir et à disposer d'une conscience d'elle-même accrue, et vous augmenterez votre aisance à observer les dynamiques que vous aimeriez modifier. Essayez de ne pas les juger. Tout le monde les a ; vous avez simplement entrepris de rompre avec le déni.

Problème	Dynamique	Comportement	Conséquence
Contrôle et prédictibilité	J'ai peur de l'inconnu	Je planifie les vacances à outrance	Disputes avec le conjoint au sujet du manque de temps libre
Perfection et honte	J'ai peur d'être critiqué	J'en fais trop	Je suis fatigué
Moralité inflexible	J'ai peur de commettre une faute d'une manière ou d'une autre	Je reste dans une relation violente car j'ai promis que cela serait pour toujours	Je suis malheureux

Tableau 1

Chapitre 2

Honte et perfectionnisme

Malheureusement, quasiment tout le monde a connu l'humiliation à un moment ou un autre. La honte fait si mal qu'il nous est difficile ne serait-ce que d'y penser, et nous consacrons d'intenses efforts à nous assurer qu'elle ne survienne jamais à nouveau. La honte et les circonstances embarrassantes sont à la base de nombreuses comédies que nous regardons, et nous rions par sympathie pour le personnage, heureux que l'événement gênant ne nous soit pas arrivé. Tout le monde a 

vécu une situation qui lui a été très pénible et lui a fait honte, et de par mon expérience, le meilleur moyen de gérer la honte est d'y faire face, de faire sortir l'effroi et l'énergie de la mémoire. Ce n'est pas agréable, mais le jeu en vaut la chandelle. La honte est une émotion étrange ; le secret la nourrit, mais dès qu'elle se retrouve exposée, elle tend à diminuer et à disparaître.

De nombreuses personnes aux traits de personnalité PCH possèdent un sens aigu de la honte — tellement puissant qu'elles n'arrivent même pas à expliquer pourquoi quelque chose leur serait aussi dévastateur. Nombre d'entre nous ont vécu des moments douloureux où notre dignité fut attaquée, et il est crucial d'affronter ces souvenirs afin de tourner la page.

En fait, la honte est le sentiment terrible que l'on ressent lorsque notre dignité est agressée et que l'on pense qu'elle nous a été retirée. Toutefois, mon expérience, tant de la vie en général qu'en tant que psychologue, m'a montré qu'en réalité, il est impossible de retirer à quiconque sa dignité.

Je suis convaincue que la dignité est intrinsèque et constitue un droit imprescriptible. J'ai travaillé avec des gens qui avaient subi des choses horribles et j'ai découvert, il y a de nombreuses années, que bien que l'on puisse assurément être psychologiquement blessé, notre dignité demeure intacte. Dans mon travail avec des gens qui avaient enduré toutes sortes de mauvais traitements, j'ai vu la dignité émaner d'eux, et j'ai réalisé que même si leurs souvenirs étaient insoutenables, leur dignité n'était pas détruite. La dignité nous oblige et nous responsabilise envers la façon dont nous nous traitons nous-mêmes et dont nous traitons les autres. Vous pouvez avoir l'impression d'avoir perdu la vôtre, ou d'en avoir été coupé, mais elle est là, aussi sûrement que votre cœur bat. Vous avez reçu la vie et votre existence est inévitable. Peu importe la manière dont on vous a traité, à quel point vous avez peur ou souffrez, vous *méritez* le respect, et c'est cela la dignité. Comprendre cela est extrêmement important.

La cruauté fait croire aux gens qu'on leur a dérobé leur dignité, mais on ne peut attaquer que sa propre dignité. Ceux qui font du mal aux autres se sentent généralement déconnectés de leur propre dignité et veulent humilier quelqu'un d'autre. Par exemple, beaucoup de mes patients ont subi des sévices sexuels, ce qui a des effets psychologiques terribles. Pourtant, ils doivent en venir à réaliser qu'aussi horrible que cela fut, et avec toutes les conséquences qui doivent être traitées, ils ne sont pas pervertis ; la laideur appartient au coupable, pas à la victime. C'est un concept spirituel important.

Avoir eu honte ne signifie pas que vous êtes dépravé, mais que vous avez été touché par quelqu'un qui l'était. Vous méritez le respect parce que vous avez de la dignité. L'âme, l'être, l'essence — ou tout autre mot que vous utilisez personnellement — qui vit dans votre corps est intacte et *vous* devez commencer par reconnaître et respecter cette dignité tous les jours. Vous pouvez vous pervertir vous-même ou décider que vous ne voulez pas de votre dignité lorsque vous maltraitez les autres, mais personne ne peut vous l'*enlever*. Vous êtes intact au sens strict du terme. C'est la première chose à réaliser face à la honte. Il est de notre devoir de respecter la dignité des autres êtres vivants, mais ce n'est pas nous qui l'accordons ou la retirons. Connaître une enfance où sa dignité est respectée est un cadeau de la vie — un cadeau que de trop nombreux parents ne savent pas offrir — mais les parents ne peuvent pas vous donner votre dignité, puisque vous naissez avec elle. Il nous reste à le comprendre et à distinguer nos sentiments blessés d'une *véritable* perte de dignité.

Un chapitre sur la honte ne saurait être complet sans évoquer les fonctions corporelles. Tout le monde a un corps et tous les corps ont des fonctions. Nous vivons dans une société où les fonctions sont cachées, et il existe des milliers de produits pour nous aider à les dissimuler, pourtant, tout le monde possède toujours ces fonctions. Lors de l'apprentissage de la propreté, certains parents utilisent la honte pour « encourager » les enfants, les faisant se sentir sales, dégoûtants et, oui, honteux. Certains parents utilisent la honte dans d'autres contextes, mais je vous demande de regarder en vous et de réaliser que votre dignité y réside et demeure intacte. Peu importe à quel point vous avez pu être traumatisé, peu importe à quel point vous souffrez psychologiquement, vous devez réaliser dès à présent que *vous*, l'essence de vous-même, votre âme si vous préférez — le vrai vous — est intact.

Je pense que les médecins et les infirmières qui travaillent avec des gens très malades le savent déjà. Ils voient la dignité chez chacun et réalisent que les choses peuvent mal tourner avec le corps, mais que pourtant, la dignité réelle de la personne reste intacte. Que ce soit dû à une maladie, un accident, ou à de mauvais traitements psychologiques ou physiques, vous devez réaliser que quoi qu'il vous soit arrivé pour que vous ressentiez de la honte, cela pourrait arriver à n'importe qui, et même si quelqu'un a pu s'efforcer d'attaquer votre dignité et a pu vous faire vous sentir extrêmement mal, votre dignité est un droit imprescriptible que l'on ne vous a ni accordé ni retiré. Vous devez réaliser que même brisée physiquement ou psychologiquement, l'essence ou la personne réelle reste intacte.

Autrefois, j'ai travaillé dans une maison de retraite en tant que thérapeute pour les résidents. J'ai connu une femme paralysée depuis de nombreuses années, mais vive d'esprit et extrêmement bien informée. Non seulement elle s'ennuyait, couchée en permanence dans son lit, car elle n'avait aucun membre de sa famille ou d'amis encore en vie pour lui rendre visite, mais elle était également dépendante pour accomplir tous les actes du quotidien. Il y avait des moments pénibles où une infirmière ou une aide-soignante étaient pressées et brusques avec cette femme fière. Pourtant, elle me dit que de multiples fois par jour, elle tentait d'élever ses pensées, de se souvenir qu'elle n'était pas que ce corps dans lequel elle vivait et que — bien qu'elle puisse être invisible aux yeux de certains et incapable de prendre soin d'elle-même — elle était un être humain honorable et digne. Cette femme souffrait terriblement, mais elle était reliée à sa propre dignité. Dans toute sa souffrance, elle ne connaissait pas la honte.

Une fois, j'ai eu une patiente qui avait été violée et frappée par un groupe d'homme en rentrant chez elle ; pendant l'agression, comme si cela n'était pas suffisant, les hommes lui avaient dit des choses extrêmement cruelles, qu'elle était laide, tandis qu'ils la frappaient et lacéraient son visage. Elle avait dû subir plusieurs opérations chirurgicales pour rendre son visage à nouveau présentable. Elle vint en thérapie pour un syndrome de stress post-traumatique, et me dit qu'elle voulait que les flashbacks cessent et ne plus avoir peur de sortir de chez elle. Elle me dit aussi, « J'ai entendu parler de choses comme ça et que les victimes avaient honte. Je n'ai pas honte. Je n'ai rien fait de mal. ».

Bien qu'il lui restât un long chemin à parcourir, cette patiente était consciente que sa dignité était intacte. J'ai travaillé avec des gens qui ont subi toutes sortes d'horribles expériences — et faire l'objet de moqueries peut blesser autant que la violence physique — et ma première entreprise thérapeutique a *toujours* été de les aider à comprendre que bien que leur esprit et leur corps puissent être en grande souffrance, la dignité de leur essence était pure et intacte. La dignité est toujours là et est censée être respectée. Quand les gens ne respectent pas votre dignité, c'est la leur qu'ils attaquent de leur propre chef, mais pas la vôtre. Quelles qu'aient été vos souffrances, d'autres aussi ont souffert et vous n'imagineriez jamais les considérer comme indignes. Pour dépasser la honte, il vous faut faire face à vos souvenirs douloureux et vous accrocher à votre dignité, aussi invisible qu'elle puisse vous paraître, mais tout aussi forte que celle de n'importe qui d'autre.

Quand vous vous remémorez des souvenirs honteux, vous ne devriez pas rire, et vous pourriez plutôt pleurer. Pleurer est sincère, et vous pouvez commencer à guérir en vous transmettant le message que vous ne considérez pas que votre expérience fut amusante. Tant de fois, des patients m'ont parlé en riant de choses très cruelles qu'ils avaient subies. Je ne ris pas. Généralement, ils me regardent alors et se mettent à pleurer. Ils voient que je peux voir leur dignité, et quand ils regardent dans le miroir que je suis souvent pour les gens, la blessure peut les faire pleurer, car ils réalisent qu'ils méritent de pleurer. Pensez à la dignité d'un nouveau-né, d'un chiot, d'un malade, d'un vieillard ; peu importe vos sentiments pour eux, l'étincelle de vie est en eux et doit être respectée, tout comme la vôtre. C'est cela que j'entends par dignité.

Je l'ai répété maintes et maintes fois, car c'est très important. Il n'y a rien de mal à avoir le sens de l'humour ou à se moquer gentiment de soi-même si cela est fait sans mépris. Par exemple, comme nous l'avons dit dans l'introduction, cela peut vous sembler naturel de rire à la découverte de quelques « sombres secrets » qui finalement ne le sont pas tant que cela. Cependant, j'ai connu des gens qui faisaient toujours le clown, se qualifiaient de « gaffeurs » et autres choses cruelles à leur propos. Je crois qu'ils préviennent une attaque contre leur propre dignité en le faisant eux-mêmes. Lorsque vous éprouvez un véritable respect et une authentique compassion envers vous-même, vous pouvez rire de vous et de la fragilité des êtres humains en général, et c'est un geste positif — mais avant d'en arriver là, mieux vaut travailler à se connecter à votre dignité et la respecter.

J'ai intitulé ce chapitre *Honte et perfectionnisme* car, bien que tous les problèmes évoqués dans ce livre aillent de pair, ces deux-là sont particulièrement associés. Le perfectionnisme constitue une défense épuisante contre la honte. Si vous êtes tout le temps parfait, ou vous convainquez que vous devez l'être, vous avez l'impression de ne pas être vulnérable à la honte. Notre mission dans la vie n'est pas d'être parfaits, mais d'apprendre et employer nos leçons de vie à nous améliorer et à devenir plus sages. On ne peut être parfait. Si nous l'étions, à quoi cela servirait-il de vivre ? C'est la honte que craignent les gens en n'étant pas parfaits qui constitue le réel problème.

De nombreuses personnes ont fait l'objet d'humiliations et de honte lorsqu'elles ne répondaient pas aux attentes de leurs parents. C'est l'une des plus grandes difficultés de la vie que de réaliser que nos parents ne sont que des personnes. Quand nous sommes petits, ils ont tellement de pouvoir. Un jour que ma fille était au CP, elle frappa une autre élève. Rien d'inhabituel à cela dans l'expérience d'un enfant, car il y a toujours quelqu'un qui frappe quelqu'un d'autre. Elle revint à la maison et m'en parla, cacha son visage dans ses mains et se mit à sangloter tandis qu'elle me racontait avoir été mise au coin. Elle avait frappé une autre fillette sur le bras. Je lui dis : « On a tous fait des choses comme ça et tu n'es pas une vilaine fille. Tu es comme tous les autres enfants et tu as agi comme n'importe lequel d'entre eux. ». Je la questionnai ensuite sur le coup, lui demandai si elle avait tenté d'éborgner la fillette avec un crayon ou l'avait frappée avec un objet lourd qui pouvait vraiment faire mal. Elle fut tout d'abord horrifiée et répondit « *Non !* ». Puis, elle rit et je lui dis, « Tu ne ferais jamais ça, n'est-ce pas ? », ce à quoi elle répondit, « Non, *jamais !* ».

Elle poursuivit en me racontant qu'elle l'avait frappée au bras et que cette fillette la tapait souvent. Elle m'expliqua que son institutrice s'était mise en colère contre elle et je lui dis qu'évidemment, elle ne pouvait pas laisser s'installer une bagarre générale avec tous les enfants qui se tapent dessus, mais que néanmoins, elle n'était pas une vilaine fille et qu'elle n'avait rien fait d'autre que ce que tout le monde avait déjà fait. Je lui dis qu'elle ferait d'autres erreurs de jugement en grandissant.

Elle ne le refit plus jamais, mais me remercia pendant des années après cet épisode de lui avoir dit qu'elle n'était pas méchante. Il fut manifeste que lui avoir fait savoir qu'elle était toujours une bonne personne eut un grand impact sur elle et l'aida à comprendre qu'un seul acte ne faisait pas d'elle quelqu'un de mauvais. Ce message la ramena dans le giron de l'humanité.

Même un incident comme celui-ci peut amener un enfant à se sentir très mal. C'est imprégnée de honte que ma fille démarra dans la vie. Originaire d'Amérique du Sud, nous l'adoptâmes lorsqu'elle avait cinq ans et demi et mon mari et moi étions déterminés à faire tout ce que nous pouvions pour l'aider à guérir ce sentiment de honte et ne pas l'alimenter. Pourtant, j'ai connu de nombreuses personnes ayant grandi avec leurs parents biologiques sans interruption qui furent amenées à se sentir extrêmement mal après une transgression infantile normale, et qui continuent à payer le prix de toute cette honte.

Quoi qu'il vous soit arrivé, vous pouvez vous sentir indigné pour le petit enfant que vous étiez. Vous n'avez pas à être parfait pour éviter d'affronter la honte qui réside en vous. Vous lisez ce livre ; je crois que vous avez la force d'y faire face. Lorsque vous le ferez, le perfectionnisme diminuera considérablement, ou disparaîtra.

« Lennie » me dit qu'il envisageait tout ce qu'il faisait comme une extension de lui-même, et que si ce n'était pas parfait, il se sentait exécrable. Sous l'« épouvantable » peur se trouve l'Abîme qui sera abordé dans le dernier chapitre, mais pour l'heure, il est important de noter que Lennie n'arrivait pas à se différencier de tout ce qui avait un rapport avec lui. S'il attendait de la visite, il devait faire un grand ménage chez lui. Il ne lui avait jamais traversé l'esprit que si quelqu'un le jugeait pour une maison en désordre, il pouvait ne pas vouloir de cette personne dans sa vie. Il ne parvenait pas à penser en termes de degrés d'importance.

Il y avait des manières publiques et privées pour tenter d'être parfait. Même si la partie consciente de l'esprit de Lennie était préoccupée par la critique émanant d'autrui, il en vint à réaliser qu'il n'avait pas besoin des autres pour provoquer ce même sentiment. Cette voix critique intérieure peut être celle de la mère, du père, du professeur, de n'importe qui, mais c'est désormais la vôtre. Il fallut un certain moment à Lennie pour réaliser qu'il n'était pas son travail, sa maison, ses tâches, mais que c'étaient des choses qu'il possédait ou faisait. Lors d'une séance, il me demanda : « Mais ces choses ne sont-elles pas un reflet de nous-mêmes ? ». Je répondis que les reflets ne sont que des reflets, et que certains sont vraiment insignifiants. Je lui dis que son type de sandwich favori était également un reflet de lui-même, mais que je ne ferais pas grand-chose avec cela.

Comme nous l'avons vu, la peur de la critique est étroitement liée à la honte et au perfectionnisme. Bien que consciemment, les gens redoutent la critique d'autrui, ils oublient qu'ils n'ont pas besoin des autres pour éveiller le même sentiment douloureux. Ils ont intériorisé la personne les couvrant de honte et y parviennent aussi bien par eux-mêmes. Réfléchissez en quoi la critique, si elle s'avère juste et bien intentionnée, devrait être aussi terrible. Si vous conduisez et vous trompez de route et que le passager vous le fait remarquer, est-ce si mal ? N'est-ce pas l'autocritique à laquelle vous vous adonnez qui est si problématique pour vous ? Rien que réaliser cela constitue un énorme pas. Les gens en voie d'élargir leur conscience d'eux-mêmes me diront : « Si je ne fais pas ce que j'ai prévu, je sais que je m'en voudrais ». Bien que les gens qui tiennent ces propos aient encore beaucoup de travail à accomplir, ils en ont déjà fait beaucoup, car ils reconnaissent que l'« humiliateur » réside en eux-mêmes.

Si quelqu'un vous critique et que vous trouvez que cela n'est pas justifié, cela ne fait pas mal. Quand j'étais à l'école supérieure, il y avait une jeune femme qui demandait aux gens de l'aider pour un tas de choses différentes. Elle voulait que je l'aide pour son CV juste avant de gros examens et fut fâchée que je lui réponde que je ne pourrai le faire qu'après. Plus tard, elle eut un bébé et dit à une de mes amies sur un ton furibond : « J'ai tant de choses à faire et personne ne m'aide pour quoi que ce soit ! ». Mon amie, qui avait des problèmes de honte, mais savait que ces sentiments de colère et que tout nous serait dû étaient absurdes, répliqua : « Tu as choisi d'avoir un bébé maintenant et l'on a tous des choses à faire. Certains de nous ont des enfants, des parents, un travail, des problèmes d'argent, un tas de choses à étudier... Pourquoi as-tu l'impression que tout le monde se doit de faire ton travail quand on est tous dans une période stressante de la vie ? ».

Cette amie rit en me le racontant. Elle ajouta : « Je sais que je me culpabilise beaucoup, mais c'était tellement stupide, j'avais envie de rire ». Cette femme avait demandé à mon amie d'énormes services impossibles qui revenaient essentiellement à abandonner sa propre vie pour l'aider dans la sienne, ce qui était hors de question. Ainsi, lorsque le critiqueur n'attise pas un problème que vous avez déjà, cela ne fait pas mal. Lorsque cela résonne en vous, il y a souffrance.

Dans mon ancien cabinet, j'avais l'habitude de mettre des bonbons dans une coupelle pour mes patients. Parfois, lorsque j'étais seule dans mon bureau, j'ouvrais la porte donnant sur la salle d'attente pour accueillir le nouvel arrivant et le voyais la main suspendue en l'air en direction des bonbons. Invariablement, les gens commençaient par s'excuser et étaient gênés. Je leur répondais qu'ils étaient là pour *eux* et qu'il n'y avait pas lieu de s'excuser. Cela mena à de nombreuses discussions sur le fait de se sentir comme un enfant le nez dans la boîte à gâteaux.

Combien de fois les parents utilisent-ils la honte lorsqu'un enfant souhaite prendre quelque chose dont il a envie ? Ce n'est pas toujours méchant, mais certains parents se sentent eux-mêmes gênés, à cause de leur propre honte, lorsque quelqu'un profite de quelque chose, et ils transmettent cela par inadvertance. Les patients qui réagirent ainsi furent capables de voir que la honte et l'impression de faire quelque chose qu'ils ne devraient pas provenaient d'eux-mêmes, et que ce devait être un sentiment très ancien puisque, intellectuellement, ils savaient que le bonbon était pour eux.

Je ne parle pas des cas où l'on vous parle d'une horrible manière ou vous embarrasse devant quelqu'un d'autre. Mais si un proche vous indique une erreur ou pose une question constructive qui suggère une erreur, pourquoi cela devrait-il vous blesser ? La critique n'est peut-être qu'une simple question ou est énoncée avec une bonne intention. Même si quelqu'un tente effectivement de vous mettre sur la défensive, si vous refusez, cela ne pourra pas aller très loin. Si vous en convenez et dites quelque chose du style : « Oui, c'était un acte vraiment idiot et j'en suis désolé », l'autre n'aura plus grand-chose à dire. Si autre chose est évoqué, vos propos pourront être plus forts, et lorsque l'autre se rendra compte que vous l'admettez, il n'aura plus rien à ajouter.

Qu'y a-t-il de mal à faire une erreur, à commettre un acte stupide ou à ne pas comprendre quelque chose ? On est tous passés par là. Être capable de vous le dire à vous-même sera très bénéfique. Comme ma fille, vous appartenez simplement au genre humain. J'ai probablement commis des millions d'erreurs et en commettrai encore, c'est simplement la vie.

Ceci nous amène à aborder la question des choses réellement importantes par opposition aux domaines que je qualifie de moralement neutres. Une de mes patientes prénommée « Ali » vivait seule et se sentait incroyablement coupable et honteuse si elle ne nettoyait pas son appartement pour consacrer son temps libre à des occupations plus agréables. Je lui demandai pourquoi elle se sentait aussi mal et elle répondit qu'elle ne pouvait pas recevoir des gens avec un appartement dans cet état. Je lui expliquai que cela était une conséquence naturelle de sa décision de ne pas faire le ménage, mais pourquoi cela la faisait-elle se sentir *mal* ? Soit dit en passant, Ali était intelligente et bien éduquée, mais comme mon propre analyste avait coutume de le dire des années auparavant : « L'intellect joue un rôle insignifiant dans nos ressentis et dans la plupart de nos actes ». Je l'interrogeai sur la façon dont elle traitait ses animaux et elle répondit que je savais très bien qu'elle était responsable, qu'elle les aimait et était très gentille avec eux, tout comme ils l'étaient avec elle. Je lui demandai si ne pas faire le ménage se situait dans la même catégorie que la cruauté envers un animal, une créature sensible. Elle parut choquée, et répondit qu'évidemment ce n'était pas la même chose, mais qu'elle n'y avait jamais pensé de cette manière.

Cette femme reconnut qu'elle se faisait honte toute seule, mais elle considérait que toute décision implique potentiellement des transgressions majeures, alors que ne pas nettoyer son appartement ne faisait de mal à personne, mais signifiait simplement qu'elle devrait y vivre en l'état jusqu'à ce qu'elle ait le temps de se consacrer aux tâches ménagères. Cela relève de la même catégorie que de remettre votre paperasserie à plus tard. C'est un problème que je connais bien, car je déteste la paperasserie mais après qu'il me soit une fois arrivé de prendre plusieurs semaines de retard après avoir passé des heures à tout rattraper, tâche encore plus effroyable, je retins la leçon et désormais, je m'en occupe en temps et en heure. Cette fois-là, j'avais procrastiné durant trois semaines, j'y pensais constamment et ensuite, ce *fut* vraiment atroce. Et pourtant, cela ne fait pas de moi une mauvaise personne et je sais pertinemment que je ne suis pas parfaite. Si j'avais fait une promesse à quelqu'un et ne l'avais pas tenue, j'aurais alors affecté une autre personne et le cas aurait été différent.

Bon nombre de mes patients qui, durant leur enfance, ont été largement humiliés et maltraités m'ont dit qu'ils n'aimaient pas considérer qu'ils avaient été pris pour victime, car ils ne veulent pas se sentir vulnérables. Peut-être que personne n'aime être vulnérable, mais la vérité est que nous le sommes tous. Dans le processus de guérison, il est essentiel de reconnaître avoir subi de mauvais traitements si tel a bien été le cas. Le refus de vous laisser remémorer honte profonde et vulnérabilité est compréhensible, mais le prix à payer pour ne pas reconnaître la vérité est trop élevé. Qui désire vivre en étant ultrasensible à la honte et en ressentant une honte extrême dans des situations qui ne sont pas nécessairement tellement importantes ? Souhaitez-vous limiter vos pensées, vos désirs et vos aspirations afin d'éviter la honte et les sentiments connexes ?

Souvenez-vous que tout le monde a subi une humiliation à un moment ou un autre. Il est très important de reconnaître la vérité de votre passé, au lieu de redouter cette même émotion dans le présent et à l'avenir dans toutes sortes de situations. Souvenez-vous que vous pouvez vous rappeler de ces situations sans perdre votre dignité. Réalisez que les gens cruels attaquent leur propre dignité, comme s'ils disaient à l'univers de la reprendre, qu'ils n'en veulent pas.

Blesser quelqu'un ou manquer à votre parole — alors que la personne aurait sacrément eu besoin que vous la teniez — équivaut-il à ne pas ramasser la poussière chez vous ? Expédier la préparation du dîner équivaut-il à rabaisser quelqu'un et lui causer une blessure émotionnelle ? Se servir d'une confidence qu'une personne vous a faite comme d'une arme lorsque vous êtes agacé par cette dernière équivaut-il à ne pas faire votre lit le matin ? Comme vous pouvez le constater, il est crucial pour votre sérénité de cesser de vous rendre dingue et de commencer à voir la différence entre les questions moralement neutres et celles qui revêtent un poids moral.

Comment pourriez-vous être parfait ? N'est-il pas mieux de tenter d'être la bonne personne décente que vous êtes, et de mettre des priorités ? Je sais que c'est difficile et que le sentiment de honte, d'être nul, reste tapi dans l'ombre — mais c'est un début. Ne souhaitez-vous pas faire la distinction entre le caractère d'une personne et des broutilles sans réelle importance ?

Exercices

Exercice 1

Imaginez que vous êtes riche et célèbre et que, pour cette raison, tout le monde est aux petits soins pour vous et s'empresse d'avoir votre avis. Imaginez qu'ils ne vous comprennent pas vraiment ou ne se soucient pas réellement de vous mais se fient aux apparences. Maintenant, imaginez que vous êtes cette même personne qui a tout perdu et que vous êtes ignoré, « invisible » pour vos anciens amis. Concentrez-vous sur vos sentiments et reconnaissez que vous êtes la même personne. À présent, procédez de même pour vos études, votre milieu, votre apparence. Continuez à reconnaître ce qui demeure identique en vous. Essayez de vous connecter à votre essence.

Gardez à l'esprit que notre société ne se fie pas à l'essence mais aux aspects superficiels, et je vous demande précisément de dépasser cela. Visualisez d'autres personnes dont vous appréciez ou non le caractère — ou l'essence —, mettez-les dans différentes situations et constatez que leur essence reste la même. Vous devrez faire cet exercice pendant longtemps, voire des années, mais les résultats gratifiants qu'il apporte en valent vraiment la peine.

Exercice 2

Pensez à une personne malade ou blessée que vous avez connue. Mentalement, observez cette personne, ressentez de la compassion et sachez que, quel que soit l'état dans lequel se trouve le corps, l'essence de la personne demeure intacte. Pensez maintenant à vous-même, à votre corps, et à l'étincelle divine de votre essence. Continuez à vous visualiser avec votre dignité, avec compassion, amour et respect.

Exercice 3

Pensez à une situation où, enfant, vous avez eu honte de quelque chose que vous avez fait ou non, et mettez cela par écrit. À présent, imaginez la même scène comme si vous observiez un autre enfant. Ressentez de la compassion pour lui, peut-être de l'indignation, et réconfortez-le. Maintenant, revenez à vous et imaginez à nouveau la scène en offrant compassion et réconfort à l'enfant que vous étiez autrefois. Concentrez-vous alors sur l'ampleur avec laquelle vous avez intériorisé celui qui vous a couvert de honte, à quel point vous le faites désormais vous-même et aimeriez arrêter. Offrez-vous la même compassion que celle que vous donneriez à quelqu'un d'autre.

Exercice 4

Pensez à une erreur ou un échec de votre vie d'adulte et posez le tout par écrit. Était-ce neutre d'un point de vue moral, comme faire le ménage, ou cela heurtait-il les sentiments d'autrui ? Autorisez-vous à ne pas être tout le temps parfait, en particulier dans les domaines moralement neutres. Pensez aux conséquences de votre comportement.

Exercice 5

Pensez à une dispute avec un proche où vous aviez tort au moins en partie. Imaginez que vous vous excusez du fond du cœur et avec humilité en avouant à l'autre que vous savez que vous aviez tort et en êtes extrêmement désolé. Que ressentez-vous ?

Exercice 6

Visualisez des erreurs que vous avez commises ou pourriez commettre lorsque vous êtes en présence de quelqu'un. Remarquez le critique en vous. Maintenant, pensez à d'autres personnes qui ont plus de facilité que vous à admettre qu'elles ont agi « stupidement », des personnes que vous appréciez toujours et respectez. Revenez maintenant à vous et votre erreur et essayez de vous sentir à l'aise avec certaines erreurs que vous avez réellement commises par le passé. Imaginez que quelqu'un vous critique et que vous « avouez » l'erreur avant qu'il puisse formuler ses critiques. Ressentez le pouvoir libérateur d'admettre ses erreurs.

Exercice 7

Formulez des déclarations que vous vous répéterez tous les jours. Voici quelques exemples :

- Il n'y a rien de mal à parfois me sentir triste lorsque je me rappelle avoir eu honte, et je préfère laisser la place à cette tristesse que d'avoir honte tout le temps pour plein de choses différentes.

- Je continue à voir et respecter la dignité de ceux qui ont eu honte, ont été blessés ou sont malades. J'éprouve pour eux de la compassion et de l'empathie, ainsi que pour moi-même et les fois où j'ai eu honte.

Chapitre 3

Rigidité et pensée manichéenne

La rigidité et la pensée manichéenne — c'est-à-dire une pensée sans nuances en termes de tout noir ou tout blanc, ou de tout ou rien — ont un rapport avec le perfectionnisme, tous étant des rayons de la roue de traits PCH. Bien que ces traits soient perçus comme différents, ils reflètent tous la même blessure — la dynamique au niveau du moyeu de la roue — et se chevauchent mutuellement. Pour les personnes PCH, penser de manière nuancée peut s'avérer extrêmement diffi-

cile. Dans le chapitre précédent, nous avons évoqué les actions moralement neutres par opposition à celles qui peuvent faire souffrir autrui. Dans ce chapitre, nous nous pencherons sur les questions de degré et les « zones grises » dont relèvent bien des décisions.

Pour commencer, je tiens à préciser qu'il y a des contextes où la pensée manichéenne est tout à fait appropriée. Tuer, dévaliser une banque, s'introduire par effraction ou violer les droits d'autrui ne sont pas moralement neutres. C'est mal. Lorsque je parle de « degré », je ne suggère en aucun cas que les actions psychopathiques pourraient être d'une quelconque manière acceptable. Par contre, je *suggère* bel et bien que la vie comporte souvent des zones grises qu'il est très important de considérer pour opérer des choix matures. Les gens ne sont pas des saints, et la plupart des personnes considérées comme bonnes selon les critères standards possèdent également des traits négatifs. Aussi, en abordant la rigidité et la pensée manichéenne, on doit toujours garder à l'esprit qu'il existe des normes universelles quant à ce qui est tout simplement inacceptable. Pourtant, nous avons besoin de définir des limites personnelles quant à ce qui *est* pardonnable, et là nous ne serons pas tous d'accord, car des choses différentes nous dérangent.

Par exemple, pour certains, le retard est totalement inacceptable. J'essaie toujours d'être à l'heure et généralement, j'arrive un peu en avance à mes rendez-vous. Je sais que tout le monde n'est pas ainsi, mais je me sens plus à l'aise comme cela. Une fois, une femme que je connaissais depuis plusieurs années m'a dit qu'elle avait le fort sentiment que le retard était toujours *mal* et démontrait un manque de respect pour autrui. Un jour, nous avions prévu de nous voir pour déjeuner et je n'arrivais pas à quitter mon bureau. Les contretemps se succédèrent. Mon téléphone sonna et je répondis, craignant une urgence, puis je fus coincée dans un embouteillage. J'appelai mon amie à l'avance pour lui dire que j'aurais vingt minutes de retard. Elle fut extrêmement fâchée contre moi et, même si je m'étais expliquée et excusée, elle le resta et ne put me pardonner.

J'en vins à réaliser qu'à ses yeux, être en retard faisait de moi une mauvaise personne. Dans son esprit, l'association entre « arriver en retard » et manque de respect et de considération pour autrui était fermement établie. Si elle me pardonnait, qu'est-ce qui l'empêcherait alors d'être elle-même en retard ? Le bien c'est bien, et le mal c'est mal, et je tombais nettement dans la catégorie du « mal ». Le déjeuner fut éprouvant tant elle persista à me snober tandis que je pensais avec tristesse que nous ne nous reverrions probablement plus, ce qui fut bien le cas. Cela ne me dérangea pas de m'excuser, mais je fus contrariée par la colère et le manque de pardon. Je reconnus avoir brisé une *règle* et que les circonstances ne comptaient pas.

Précisons qu'il est sensé de prendre ses distances vis-à-vis de quelqu'un qui fait réellement quelque chose pour vous blesser, mais là, ce n'était pas le cas. Si vous avez des règles strictes pour tout, même pour des choses foncièrement neutres ou pas si terribles, vous finirez seul. Je quittai finalement le déjeuner très irritée moi-même, et ce fut la fin de notre relation. Bien que cette amie me manque de temps en temps, et sans doute réciproquement, ce n'était qu'une question de temps avant que ne se produisent des circonstances qui amènent à enfreindre une de ses règles.

Je dois ajouter ici que les croyances religieuses traditionnelles peuvent aussi nourrir ce type de pensée. De nombreuses personnes dans notre société, et certains de mes patients, ont grandi avec l'enseignement catéchistique qui stipule que même une transgression mineure ouvre la porte à une transgression majeure — et pire que tout, à l'un des « sept péchés capitaux ». Pour ne pas accabler les Pères du christianisme, disons qu'ils voulaient peut-être simplement que les gens réfléchissent plus à leur comportement. C'est une bonne chose. Mais au fil des siècles, cette manière de penser a été portée à l'extrême. Certaines confessions avertissent que le simple fait d'*éprouver* un sentiment particulier est aussi mal que de commettre le péché auquel il pourrait mener — d'où le célèbre aveu de Jimmy Carter d'avoir commis l'adultère à maintes reprises puisqu'il avait regardé de nombreuses femmes avec convoitise. Bien que la pensée manichéenne rigide dont je parle ici puisse être favorisée ou renforcée par ce type d'enseignement, sa source se trouve ailleurs.

Très souvent, cette rigidité provient d'une crainte vis-à-vis de soi-même. Mon ancienne amie n'était pas une mauvaise personne, ni moi non plus. Mais elle avait manifestement peur de ne pas être à la hauteur de ses propres normes et promesses, et ressentait le besoin d'être aussi sévère avec elle-même qu'elle l'était avec les autres — et cela sans aucune exception. Sans doute avait-elle connu des difficultés avec le retard par le passé, ou plus probablement associait-elle le retard à quelque chose d'autre, et cela était ancré en elle. En outre, lorsque les gens redoutent quelque chose en eux-mêmes, ils repoussent souvent cette peur en condamnant les autres à l'extrême, ce qui leur donne alors l'impression de se trouver dans la zone de sécurité de leur vision idéalisée d'eux-mêmes. Mais cela dénote un manque de conscience et ne mène à rien de bon. Je peux assurer que cette amie se jugeait et se condamnait beaucoup plus sévèrement qu'elle ne me jugea et me condamna, et que c'est ce qui motiva son comportement.

La question du degré n'est pas aisée à résoudre. Qu'en est-il des gens qui sont *tout* le temps en retard ? Certains de mes amis le sont, et bien que cela soit agaçant, ces amitiés me sont précieuses et je passe outre ; d'autres ne le pourraient tout simplement pas. Qu'en est-il des gens qui se vantent pour se sentir importants ? Pouvez-vous passer outre si le reste de la relation est positive ? À nouveau, je ne parle pas de manipulation ou de jeux psychologiques — un dysfonctionnement sévère qui est inacceptable, ou devrait l'être — mais de comportements plus normaux. Si une personne est très soigneuse, et une autre désordonnée, il est certain qu'elles ne devraient pas partager un appartement, mais rejetteriez-vous quelqu'un si cela ne vous affectait pas de manière importante ?

Je me souviens d'une patiente qui s'était mise à fréquenter un groupe religieux strict qui finit par s'avérer extrêmement fermé et directif, et elle souffrit beaucoup. Elle me raconta que la première fois qu'elle avait réalisé qu'elle les désapprouvait et voulut partir, elle ne put affronter ce qui l'attendait et elle devint alors encore plus fanatique, reprochant aux autres membres de ne pas être assez fervents. Elle finit par partir, mais l'étape par laquelle elle passa illustre parfaitement à quel point la rigidité et l'extrémisme renvoient à soi-même. Elle s'était accrochée de plus en plus au groupe afin d'éviter un changement redouté.

Vous devez accepter que nous sommes tous attirés par différents traits, parfois semblables aux nôtres et parfois complémentaires. Si vous êtes trop tolérant, vous pouvez finir par vous faire exploiter, et si vous ne supportez aucun travers non malveillant, vous n'aurez pas d'amis. Vous devez définir votre propre limite entre ce qui est acceptable et ce qui ne l'est pas. J'ai connu une personne qui était bonne, gentille, mais qui criait tout le temps, devenait surexcitée et avait tendance à professer. Elle était très brillante et peut-être que son métier de conférencière influençait sa façon de communiquer avec les autres. Après tout, elle était habituée à déclamer des informations d'une voix forte.

Après plusieurs petites rencontres, je reconnus l'incompatibilité, car je n'aime pas ce niveau d'intensité et de puissance sonore que je ressens comme agressives. C'était une bonne personne, et je pense toujours à elle d'une manière positive, pourtant, je n'appréciais pas sa compagnie. De même, j'ai connu quelqu'un qui adorait blaguer et était très amusant, mais lors de nos courts déjeuners ensemble, je préférais aborder de vrais sujets plutôt que d'être divertie. Pour moi, un mélange des deux aurait été l'idéal. À nouveau, il n'y avait pas de rancœur, mais je pense que nous avons tous les deux reconnu l'incompatibilité.

Souvent, les individus dotés de traits PCH éprouvent des difficultés à reconnaître qu'une personne est incompatible avec eux. Ils se sentent coupables s'ils ne sont pas à l'aise avec elle et peuvent même ressentir le besoin de trouver un défaut plus significatif pour s'en éloigner. Après tout, n'est-on pas censés aimer les gens gentils ? Tous ? Eh bien, pas nécessairement, et il n'y a vraiment rien de mal à ne pas être compatible avec quelqu'un. Vous n'avez pas besoin de détester quelqu'un pour prendre vos distances. En fait, il est important de faire la distinction entre les traits que vous ne supportez pas et ce qui est réellement mal. De même, lorsque quelque chose de réellement inconvenant vous hérisse, il y a des degrés d'inconvenance.

Nous avons tous des défauts et en aurons toujours. Si vous vous condamnez, il devient difficile, voire impossible, de pardonner aux autres. C'est à vous de décider quelles personnes vous désirez dans votre vie — mais souvenez-vous qu'elles ne sont pas vous. Vous n'êtes peut-être pas spontané, et cela peut en agacer certains s'ils fonctionnent principalement ainsi. Vous pouvez avoir une relation avec ce type de personne si vous êtes ouvert, que vous lui expliquez que l'imprévu vous perturbe, que c'est simplement votre façon d'être et que vous serez heureux de prévoir des choses de temps en temps. Quoi qu'il en soit, vous devez envisager ce qui est convenable ou non et à quel degré, puis considérer la question de la compatibilité personnelle.

Nous sommes tous attirés par différents types de personnes, ce qui est normal et dans l'ordre des choses. Il n'y a rien de mal à ne pas être compatible avec quelqu'un, et il ne devrait pas y avoir de culpabilité ou de honte à ce sujet. Il y aura toujours des choses que nous ne souhaitons pas tolérer. Pourtant, lorsqu'il est question de bien et de mal, la pensée manichéenne peut être très limitante, tout comme la rigidité. Par exemple, une patiente me raconta qu'elle avait appelé plusieurs fois une amie pour l'inviter à sortir, mais cette dernière avait répondu qu'elle allait travailler chez elle et était occupée. Ma patiente rencontra ensuite par hasard quelqu'un qui avait vu son amie en ville, et elle réalisa que celle-ci avait menti. Ma patiente dit : « Je hais les mensonges, et c'était *mal* ! ».

J'expliquai à ma patiente qu'elle avait peut-être lancé beaucoup trop d'invitations et que son amie, ne voulant pas heurter ses sentiments, avait trouvé plus facile de dire un petit mensonge pour conserver son amitié et ne pas la fâcher ou la blesser. Ma patiente répéta d'abord qu'elle détestait les mensonges et les menteurs, et que ce mensonge avait fait de son amie une menteuse. Elle était tentée de mettre un terme à une amitié qu'elle appréciait énormément. C'est de la pensée manichéenne, et un petit mensonge pour épargner les sentiments d'autrui ne fait de personne un menteur — c'est-à-dire quelqu'un qui ment la plupart du temps. Il s'agit d'une pensée manichéenne rigide. Il se peut que vous pensiez ainsi, et c'est sans doute le cas, et cela est lié à votre peur d'être quelque chose ou quelqu'un d'autre que ce que vous êtes réellement — votre peur de l'Abîme. Ce type de pensée exclut totalement le pardon et les zones grises qui composent la majeure partie de la vie.

« Nina » était une jeune femme dotée d'un système de règles rigide et manichéen qui lui dictait d'être toujours loyale. Elle vint me demander de l'aider à rompre une relation, qui ne durait que depuis quelques mois, avec un jeune homme qui avait l'air assez perturbé. Ils se connaissaient à peine, mais il était manipulateur, directif, et très malhonnête. Au nom de la loyauté, elle prenait tout ce qu'il disait au pied de la lettre, même si c'était malhonnête et manipulateur. Une fois, il voulut sortir et elle lui dit qu'elle allait voir une amie. Finalement, elle n'y alla pas et voulut simplement avoir un moment à elle. Le jeune homme avait surveillé son appartement et vu qu'elle était restée chez elle. Après cet incident, il se mit à l'appeler à maintes reprises et à s'emporter en la traitant de menteuse. Son comportement était effrayant et alarmant à bien des égards, mais la façon dont il la rendait toujours responsable faisait, de par son système rigide, qu'elle l'écoutait toujours et tentait de lui prouver qu'elle avait été loyale. Bien entendu, c'est là-dessus que comptait ce jeune homme perturbé. Il y eut de nombreux autres incidents de ce type et je savais que Nina devait immédiatement cesser cette relation pour sa propre sécurité.

La dernière goutte d'eau qui la poussa à venir me consulter fut l'épisode où le jeune homme voulut qu'elle rencontre ses parents. Elle ne voulait pas et lui fit remarquer qu'ils venaient à peine de se rencontrer, que leur relation n'était pas sérieuse et qu'il était bien trop tôt pour cela. Il continua à insister, et puisqu'il l'avait convaincue qu'elle lui « devait » quelque chose — parce qu'elle pensait ne jamais pouvoir être « déloyale » en n'importe quelle circonstance —, elle finit par rencontrer les parents. Une semaine après, elle tenta de rompre la relation et il entra dans une rage qui l'effraya. Il lui dit qu'elle venait tout juste de rencontrer ses parents et l'avait fait marcher, se servant contre elle de ce que lui-même l'avait convaincue d'accepter. Cet homme était extrêmement perturbé et dangereux. Je tiens à souligner que Nina n'avait jamais connu de relation violente et était une personne extrêmement performante.

Ce jeune homme perturbé et dangereux avait joué le jeu de l'identification rigide de Nina à la loyauté, désormais portée à un niveau absurde menaçant sa sécurité. Elle vint me demander de l'aide et me dit que c'était exceptionnel, qu'elle n'était pas folle et que cela ne reflétait pas un mode de fonctionnement dans sa vie. Je le compris et lui exposai brièvement la dynamique PCH, en lui expliquant qu'elle *souffrait* bel et bien d'une problématique, même si elle n'était certainement pas folle, et qu'elle avait rencontré quelqu'un qui avait rendu cette pensée manichéenne extrêmement dangereuse. Ceci est très important, étant donné qu'une personne compétente et généralement rationnelle qui n'est certainement pas « folle » peut se retrouver dans une situation dangereuse si ces questions ne sont pas abordées ; en réalité, il existe des individus perturbés qui « lisent » très bien dans l'esprit des gens et les feront se sentir apeurés ou coupables devant ce que leur Abîme s'avère être.

J'expliquai à Nina que je comprenais que la loyauté signifiait beaucoup pour elle, mais que lorsqu'on se trouve en danger ou que l'on est malheureux avec quelqu'un, on part. Il n'y a rien de loyal ou de déloyal dans cette question. Elle donna rendez-vous au jeune homme dans un lieu public afin de ne pas être seule avec lui, et mit fin à ce qui, selon elle, n'était même pas vraiment une relation. Le jeune homme se mit à crier et à hurler sur elle en public, ce qui lui fut extrêmement embarrassant, et elle s'en alla, comme nous l'avions prévu. Il poussa la porte du restaurant devant elle, et ce fut terminé.

Bien que Nina ne se fût jamais retrouvée dans une telle situation, elle vit combien la dynamique PCH lui causait du tort et provoquait un dégoût d'elle-même constant, et combien elle persistait à tenter d'être parfaite quand bien même cela ne pourrait jamais fonctionner. Tout ce qu'elle avait fait, c'était suivre sa liste mentale des qualités qu'une bonne personne est censée posséder pour, en fin de compte, gagner l'approbation d'un père difficile à satisfaire. Son père l'aimait, mais était lui-même une personnalité PCH qui voulait que tous ceux qui l'entourent soient parfaits. Nina choisit de poursuivre la thérapie et finit par voir quelle dynamique avait provoqué les difficultés. À terme, cet incident extraordinaire l'aida à modifier sa vision d'elle-même et de sa vie.

Nina fit également d'autres progrès. Elle n'aborda plus les autres en tentant seulement de les satisfaire et de se prouver à elle-même qu'elle était quelqu'un de bien. Dorénavant, elle rend service parce qu'elle *est* gentille et apprécie sincèrement de le faire, mais n'a plus besoin de prouver quoi que ce soit. Elle sait qu'elle est une bonne personne et qu'elle interagit d'une manière authentique et saine, en accordant à ses propres sentiments et besoins le respect qu'ils méritent. Elle a fini par réaliser qu'il n'était pas raisonnable d'être à la hauteur des principes qu'elle s'était fixée, et elle a repris possession de sa vie. À vrai dire, bien que son père ne fût pas un homme porté aux félicitations, il n'avait jamais eu l'intention que sa fille souffre autant que cela. L'Abîme de Nina était d'être une personne égoïste et déloyale. Cette crainte l'avait rendue extrêmement vulnérable, mais désormais, sa personnalité est intégrée et elle ne possède plus cette vulnérabilité dont les autres pourraient se servir pour la manipuler.

Certaines personnes pensent qu'elles devraient toujours faire de leur mieux et qu'il leur arrivera naturellement de bonnes choses. Il est tout à fait vrai que vous devriez faire de votre mieux pour avoir plus de chances que *certaines* bonnes choses vous arrivent, entre autres raisons. Toutefois, comme nous le savons tous, il se produit parfois des malheurs. On peut crier « Ce n'est pas juste ! » autant qu'on veut, mais la vie est souvent injuste. Certaines personnes sombrent dans la dépression non pas uniquement parce qu'il leur est arrivé quelque chose de négatif, mais parce qu'elles jouaient selon les règles, contrairement à la vie. Bien que vous deviez conserver votre éthique personnelle — et nous avons tous des responsabilités morales —, celle-ci doit autoriser les zones grises de la vie. Les choses ne sont pas si simples et pour vivre pleinement, il vous faut parfois vous débattre avec les zones grises comme tout un chacun. Je sais que si vous pensez de façon manichéenne, non seulement vous serez trop dur avec vous-même, mais aussi avec les autres, et vous passerez à côté de beaucoup de choses.

La vie peut être extrêmement difficile et je serais bien la dernière à dire qu'elle est juste. Pourtant, il est déjà suffisamment pénible d'affronter une tragédie sans avoir à pester contre un univers où survient l'injustice ; cela ne fait qu'aggraver la douleur et la rend encore plus difficile à supporter.

Quand je travaillais autrefois à temps partiel dans une maison de retraite, je rencontrai « Harriet », une septuagénaire avancée qui avait vécu avec sa sœur avant d'aller en maison de retraite. Son histoire était horrible. Sa sœur et elle avaient quasiment fini de payer leur maison, à l'exception d'une dette de quatre cent cinquante dollars. Sa sœur, âgée de presque quatre-vingts ans, avait été réceptionniste, mais tomba malade et ne put plus travailler. Harriet n'avait pas travaillé depuis des années en raison de problèmes de santé, bien qu'elle fût capable d'entretenir la maison pour toutes les deux. Comme elles ne pouvaient pas payer leur dette, la banque saisit la maison. C'était une histoire déchirante, une de celles dont notre société devrait profondément avoir honte.

Harriet me raconta en pleurant comment tous leurs biens avaient été débarrassés ; elle était en particulier bouleversée d'avoir perdu son journal. Elle conservait toutes ses affaires dans plusieurs sacs et les passait en revue tous les jours, ce qui fut la raison pour laquelle je demandai à la voir. Elle emballait et déballait ses affaires, encore et encore. Au début, je le fis avec elle, examinant ses affaires tandis qu'elle me racontait les souvenirs associés à chaque objet.

Harriet avait tout perdu, même sa sœur qui résidait dans une autre maison de retraite. Toutes deux vivaient désormais de l'aide sociale. Cette femme était en plein épisode obsessionnel compulsif aigu. Le chagrin était assurément intense, mais elle n'arrivait pas à passer le cap ni à s'adapter aux changements dans sa vie, au point où elle n'avait réellement aucune chance de se remettre sur pied et de retrouver sa vie antérieure. Elle était furieuse contre un monde dans lequel elle avait travaillé et été une bonne personne, et continuait à répéter qu'elle ne comprenait plus les règles.

Nous partagions sincèrement sa colère, qui ne l'aurait pas fait ? Mais elle n'arrivait pas à dépasser son chagrin et continuait à emballer et déballer ses affaires au point que sa chambre risquait de prendre feu avec des tas de sacs et de piles de papiers, de lettres et de magazines. Tandis que je partageais sa colère et lui disais à quel point son histoire me désolait, je continuai à lui expliquer que nous ne pouvons que nous contrôler nous-mêmes, qu'elle *était* une bonne personne, mais que la « règle » stipulant que rien de mal n'arriverait n'avait jamais existé.

Harriet me raconta qu'elle ne s'était jamais mariée parce qu'elle avait pris soin de ses parents malades en essayant toujours de les satisfaire, mais en n'y parvenant jamais vraiment. Nous fîmes un petit travail d'introspection, et elle en vint à réaliser que bien qu'essayer d'être parfait et de faire plaisir aux autres ne donnait pas nécessairement de bons résultats, elle avait vécu en bonne personne. Sa nièce et son neveu venaient lui rendre visite en raison de tout l'amour qu'elle leur avait toujours montré. Elle finit par voir que bien que certaines de ses règles et associations étaient erronées, elle avait vécu une belle vie où l'amour régnait et qu'elle avait simplement besoin d'ajuster sa compréhension de quelques règles.

Harriet finit par réussir, en présence d'une infirmière qu'elle appréciait et de moi-même, à pouvoir jeter de vieux magazines et vêtements qu'elle ne portait plus, et conserver les choses qui lui importaient le plus. Elle put faire le deuil de la perte de sa maison commune avec sa sœur et de ce qu'elle avait ressenti comme une perte de dignité. Je pus l'aider à voir que malgré l'horrible façon dont elle avait été traitée, elle possédait toujours sa dignité. Elle écrivit une lettre à la banque pour leur faire part de ses sentiments, une lettre pleine d'indignation justifiée, et, oui, de dignité. Cette lettre était magnifique. Elle déplora bel et bien la vie qu'elle avait connue pour en arriver à un stade qui, effectivement, évoquait la mort, mais elle me confia un jour qu'elle avait fini par être trop fatiguée pour assurer le ménage, les courses et la cuisine, et qu'elle et sa sœur n'arrivaient plus à se supporter mutuellement. Désormais, grâce à l'aide de sa nièce et de son neveu, elles se voyaient toutes les semaines, ce qui signifiait beaucoup pour les deux sœurs.

Nous discutâmes des règles qu'elle conserverait, et Harriet décida qu'elle pouvait toujours être la bonne personne qu'elle avait toujours été, avec ou sans sa maison. Elle avait toujours aimé que tout soit beau et bien rangé, et elle aida les infirmières auxiliaires à nettoyer quotidiennement les salles communes, ce dont ces dernières lui furent très reconnaissantes. Elle vécut pour être une bonne personne et pour l'amour qu'elle avait reçu au cours de sa vie.

Je pense que ce qui était arrivé à Harriet et sa sœur reflète les profonds dysfonctionnements de notre société. Au début, je ne pouvais m'empêcher de penser à la façon dont j'aurais pu réunir les quatre cent cinquante dollars pour qu'elles puissent garder leur maison, mais je n'avais rencontré Harriet qu'après les faits. Dans mon rôle de psychologue, je dus aider Harriet à affronter la réalité et à préserver les bonnes choses au lieu de se tourmenter à emballer et déballer ses affaires et à répéter encore et encore à qui voulait l'entendre : « Je ne connais plus les règles ». Les infirmières et les autres résidents considéraient qu'Harriet était psychotique. Il ne fait aucun doute qu'elle vivait un épisode obsessionnel compulsif aigu, mais lorsque sa pensée rigide s'assouplit, ses pensées s'éclaircirent immédiatement et elle se remit à vivre une vie pleine de sens.

La façon dont certaines personnes considèrent l'autorité constitue un autre exemple courant de pensée manichéenne. Nous vivons dans une civilisation, et la civilisation exige des règles qui doivent être respectées. Mais encore une fois, cela n'est pas toujours aussi évident. Si, au travail, vous voyez quelqu'un partir tous les soirs dix minutes plus tôt, laissez-vous courir ou vous sentez-vous obligé de le dire au patron ? Et si vous êtes vraiment débordé ? S'il est impossible de remédier à la situation, arrivez-vous à prendre des raccourcis qui ne font de tort à personne ou considéreriez-vous que ce serait mal ? Une patiente qui n'avait jamais pris de congés maladie durant des années allait toujours travailler alors qu'elle était malade. Elle travaillait jusqu'à minuit et était épuisée et stressée, mais se sentait trop coupable pour se faire arrêter, même si elle était terriblement malade. La pensée manichéenne peut outrepasser le bon sens. Les règles doivent être respectées, mais nous devons aussi être responsables de nous-mêmes.

Une patiente avait une colocataire très désordonnée qui ne faisait pas le ménage. Au lieu de reconnaître l'incompatibilité et la nécessité de se séparer après plusieurs tentatives raisonnables, elle ressentit le besoin de considérer la colocataire comme une personne horrible afin de pouvoir partir. Son sens rigide de l'équité et la réticence de sa colocataire à reconnaître l'incompatibilité la mirent dans une situation impossible. Finalement, elle parvint à devenir moins rigide et à admettre que la colocataire était une personne gentille, mais néanmoins pas le genre de personne avec qui elle pouvait vivre. Elle n'eut plus besoin de la haïr et elles purent rester amies après avoir trouvé d'autres conditions de vie. La pensée rigide mène à la perte, tandis que s'aventurer dans les zones grises permet de nombreuses possibilités différentes.

Un patient, dont j'ai parlé au Chapitre 1, me dit avec tristesse qu'il perdrait toujours des amis de temps à autre, car il ne disait pas aux gens ce qu'ils voulaient entendre : il était au contraire brutalement honnête. Quand je tentai de lui montrer une autre voie, il répondit de façon déchirante : « Je n'*aime* pas être comme ça ! Je le fais parce que je ne peux pas m'en empêcher. ». Lorsque je lui demandai s'il avait peur de dire ne serait-ce qu'un petit mensonge, il répondit par l'affirmative. Cela nous ramène à la peur de l'Abîme, une image de soi partielle très négative, ce qu'une personne redoute d'être si elle abandonne la rigidité.

Comme ce jeune homme perspicace le savait intuitivement, la pensée rigide n'est pas une décision intellectuelle, mais repose sur la peur. Après des années de travail avec des personnes souffrant de problématique PCH, je sais qu'elles ont l'impression d'être au bord d'un précipice, en équilibre précaire — une petite transgression et elles tomberont dans le gouffre. C'est ce que j'appelle l'Abîme.

Dans n'importe quelle situation donnée, la pensée manichéenne n'autorise que deux possibilités — ami ou ennemi, justice ou injustice, oui ou non. Se libérer de la rigidité permet d'avoir le choix entre beaucoup plus d'options. « Anita » avait une jeune sœur dont elle était proche et envers laquelle elle était très protectrice, quand bien même celle-ci était adulte. Anita travaillait dur et désirait follement avoir du temps à elle, mais se sentait obligée de passer du temps avec sa sœur plusieurs fois par semaine. Après le travail, il lui arrivait souvent d'aller jusqu'à l'appartement de sa sœur dans un autre quartier, de dîner avec elle, et de rentrer chez elle fatiguée et sans plus avoir le temps de se consacrer aux tâches ménagères ou de se relaxer. Je lui demandai pourquoi elle devait en faire autant, et elle répondit qu'une sœur bienveillante s'occupe de sa petite sœur. La sœur d'Anita était très irresponsable, et Anita lui donnait souvent de l'argent, lui achetait à manger et la tirait d'ennuis. Pourtant, la règle était que pour être une sœur bienveillante, on devait faire tout cela.

Étant donné son système rigide, Anita n'avait plus le temps pour quoi que ce soit d'autre. Finalement, elle réussit à se trouver un peu de temps pour elle-même, et sa sœur finit par s'y faire. Cependant, Anita déclara que bien qu'elle vît qu'elle ne devrait pas simplifier les choses à outrance et penser de manière manichéenne, elle avait toujours du mal à opposer ses propres besoins à l'idée d'une grande sœur bienveillante. Enfants, elle et sa sœur avaient été négligées, et elle s'occupait souvent de sa cadette, aussi se sentait-elle négligente si elle ne passait pas beaucoup de temps avec elle. Pourtant, c'était l'inflexibilité de sa pensée qui la piégeait, pas ses sentiments protecteurs envers sa sœur. Anita était terrifiée d'être comme sa mère, ce qui pour elle signifiait être négligente. Elle put continuer à avancer et constata rapidement que le problème et l'anxiété se trouvaient en elle-même, et n'émanaient pas vraiment de sa sœur. L'Abîme d'Anita était qu'elle pouvait être une personne perturbée et extrêmement irresponsable. Satisfaire tous les besoins de sœur était son moyen de conserver l'Abîme en dehors de sa conscience.

Avec l'histoire d'Anita, nous nous rapprochons de l'Abîme. Nous avons vu comment les gens se livrent à la pensée rigide et au raisonnement manichéen pour éviter la peur d'être un menteur, d'être négligent, furieux, ou une victime. Penser à la rigidité peut mettre mal à l'aise à cause des peurs sous-jacentes, et vous aussi pouvez avoir l'impression qu'une bévue, une exception, une zone grise vous feront chuter dans le précipice et être une mauvaise personne, quoi que cela signifie pour vous. C'est la peur d'une image de soi ou d'un sentiment sous-jacents qui vous pousse sans cesse à faire quelque chose de néfaste pour vous ou à éviter ce que vous devriez faire. Il est difficile d'éliminer la rigidité et la pensée manichéenne par le seul raisonnement. Cela tient à ce qu'elles sont motivées par la peur. Rien ne cloche dans votre cerveau, ce sont vos sentiments que vous protégez. Les associations que vous avez établies visaient à renforcer les règles auxquelles vous croyiez et à vous empêcher de « tomber dans l'Abîme ».

Dans ce chapitre, nous avons examiné ce que les gens redoutent en eux-mêmes et ce qu'ils associent au fait d'être moins intransigeants. Nous avons vu la crainte de dire un petit mensonge par gentillesse de peur d'être un *menteur*, comme quelqu'un qui fut par le passé un alcoolique violent. Nous avons les règles, les peurs, et les associations que la pensée manichéenne vise à tenir à distance. Pourtant, vous savez que vous avez dépassé la pensée rigide. Vous avez vu qu'au lieu de vous protéger, ce système PCH vous maintient dans l'anxiété, le dégoût de vous-même, et élimine vos options.

Exercices

Les exercices suivants sont destinés à vous aider à vous habituer à reconnaître la rigidité et la pensée manichéenne en vous-même et en autrui, à éprouver de la compassion envers vous-même, et à mieux vous connaître sans vous juger. Ils visent également à vous rapprocher du moyeu de la roue, de l'Abîme — la source de vos peurs spécifiques.

Souvenez-vous, vous devez tenir un journal et pratiquer les exercices du début de ce livre mentalement, jusqu'à ce que vous ne ressentiez plus le besoin de recourir à un exercice particulier et que vous l'ayez intégré. Ces chapitres et ces exercices ne doivent *pas*, et j'insiste sur ce point, être prétexte à vous critiquer. Dans cette démarche, admettre que vous avez certains problèmes demande du courage et mène au changement, aussi je vous prie de reconnaître le courage et l'honnêteté dont vous avez fait preuve jusqu'ici.

Exercice 1

Remémorez-vous et mettez par écrit quelques exemples de moments honteux de notre histoire et de l'histoire d'autres pays, alors que les gens suivirent les règles sans les remettre en question. Remarquez que bien qu'il soit généralement bénéfique d'obéir aux règles, on ne peut les suivre aveuglément et nous sommes responsables de nos actes. Pensez à une situation réelle ou hypothétique dans laquelle vous devriez dire non à une figure d'autorité, et notez-la. Comment vous sentiriez-vous ? Utilisez votre imagination et explorez vos ressentis. Que ressentiriez-vous si vous étiez la première ou la seule personne à voir que quelque chose clochait ? Pensez aux gens que vous connaissez et imaginez comment ils se comporteraient.

Le but de cet exercice n'est pas d'avoir toutes les réponses, mais de vous familiariser avec l'ambiguïté, tâche importante dans votre développement personnel. Autrement dit, paradoxalement, vous devez être plus à l'aise avec le fait d'être mal à l'aise.

Exercice 2

Couchez par écrit un épisode de votre enfance où ce que vous avez fait, ou non, ne vous fut pas pardonné et vous fit paraître « méchant ». Remémorez-vous vos sentiments. Si vous étiez votre propre parent, comment la situation aurait-elle dû être gérée pour favoriser un enfant moins rongé par la culpabilité et moins rigide ? Reconnaissez que vous souhaiteriez avoir été traité ainsi. Maintenant, imaginez-vous dans le rôle du parent

et pensez à une situation où l'un de vos parents a réagi sans « lésiner »
à votre mauvais comportement, ou pire, par de la colère, et qui vous a
fait vous sentir honteux. Pouvez-vous éprouver de la compassion pour *son*
comportement ?

Exercice 3

Il y a des degrés entre le bien et le mal. Sur une échelle de 1 à 10, 1 étant
le bien absolu et 10 le mal extrême, comment évalueriez-vous les situations
suivantes ? Comment *aimeriez*-vous pouvoir les évaluer ? Observez-vous
une différence entre les deux ? Si oui, reconnaissez-vous que la peur en
est la cause ?

- Dire à votre patron que vous ne vous sentez pas bien quand vous
  avez sérieusement besoin de vous relaxer ou d'un jour de repos.

- Étudier suffisamment pour obtenir un B dans une matière qui n'est
  pas cruciale pour vos objectifs, mais sans tout faire pour assurer un
  A.

- Raconter une confidence très intime que l'on vous a faite.

- Mentir à propos de quelqu'un.

- Vous moquer d'une personne et encourager les autres à en faire
  autant.

- Rédiger un rapport professionnel la veille au soir, car vous savez que
  vous arriverez à le finir et que le travail sera bien fait.

- Heurter les sentiments de quelqu'un ou être injuste et ne pas s'en
  excuser.

- Refuser de rendre un service que l'on vous demande, car vous n'avez
  pas le temps.

Exercice 4

Écrivez trois exemples de choses qui vous dérangent et trois exemples de choses que vous considérez comme mal.

Exercice 5

Pensez à au moins un type de situation dans laquelle vous êtes rigide et mettez-le par écrit. Quelle peur se dissimule derrière ? Encore mieux, notez quelques exemples et identifiez la peur derrière chacun d'eux. Sachez que vous affrontez vos problèmes et qu'il faut beaucoup de courage pour se libérer de ses peurs.

Exercice 6

Pensez à deux occasions où vous avez ressenti le besoin de pardonner à quelqu'un et à deux autres occasions où vous avez éprouvé le besoin d'être pardonné, que cela ait été verbalisé ou non. Que ressentez-vous face à ces situations ? Pouvez-vous vous pardonner ? Votre vision est-elle différente depuis que vous avez commencé à lire ce livre ?

Chapitre 4

Déception

Pour les personnes ayant une dynamique PCH, la déception représente un enjeu majeur. Pourquoi ? L'une des raisons tient à leur tendance à mettre les gens sur un piédestal et à avoir elles-mêmes le sentiment qu'elles doivent être à la hauteur d'un standard idéalisé. C'est peut-être parce qu'elle fait voler les mythes en éclats que la déception constitue un obstacle majeur pour certains — qu'il s'agisse d'*être* déçu ou de décevoir quelqu'un d'autre. Et pourtant, la déception est un élément très important et nécessaire de la vie.

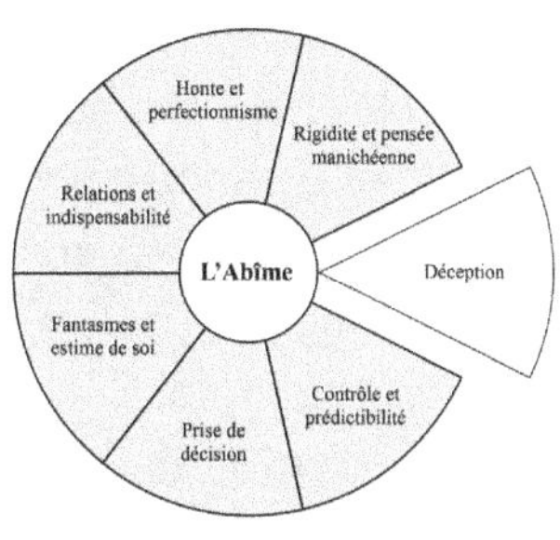

Il est inutile de préciser que les fantasmes se passent mieux que la réalité. Les fantasmes ont une raison d'être importante dans la vie, c'est pourquoi je leur consacrerai un chapitre ultérieur. Nos fantasmes peuvent nous inciter à accomplir nos rêves et nos espoirs, et apporter un soulagement indispensable quand les temps sont durs. Certaines idées excellentes proviennent de fantasmes. Le problème survient lorsque vous croyez que vous, ou les autres, devez d'une manière ou d'une autre être à la hauteur de vos fantasmes. La déception est liée aux idées fausses associées à l'idéalisation de soi ou d'autrui. La nécessité d'être parfait rend la déception inévitable. Bien qu'étant liée au perfectionnisme, la crainte d'être déçu ou de décevoir autrui est suffisamment importante pour être traitée en tant que problème à part entière.

N'importe quelle situation de la vie comporte et comportera des imperfections. Nous fantasmons toujours sur les situations nouvelles et sommes voués à ressentir une certaine déception face à leur réalité. Ce type de déception naturelle inévitable est très différent de la déception qui découle d'une sérieuse incompatibilité entre ce que vous attendez des autres, sur la foi de principes rigides, et ce qu'ils sont en réalité. De plus, il existe la déception qui provient d'un comportement proprement inadmissible. Il est très important d'analyser ces différents types de déception et, dans chaque situation donnée, de découvrir quelle en est l'origine.

Dans le chapitre précédent, nous avons parlé des frontières que nous posons entre comportement acceptable et inacceptable, et de compatibilité personnelle, celles-ci étant intimement liées à la question de la déception. Étant donné que rien n'est parfait, vous devez toujours — lorsque vous acceptez un emploi, louez un appartement, ou dans n'importe quelle relation ou situation de la vie — déterminer si les défauts que vous observez sont du domaine de l'acceptable ou non, et s'il existe une compatibilité de base. Vous devez définir vos priorités et vous y tenir, afin de ne pas tomber ou demeurer dans une situation tout simplement toxique pour vous.

Par exemple, certains de mes patients pleins d'ardeur au travail m'ont décrit des emplois où ils commencent le matin à huit heures et où les employés ne commencent pas à partir avant sept heures du soir. Ces patients n'étaient pas dérangés par le fait de faire des heures supplémentaires lors de situations spécifiques ou pour des projets spéciaux ; toutefois, ils souhaitaient un nouvel emploi où faire preuve d'empressement à travailler ne signifiait pas rester tard tous les soirs. Accepter un emploi différent sans savoir si tel sera le cas pourrait provoquer une déception importante mais normale, quoique ce poste s'avèrerait fondamentalement gâché par cette déception.

Lors d'un entretien d'embauche, ils devaient demander si les heures supplémentaires étaient la norme, même s'ils craignaient de faire mauvaise impression. Une patiente raconta que son interlocutrice lui répondit qu'elle « faisait en sorte » que les personnes sous sa direction partent à six heures du soir, laissant entendre que ma patiente serait perçue comme une paresseuse si elle partait à cinq heures. Dans une moindre mesure, quitter un emploi que l'on apprécie hormis quelques tâches déplaisantes, comme la paperasserie, serait également décevant.

Toutefois, ces types normaux de déception diffèrent de celle liée à des attentes totalement irréalistes par rapport au vécu humain normal, et qui tend à être dévastatrice. Ce dernier type de déception repose sur le perfectionnisme — sur le sentiment que quelque chose ou quelqu'un doit être parfait, ou que *vous* devez l'être. C'est avec cette sorte de déception que la personnalité PCH doit se réconcilier. Nous nous devons tous mutuellement respect et considération et personne n'a le droit de vivre ses fantasmes à travers autrui.

Il y a de nombreuses années, une de mes amies se fiança à un docteur. Elle me raconta qu'il était devenu suicidaire, qu'il n'avait jamais voulu être médecin, qu'il ne l'avait fait que pour ses parents et qu'en réalité, il voulait devenir journaliste. Ils rompirent leurs fiançailles à l'amiable et il entama une psychothérapie de sorte à pouvoir apprendre à avoir et vivre ses propres rêves et espérances. L'ampleur de sa dépression montra à ses parents à quel point il était déraisonnable et égoïste de leur part de tenter de choisir sa carrière pour lui — de vivre leurs fantasmes à travers lui.

Mes patients relatent souvent que leur carrière ou leur cursus scolaire a été choisi pour faire plaisir à leurs parents. Je leur dis que bien qu'ils puissent faire plaisir à leurs parents en ce moment, ils travailleront de très nombreuses années, et s'ils poursuivent un métier ou une carrière qu'ils détestent, ils seront malheureux des années après le décès de leurs parents. Peut-être est-ce agréable pour des parents d'avoir des enfants qui suivent leurs traces, mais ce n'est pas le rôle d'un enfant d'accomplir les rêves de ses parents. Ce jeune homme avait souffert énormément une bonne partie de sa vie pour ne pas décevoir ses parents.

Mon père, un homme d'affaires, me disait souvent qu'il aimerait que j'entre dans le monde des affaires — chose pour laquelle je n'avais ni intérêt, ni aptitude. Il ne comprenait pas que quelqu'un puisse vouloir devenir psychologue, et le faisait savoir très clairement. Je finis par lui dire : « Je sais que tu aimerais avoir une fille qui suive tes pas et avec qui tu pourrais partager ta carrière et tes centres d'intérêt. Je ne peux pas mener une vie que je n'aime pas, mais je comprends que tu sois déçu, et je respecte ton sentiment. En revanche, je ne me sens pas coupable et je préférerais que tu n'essaies pas de me culpabiliser. Cela ne marchera pas car c'est ma vocation, et ce n'est pas bon pour toi non plus. ». Ce fut à peu près tout — jusqu'à plus tard.

Quand je fus en licence, je fus admise à un stage dont il avait entendu parler et que j'acceptai presque. Après quelques recherches et réflexions, je décidai, et il s'avéra que ce fut à juste titre, qu'un stage différent serait mieux pour moi et m'apporterait le type d'expériences éducatives que je souhaitais pour la profession que je prévoyais d'exercer. Lorsque je le lui annonçai, il me répondit qu'il avait parlé aux gens de la première opportunité et combien cela le rendait fier. Je ne pense pas qu'il s'était rendu compte à quel point c'était égoïste, tout comme de nombreux parents. Je le taquinai en lui disant qu'il pouvait toujours dire aux gens que je prenais l'autre stage s'il se sentait mieux ainsi, mais que je ne pouvais pas prendre la mauvaise décision sur la base de ce qui lui faisait plaisir de raconter aux gens. Au téléphone, je luis dis en plaisantant que c'était sa seule et unique chance d'exprimer sa déception et que nous devrions ensuite passer à autre chose. Il se rendit compte de l'absurdité de la situation et changea d'attitude.

Il aurait été totalement insensé de ma part de choisir un stage qui aurait pu affecter négativement toute ma carrière et ma vie juste pour qu'il puisse « avoir le plaisir » de dire aux gens que j'y étais ! Si je pus réagir ainsi, c'est parce que ma mère m'avait donné l'amour inconditionnel et le consentement dont les enfants ont besoin. Ne pas les obtenir d'un seul parent ne fut pas aussi dévastateur que si tous deux me les avaient refusés. Je savais que laisser quelqu'un choisir ma carrière ne m'apporterait rien de bon.

Il existe des parents qui apprennent implicitement à leurs enfants que les décevoir serait terrible et immoral, et que l'enfant mineur ou majeur devrait éviter de le faire à tout prix. *Non*. Vous pouvez éprouver de l'amour, de l'empathie et du respect pour vos parents, mais vous devez choisir votre propre voie. Si vos parents veulent être déçus, ils ont bien sûr le droit à leurs sentiments, mais vous ne pouvez pas sacrifier toute votre personne pour quelqu'un d'autre. Ils peuvent même aller jusqu'à interpréter leur propre déception comme la confirmation qu'une personne ou une situation est entièrement mauvaise, ce qui n'est tout simplement pas vrai.

Mon père finit par accepter la limite que j'avais posée. Certains adultes manquent tellement d'assurance face à leurs parents qu'ils craignent d'agir ainsi de peur que ceux-ci ne les désavouent. Toujours devoir satisfaire les autres et vivre leurs fantasmes tandis qu'ils ne veulent pas que vous ayez votre propre vie et votre bonheur est excessivement triste. Pourtant, vous devez suivre votre propre voie. En soi, la déception n'est qu'un élément naturel de la vie. Bien qu'on vous ait peut-être appris qu'elle est dévastatrice, elle ne l'est vraiment pas.

Quand des enfants se comportent mal, bien des parents diront qu'ils sont déçus. Bien que compréhensible, ce choix de vocabulaire malheureux encourage ces enfants à devenir des adultes qui penseront qu'il est très mal et inacceptable de décevoir leurs parents en quoi que ce soit. Ils assimilent la déception de leurs parents à des actes immoraux et totalement intolérables. Par conséquent, vous devez faire la distinction entre déception normale et déception dévastatrice découlant du perfectionnisme présent non seulement en vous, mais aussi chez vos êtres chers. Avez-vous, vis-à-vis des autres, des attentes irréalistes reposant sur une vision idéalisée de la façon dont les choses *devraient* être ? Vous autorisez-vous à faire l'objet d'attentes irréalistes de la part des autres ?

Les parents de jeunes enfants disent souvent qu'ils sont déçus si leur enfant se bat, répond, vole, etc., et l'enfant établit une association impliquant à tort que l'on ne doit *jamais* décevoir un être cher. C'est tout simplement faux. Même de grandes déceptions peuvent être du type le plus normal qui soit — par exemple, si vous ne tenez pas une promesse, choisissez de suivre une voie criminelle ou traitez vos parents de manière horrible. Lorsque je dis qu'il s'agit de déceptions « normales », j'entends par là que dans ces cas, la déception est la réponse normale ou attendue. Mais un parent déçu de ne pouvoir vivre la vie de l'enfant adulte à sa place doit s'en remettre. Que vos parents fassent ou non la distinction entre les déceptions normales et celles reposant sur des attentes pas vraiment saines, *vous* vous devez de le faire pour votre propre sérénité. Vous avez le droit de mener la vie qui vous sied.

Le nombre de mes patients qui ont souffert d'une grave dépression parce qu'ils se sentaient coupables d'avoir choisi un métier ou un partenaire qu'un de leurs parents n'aimait pas est colossal. Il y a une énorme différence entre faire quelque chose de malveillant pour blesser autrui — quelque chose de très grave — et simplement vouloir développer vos propres goûts et intérêts. Si vous décevez vos proches en n'étant pas exactement comme eux — jusque dans le moindre détail — tout ce que vous pouvez espérer est qu'ils gèrent leur propre déception tandis que vous poursuivez votre vie. Si vos parents ont utilisé le mot « déçu » quand vous aviez mal agi, vous pouvez avoir associé ce mot aux mauvaises actions. Toutefois, c'est maintenant à vous de décider pour vous-même si quelque chose est réellement mal pour une bonne raison, ou si quelqu'un vous fait vous sentir ainsi parce que vous voulez mener la vie de votre choix.

Dans le domaine des relations, certaines personnes désirent fortement être avec quelqu'un qui les fera se sentir bien tout le temps, les comprendra sans les juger et ne mettra pas leurs faiblesses au défi. Peut-être que nous souhaitons *tous* quelqu'un qui soit comme nous ! Cependant, cela n'arrivera pas. Quand il y a plus de positif que de négatif dans une relation et qu'elle nous est précieuse, que rien ne franchit la limite de l'admissibilité, nous devons accepter les déceptions et avancer, et respecter les limitations de l'autre. Ce n'est qu'après avoir vu les imperfections en autrui que l'on peut déterminer si notre regard est authentique ou si nous sommes encore dans le fantasme. Au début, on fantasme toujours un peu sur une nouvelle personne ou une nouvelle situation, mais la réalité comportera des incertitudes et des travers.

Un collègue m'a raconté qu'il y a des années, il avait eu une patiente qui prétendait avoir des relations sexuelles avec un extraterrestre toute la journée, tous les jours, un nombre incalculable de fois — et que c'était génial ! Son obésité et sa vie solitaire la rendaient extrêmement malheureuse. Mon collègue lui fit bien comprendre qu'il l'acceptait telle qu'elle était et la fit aller un peu plus loin en lui répondant : « Je n'ai pas de problèmes avec *ça*, mais si jamais vous voulez être avec un vrai homme, vous serez déçue ». Sa réponse avisée contenait une superbe vérité cruciale : si vous comparez une personne ou un scénario de la vie réelle à un fantasme, ceux-ci paraîtront grandement inférieurs. Cette femme seule avait rompu avec la réalité et créé des fantasmes pour atténuer la terrible solitude dont elle souffrait — et qui sait la souffrance écrasante qu'elle avait pu endurer toute sa vie.

Mon collègue l'accepta, mais lui fit aussi savoir que la vie réelle comportera des déceptions. Quand elle lui dit qu'elle se détestait parce qu'elle était obèse, il répondit : « Votre poids m'est égal. Vous êtes une personne charmante, mais ce qui m'importe, c'est à quel point vous vous appréciez et aimez votre vie. ». Il lui fit savoir qu'il existait d'autres critères de valeur et qu'il voulait qu'elle procède à des changements parce qu'elle s'aimait, et non parce qu'elle se détestait. Le thème de la déception dicta dès le début la direction que prit sa thérapie. Certes, il était plus facile de fantasmer que de travailler à former un réseau d'amis et de soutien, ce qu'elle finit par parvenir à faire.

Pensez à l'excitation que vous avez ressentie la première fois que vous êtes sorti avec un tout nouvel ami. Vous avez un mystérieux étranger attirant sur lequel vous pouvez projeter tous vos fantasmes romantiques, puis vous découvrez que cet étranger n'est qu'une personne avec ses propres doutes et ses problèmes, comme nous tous. Un nouvel emploi peut aussi susciter des fantasmes de perfection, et vous pouvez vous imaginer adorer chaque minute de cette nouvelle expérience alors que la réalité sera toute autre. Je ne parle pas d'une situation désastreuse qui nécessite que vous passiez à autre chose, mais de la déception normale face à l'imperfection, inhérente à tout aspect de la vie. Comme j'aime le dire à mes patients, l'amour et la joie véritables ne sont possibles que si l'on voit la personne ou la situation réelles et que l'on fait face à notre déception, car ce n'est qu'alors que l'on peut estimer si l'on ressent encore de l'amour ou de la joie face à la personne ou à la situation réelles.

Nous ne grandirions tout simplement pas si la vie était comme un fantasme. Tant de couples sont venus en thérapie et m'ont chacun parlé de la vision idéalisée qu'ils avaient entretenue. Chacun décrivant un type de relation et de vie idyllique, des fantasmes qui ne tiennent pas compte des besoins et des fantasmes de l'autre. Ce n'est que lorsque vous revenez sur terre, abandonnez les fantasmes et voyez la personne réelle que vous pouvez évaluer si ce que vous vivez est de l'amour ou juste un fantasme.

C'est bien de fantasmer, et même nécessaire aux moments appropriés — vraiment, c'est essentiel pour vivre pleinement, comme j'en discuterai dans un chapitre ultérieur. En fait, une des fonctions du fantasme est de nous aider à faire face à une déception normale. Par exemple, on peut fantasmer obtenir la reconnaissance d'un gentil patron quand celui de la réalité n'est jamais reconnaissant envers personne. Ce type de fantasme peut réconforter face à un monde qui n'est pas tellement plaisant. Nous avons tous nos propres limites. Les gens réels peuvent être égoïstes, complexés, anxieux, pessimistes et avoir toutes sortes de défauts. Il y a des personnes au grand cœur qui feraient n'importe quoi pour vous si seulement elles étaient suffisamment organisées pour donner suite à leurs bonnes intentions.

Le fantasme est comme un vœu, le vœu que les personnes de notre vie soient dépossédées de leurs défauts. Il peut nous donner la force de continuer quand nos besoins ne sont pas satisfaits. Ce type sain de fantasme diffère de celui de la femme à l'amant extraterrestre, même si elle usait du fantasme pour faire face à une terrible solitude. Bien que nous ne voulions pas que le fantasme prenne la relève, de sorte que nous négligerions d'entreprendre les actions nécessaires face à une réalité douloureuse, dans une situation qu'aucune action ne peut modifier, le fantasme peut nous consoler et nous aider à planifier l'avenir.

Nous sommes tous des « formules tout compris ». Les personnes à la dynamique PCH ont des problèmes, mais elles tendent également à être loyales, dignes de confiance, fiables, responsables et éthiques, et leur souci du détail, bien qu'ennuyeux dans certains contextes, est assurément important dans d'autres, lors d'une opération chirurgicale par exemple. Les gens drôles, spontanés, peuvent être gentils, humbles, généreux et extrêmement conscients d'eux-mêmes, mais ils peuvent aussi être désorganisés, impulsifs et peu fiables.

Chaque type de personnalité — et nous appartenons tous à un type malgré notre unicité — possède des traits qui peuvent constituer des forces ou des faiblesses. Nos forces et nos faiblesses émanent de la même source — en réalité, nos forces sont le revers de nos faiblesses. Il nous appartient d'accepter le défi de nous équilibrer, en faisant de notre mieux et en utilisant adéquatement nos penchants naturels, tout en développant du mieux que nous le pouvons les traits qui ne nous sont pas aussi naturels. Nous avons tous le droit d'apprécier les autres pour leur type de personnalité complémentaire au nôtre, et de nous prêter à des relations où nos forces pourront bénéficier aux autres. C'est la raison pour laquelle on a tous besoin les uns des autres et de différents types de personnes dans le monde.

Dans le film *Good Will Hunting*, le thérapeute, incarné par Robin WILLIAMS, dit à son jeune patient que même si sa petite amie ne pourra jamais être parfaite, les bonnes questions à se poser sont : « Est-elle parfaite pour *vous* ? Complète-t-elle *votre* personnalité ? ». Ce sont des paroles avisées. Lorsque le jeune homme fut prêt à dire que sa petite amie était « parfaite », et qu'il avait détruit la relation, il fut encouragé à s'adapter à cette réalité, à envisager à la fois ses sentiments et les siens, à lui parler avec franchise et à tenter de donner davantage de lui-même pour rétablir la relation. Ce n'était pas tout blanc ou tout noir, perfection ou destruction, mais éventuellement « suffisamment parfait » et avec des efforts soutenus, ils pourraient rester ensemble et être largement heureux en couple.

Tandis que l'on ne devrait pas rester avec quelqu'un de fortement dysfonctionnel, violent ou manipulateur, vous ne pouvez, en revanche, espérer connaître le bonheur dans vos relations sans effectuer aucun travail. Vous pourriez être surpris du nombre de personnes qui s'attendent à ce qu'il en soit ainsi. Notre culture nous enseigne que nous trouverons la perfection et vivrons heureux avec beaucoup d'enfants, alors que la vérité est toute différente. Les relations requièrent du travail, de la compréhension et un cheminement personnel. S'il y a du bien en l'autre, il ou elle aura toujours certains problèmes auxquels vous devrez vous accommoder, tout comme tout le monde a ses sentiments et ses besoins.

La déception est étroitement liée à la pensée manichéenne et au perfectionnisme, aussi vous pouvez passer à côté de merveilleuses opportunités en faisant des associations erronées et rigides. Nous avons tous besoin d'être acceptés, mais nous devons aussi accepter l'autre, même s'il ne possède pas tous les traits que nous pensons désirer.

« Mary » était une femme célibataire qui, dans sa vie, avait dû affronter des circonstances qui l'avaient quelque peu isolée. Elle avait besoin de se reconstituer un réseau social et lorsqu'elle rencontra Linda à une soirée et qu'elles s'entendirent, elle fut tout naturellement excitée et pleine d'espoir à l'idée de s'être fait une nouvelle amie. Mary et Linda découvrirent qu'elles partageaient certains goûts et aversions, si bien que toutes deux pensèrent peut-être qu'elles s'accorderaient sur tout. L'amitié se développa en quelques semaines. Puis, Mary fut contrariée et très déçue lorsque Linda lui parla de son désir de se teindre les cheveux. Mary était moins conventionnelle, voulait être naturelle et n'avait aucune envie de teindre ses cheveux gris ou de tenter de paraître plus jeune. Elle avait le sentiment que les femmes qui se colorent les cheveux adhèrent aux valeurs de la société et ont vendu leur âme au diable. Elle en parla à Linda avec une vive déception, lui disant qu'elle ne comprenait pas comment elles avaient pu aussi bien s'entendre.

Lorsque je demandai à Mary pourquoi elles ne pouvaient pas tout simplement être différentes et respecter leurs différences mutuelles, elle s'agita et répondit que cette « histoire de cheveux » signifiait que Linda était superficielle en général et ne pouvait être l'amie qu'elle avait espérée, même si tout indiquait le contraire. La question des cheveux, qui avait pour Mary certaines connotations de nature politique et psychologique, devint pour elle « rédhibitoire » du point de vue de l'amitié et l'avait conduite à grandement interpréter la personnalité de Linda.

En réalité, Linda était gentille avec Mary ; elles partageaient de nombreux centres d'intérêt, dont la politique et surtout les questions de femmes. Pourtant, leurs interprétations étaient différentes. Linda aimait se coiffer, et pour Mary cela signifiait que Linda avait « gobé toutes les inepties de la société ». Il était évident que la déception de Mary était liée à sa pensée manichéenne. Parce qu'elle avait décidé arbitrairement que se teindre les cheveux représentait une personnalité dans son ensemble, et non pas seulement un aspect de celle-ci, elle était prête à rejeter Linda. Il fallut un certain temps à Mary pour réaliser qu'elle voulait que Linda soit exactement comme elle, plutôt qu'une personne qui pouvait en général la comprendre et partager son point de vue sur de nombreux sujets, si ce n'est tous. Je soupçonne sincèrement que Linda fut également déçue de voir à quel point Mary avait fait des cheveux une question morale et n'avait pas envie de prendre de gants ou de se montrer désolée. Si vous faites de quelque chose de mineur ou d'arbitraire le symbole de quelque chose qui ne l'est sans doute pas, vous serez intensément déçu.

Finalement, Mary en vint à voir qu'elle et Linda n'avaient pas une « entente parfaite », mais pouvaient être de bonnes amies, parfois contester leurs points de vue mutuels, et tenir l'une à l'autre sans avoir à être exactement comme l'autre l'aurait voulu dans ses fantasmes.

Si vous voyez plus de bon que de mauvais dans une situation ou une personne, vous pouvez affronter la déception et accepter l'ambivalence. Bien que ce fût douloureux pour Mary, elle put voir que Linda n'avait pas de problèmes ou de traits véritablement inacceptables et semblait devenir une bonne amie. Mary réalisa également que ce qu'une personne fait de ses cheveux appartient à la catégorie moralement neutre, ni bien ni mal. Elle avait associé la coloration avec le fait d'être excessivement conventionnel, superficiel, voire égoïste, ce qui n'était tout simplement pas vrai. Elle réalisa qu'avec sa pensée manichéenne rigide, elle avait injustement catalogué des caractéristiques insignifiantes et avait accentué leur importance dans son esprit, alors qu'en réalité elles ne représentaient qu'une partie minime de l'identité de son amie. Plus tard, elle se prêta même à l'expérience de la coloration capillaire, admettant en riant que c'était drôle et qu'évidemment, elle n'avait pas changé et était toujours la même personne. La déception de Mary tenait à son extrême rigidité et même si Linda était efectivement plus conventionnelle que Mary, elle en vint à l'aider dans de nombreuses situations exigeant de sa part davantage de conscience sociale.

Sa déception initiale l'amena à un stade supérieur et lui permit d'avoir une amie qu'elle aimait vraiment pour ses propres traits de personnalité — et non pour renforcer son propre système rigide trop simpliste. Toutes deux aimaient se soumettre des idées et élargir leurs perspectives mutuelles et devinrent de très bonnes amies. Cette profonde amitié ne fut possible qu'après la déception.

Accepter l'autre et être accepté sans avoir à suivre un script ou à être parfait est un sentiment merveilleux. Si vous êtes rigide quant aux préférences qu'un ami potentiel ou une connaissance peut avoir ou non, vous serez déçu. Heureusement pour Mary, elle finit par réaliser que ce type de déception était exagéré à cause de ses propres associations et jugements rigides et erronés.

Dans le chapitre précédent, nous avons parlé de notre droit individuel à décider quand une personne tout à fait gentille ne nous convient tout simplement pas et comment nous pouvons choisir de limiter la relation à de simples rapports impersonnels voire de cesser tout contact. Maintenant que nous avons évoqué la déception que ressentit Mary à propos du « problème des cheveux », nous pouvons mettre ces deux idées en contexte.

Lorsque vous êtes à l'aise avec vous-même, que vous connaissez et respectez vos propres limitations, forces et attentes, une broutille peut vous décevoir sans que cela détruise une amitié ou une idylle potentiellement merveilleuse. Vous pouvez différencier ce sentiment de la certitude qu'une personne n'est tout simplement pas bonne pour vous. S'il existe un point de friction dans la relation, vous pouvez souhaiter l'examiner et voir si vous êtes trop rigide et sur la défensive. Ou peut-être avez-vous simplement besoin de vous avouer à vous-même : « cette personne est tout à fait gentille, mais nous ne nous accordons pas vraiment. Je la respecte et lui souhaite le meilleur, mais j'ai pris ma décision de limiter les contacts et c'est mon choix ». Comme ce livre aborde les problématiques sous de nombreux angles différents, cette sorte d'expérience d'apprentissage graduelle ne fera que continuer à s'accumuler à mesure que vous progressez à travers les rayons de la roue et que vous vous rapprochez de la guérison du moyeu au centre.

Une autre patiente, « Angela », travaillait à temps complet tout en allant à l'université à temps plein et redoutait de décevoir les autres. Excellente étudiante, elle attira l'attention d'un professeur qui souhaita être sa tutrice et lui offrit des opportunités intéressantes. Angela avait une vie bien remplie, travaillait et n'était pas très intéressée par la poursuite d'une carrière dans la spécialité de ce professeur ; elle souhaitait seulement faire de son mieux en classe et obtenir un bon diplôme. Le travail à plein temps d'Angela impliquait beaucoup de responsabilités et elle se sentait souvent épuisée de devoir suivre des cours tout en maintenant des relations avec ses amis et sa famille. Refuser la proposition du professeur ne vint pas naturellement à l'idée d'Angela qui avait une dynamique PCH. Au lieu de dire non, elle devint très anxieuse, se plaignant qu'elle n'aurait « plus de vie du tout » si elle assumait cette responsabilité supplémentaire, ce qui était sûrement vrai.

Je suggérai à Angela de dire au professeur que l'école avait de la chance d'avoir une personne aussi dévouée pour y enseigner et qu'elle était reconnaissante de cette offre, mais qu'elle était très occupée et suivait de fait une voie différente. Angela parut horrifiée et répliqua : « Mais elle va être déçue ! ». Il était évident qu'Angela associait « décevoir » quelqu'un *à* lui faire du mal. Il fallut un moment à Angela pour réaliser que même si ce gentil professeur ne deviendrait pas la tutrice de l'étudiante remarquable qu'elle avait choisie, sa proposition visait à bénéficier à Angela — pas à lui faire sacrifier ce qu'elle voulait dans la vie — et qu'elle trouverait quelqu'un d'autre désireux de recevoir son aide.

Angela avait été élevée par des parents qui lui disaient qu'ils étaient « déçus » par elle à chaque fois qu'elle ne faisait pas ce qu'ils voulaient ou commettait des transgressions infantiles normales. Lors de notre travail ensemble, elle en vint à réaliser que parents et enfants connaissent des déceptions mutuelles, et que c'est normal — que parfois vous devez faire ce qui est bien pour vous, et si l'autre veut être déçu, c'est son droit. Il ne sera pas dévasté, à moins de souffrir lui-même de certains problèmes.

Au bout du compte, Angela remercia le professeur et déclina poliment son offre. Elle avait parfaitement conscience de la possibilité que le professeur se fâche, mais avait décidé de s'en tenir à ses paroles. Elle fut agréablement surprise de voir que, contrairement à ses parents, celle-ci ne se mit pas en colère.

Nous n'existons pas pour éviter aux autres d'être déçus, pour changer ce que nous sommes afin de répondre à leurs fantasmes, et ce n'est pas non plus leur rôle d'agir de la sorte avec nous. Toutefois, nous faisons des compromis pour nos proches, et eux pour nous. Les petits compromis, comme où aller dîner ce soir ou de quelle couleur repeindre la cuisine, font naturellement partie des relations. Les compromis qui contreviennent à notre sentiment intrinsèque de nous-même ou qui violent notre sensibilité, notre éthique, notre moralité ou nos principes de quelques manières que ce soit ne sont pas du tout des « compromis ». Apprenez à distinguer ces deux notions et à déterminer quel degré de sacrifice de soi est pour vous acceptable ; la mesure ne devrait pas en être les attentes d'autrui.

Parfois, nous sommes déçus en raison de la chronologie des événements. Ce que nous souhaitons pourrait s'opposer à quelque chose d'encore mieux. Au fil des ans, beaucoup de mes patients ont passé des entretiens d'embauche et n'ont pas décroché le poste. Ils étaient déçus. Puis, quelque temps plus tard, ils trouvaient un emploi bien meilleur qui s'était présenté de lui-même. Les patients me disent souvent : « Croisez les doigts pour que j'obtienne ce travail ». Je réponds que j'espère qu'ils obtiendront celui qui sera le mieux pour eux. Parfois, nous revenons sur le passé et je dis : « N'êtes-vous pas heureux de ne pas avoir décroché cet autre poste ? ». Ils le sont toujours. Si vous n'avez qu'une seule idée en tête, alors qu'il existe des possibilités infinies que vous ne pouvez connaître, vous créerez votre propre déception.

Beaucoup de personnes à la dynamique PCH ont eu des parents déçus de leur propre vie, de leur travail, de leurs enfants, et surtout d'eux-mêmes. Certains parents brandissent la déception comme une arme, et pour beaucoup de gens, ce simple mot signifie qu'ils ont échoué, que ce sont des enfants méchants, qu'ils sont blessants. Pourtant, nous avons tous le droit de suivre une voie que nous sentons appropriée pour nous-même. Si vous avez des problèmes de déception liée à la culpabilité de ne pas vivre selon les fantasmes de quelqu'un d'autre, je vous encourage à travailler sur cette question et à soigneusement distinguer les différents types de déception.

Lorsque les parents sont en eux-mêmes déçus, les jeunes enfants se blâment souvent. « John » se rendait responsable de la déception chronique de sa mère alors qu'il tentait de faire sa vie. Puis il devenait furieux en racontant comment sa mère était fâchée après lui et le culpabilisait d'avoir pris son propre appartement, même s'il allait la voir plusieurs fois par semaine. D'autres fois, quand il restait chez lui, sa mère l'appelait et lui disait qu'il lui manquait, que ses visites étaient trop courtes — alors qu'il n'habitait qu'à quarante minutes de chez elle ! Elle lui demandait toujours s'il viendrait le lendemain soir en déclarant à l'avance que sa visite serait trop courte et qu'il lui manquait déjà. Lorsqu'il avait prévu des choses pour le week-end, sa mère était très contrariée de ne pas le voir pendant quelques jours. Elle ne vivait pas seule, mais avec le beau-père de John, un homme gentil qui avait l'air d'être un bon mari.

John prit son incapacité à guérir la déception constante de sa mère comme un échec personnel. Plus sérieusement, sa mère n'arrivait pas à intérioriser les bons moments et même durant ceux-ci, elle répétait sans cesse à quel point elle se sentait mal entre ses visites. Si sa mère avait de sérieux problèmes, celui de John était qu'on lui avait appris qu'il était censé remédier d'une manière ou d'une autre à cette triste situation de sa mère — tâche impossible pour lui et à laquelle elle aurait besoin de travailler elle-même. Sa mère cependant — une femme qui n'avait pas conscience de sa propre déception, ni de son origine — trouvait naturel d'attendre de son fils qu'il éradique ce sentiment de déception chronique qu'elle avait sans doute commencé à ressentir lors de son enfance malheureuse. Elle l'accusait ensuite de ne pas y parvenir, même si c'était un très bon fils et qu'il la voyait plusieurs fois par semaine.

John et moi démêlâmes l'insatisfaction de sa mère vis-à-vis de la vie, d'elle-même et de celui-ci, de la façon dont lui-même se voyait. Il se distancia et en vint à réaliser que sa mère souffrait constamment à cause de ses propres problèmes d'enfance. Elle n'avait pas pris soin de se faire aider puis avait attendu de son fils qu'il fasse disparaître sa souffrance émotionnelle et le vide qu'elle ressentait souvent. Sa propre éducation dysfonctionnelle ne l'avait pas préparée à éduquer son propre enfant ni à avoir des attentes réalistes vis-à-vis de lui.

John finit par comprendre les difficultés de sa mère et les considérer comme distinctes de lui-même. Il dut, hélas, reconnaître que peu importe ce qu'il faisait ou non, sa mère ne serait probablement pas heureuse et lui imputerait sûrement son désespoir, à lui son unique enfant. Il en vint à réaliser tout cela et à le tolérer, et put fixer des limites vis-à-vis de sa mère ; il cessa d'attendre d'elle qu'elle lui dise qu'il était gentil ou à la hauteur. Il se libéra de tout cela. Désormais, il allait voir sa mère parce qu'il en avait envie et non pour se prouver quoi que ce soit ou échapper à la culpabilité, et il s'autorisa une certaine intimité d'adulte. Sa mère fut profondément blessée sur le plan émotionnel. En réalité, elle rendait son fils et les autres responsables de son désarroi affectif, l'attribuant souvent au manque d'attention des gens à son égard. En conséquence, John avait pris l'habitude de davantage se préoccuper de l'attention portée à sa mère et de tenter de répondre à ses attentes insensées que d'observer ses propres besoins. Leur relation mettait l'accent sur ses obligations envers elle, au lieu de l'inverse, tel qu'il est normal dans la dynamique parent/enfant.

Malgré la tristesse de la situation, John finit par accepter sa propre déception de ne pas avoir une mère plus émotionnellement équilibrée. Il en vint à respecter la déception de sa mère et à s'en extraire. Il se savait être un bon fils et une bonne personne, et cessa d'utiliser sa mère comme un miroir pour jauger ses propres qualités. C'est d'ailleurs ce que font tous les enfants et c'est totalement normal, mais avec une mère comme celle de John, il devait être son propre instrument de mesure du type de personne qu'il était. Il cessa d'abord de se rendre responsable des déceptions de sa mère, puis de celles des autres, pour finir par apprendre à faire la paix avec les siennes. Il réalisa que la déception d'autrui ne le reflétait pas et qu'il faisait du mieux qu'il pouvait. Bien qu'il aimât sa mère, il en vint à la considérer comme une femme en manque d'affection, mais bien intentionnée, et commença à davantage profiter des bonnes choses dans sa propre vie, même avec la déception. En prime, lorsqu'il fixa des limites vis-à-vis de sa mère — bien que furieuse au départ — celle-ci en bénéficia nettement. Il lui dit qu'il lui raconterait ce qui ne le dérangeait pas et tairait ce qui le gênait, et elle finit même par voir que les choses allaient bien mieux ainsi. Dorénavant, ils purent communiquer sans colère ni culpabilité.

Les patients rapportent souvent qu'après les heurts initiaux provoqués par l'établissement de leurs nouvelles limites, le comportement de leurs parents s'améliore naturellement. Certains expriment leur impression que leurs parents semblent soulagés de ne plus se laisser aller à ces anciens types de comportements maladifs. Puisque la majorité de ces dynamiques malsaines ne sont pas intentionnelles, les parents ressentent naturellement l'amélioration et préfèrent le climat plus doux de ce nouveau mode de relation avec leur enfant adulte.

Je suis particulièrement attristée quand les gens abandonnent leurs espoirs et leurs rêves par peur d'être déçus. Malheureusement, je l'observe très souvent. Les gens ont peur de désirer quelque chose qu'ils pourraient ne pas obtenir, aussi induisent-ils une sorte d'engourdissement émotionnel. Il s'agit d'une forme de suicide émotionnel. Je ne sais pas combien de fois j'ai pu entendre : « Je préfère ne pas trop espérer pour ne pas être déçu ». C'est terrible de vivre sans espoir, avec ou sans déception, mais pour certains la déception est tellement dévastatrice qu'elle doit être évitée à tout prix, même au point de ne plus rien ressentir. Il n'y a rien de mal à vouloir et espérer, cela fait partie de l'expérience humaine. Éviter l'espoir à l'extrême, c'est réellement se détourner de la vie. Ce n'est pas du tout vivre et c'est plutôt tragique ; mieux vaut être déçu de temps en temps que de ne pas avoir d'espoirs et de rêves. Comme le dit le proverbe : « Mieux vaut avoir aimé et perdu ce qu'on aime que de n'avoir jamais connu l'amour ». Cette expression illustre la compréhension séculaire de la dynamique PCH.

Une autre patiente, « Cindy », fréquentait un jeune homme qu'elle appréciait beaucoup, bien qu'ils ne soient sortis ensemble qu'une seule fois. Elle me dit qu'elle ne voulait pas se laisser aller à l'aimer au cas où il s'avérerait ne pas être aussi bienveillant que cela, ou si elle finissait par ne plus l'aimer autant. Elle dit que si elle se laissait aller à espérer qu'elle avait trouvé l'amour de sa vie tant attendu, elle serait déçue si tel s'avérait ne pas être le cas. Cindy poursuivit en associant la déception à la honte, déclarant qu'être déçue la faisait se sentir stupide. Elle précisa que si jamais elle s'emballait pour rien, elle se sentirait humiliée. Je demandai à Cindy comment on pouvait perdre sa dignité en espérant et en appréciant quelqu'un, que ce sentiment soit ou non réciproque. À mesure que Cindy retrouva son sentiment de dignité, elle put avoir la force d'« entendre » la voix intérieure qui lui susurrait quelque chose du style : « Qui es-tu pour penser que quelqu'un pourrait t'apprécier *toi* ? ».

Dès qu'elle put s'appuyer sur sa dignité et son amour-propre, Cindy ne compta plus sur un nouveau jeune homme pour lui fournir l'affection qu'elle se portait désormais. La honte cessa de faire partie intégrante de sa crainte de la déception, et elle commença à s'autoriser à fantasmer. Cindy n'est pas la seule — ils sont pléthore à se sentir honteux et humiliés par le simple fait d'avoir des désirs.

Le plus souvent, les personnes qui redoutent la déception n'ont pas seulement à faire face à celle-ci, mais aussi au perfectionnisme et à la honte. Lorsque la honte est soustraite et qu'elles s'autorisent à espérer, la déception redevient ce qu'elle est et cesse d'être un sentiment aggravé par d'autres sentiments plus douloureux — ce qui n'est plus si affreux. Il est important de noter que dans le cas de Cindy et des autres, l'Abîme est aussi présent. Cette image de soi partielle est extrêmement abîmée et cruelle, et presque totalement dépouillée de son humanité.

Cindy sortit avec le jeune homme pendant quatre mois environ et s'autorisa à avoir des fantasmes pleins d'espoir. Elle décida qu'ils n'étaient pas faits l'un pour l'autre, mais fut heureuse que tous deux aient fait de leur mieux pour se traiter mutuellement avec respect. Tous deux furent déçus, mais Cindy eut le sentiment d'avoir vécu une expérience positive. Elle n'était pas sur la défensive et apprécia ce changement en elle. Environ un an plus tard, elle rencontra un jeune homme dont la personnalité se rapprochait plus de ce qu'elle attendait d'un partenaire. Ils finirent par se fiancer.

Exercices

La déception fait partie d'une phase de développement et constitue un élément fondamental de la vie. On ne peut envisager toutes les opportunités qui nous attendent, et parfois, nous devons être déçus pour être libres que quelque chose de mieux se précise. Les exercices suivants sont destinés à vous aider à accepter la déception et à aller plus en profondeur.

Exercice 1

Pensez à un épisode où vous avez eu peur de vous emballer et écrivez ce souvenir dans votre journal. Un sentiment de honte y était-il associé ? Si oui, était-ce réellement une crainte que les autres vous trouvent « stupide » de désirer quelque chose et penser que vous aviez une chance, ou était-ce votre propre sentiment d'être « stupide » qui a suscité ce sentiment de honte ?

Exercice 2

Essayez d'entrer en contact avec le sentiment en vous qui dit « Pour qui te prends-tu pour croire que quelque chose de bien pourrait t'arriver ? ». Parvenez-vous à voir qu'il s'agit d'une partie négative de votre image de vous-même qui n'est pas créée par la déception, mais affectée par celle-ci ? Souvenez-vous d'une chose que vous avez désirée, mais n'avez pas obtenue et de ce que vous avez alors ressenti. Souvenez-vous aussi de votre amour-propre et de votre dignité, et respectez-vous pour vos désirs et vos espoirs, même s'ils ont pu ne pas se réaliser. Au fil du temps, pensez à d'autres exemples, jusqu'à ce que vous puissiez vous souvenir de déceptions de cette nature sans éprouver de honte.

Exercice 3

Pensez à quelque chose que vous voulez, que cela soit réalisable ou non. Peut-être aimeriez-vous être président, mais avez dans la quarantaine et ne vous êtes jamais impliqué en politique. Cela pourrait bien être trop tard pour y parvenir, mais le fantasme ne vous rend pas ridicule ; vous n'êtes simplement pas prêt. Pouvez-vous mettre par écrit un désir pour lequel il est raisonnablement trop tard, reconnaître que vous l'avez toujours voulu et accepter ce fait avec compassion ? Gardez en tête la vision de ce vous voulez et restez en contact avec votre dignité. Sachez que vous pouvez ou non obtenir ce que vous voulez, vous êtes digne et méritant. Peut-être que certains éléments du fantasme sont toujours réalisables.

Exercice 4

Pensez aux gens que vous aimez et décrivez deux d'entre eux que vous avez dû déchoir du piédestal de l'idéalisation. Dans votre journal, détaillez les imperfections et les déceptions. Pouvez-vous les aimer comme des gens imparfaits ? Pouvez-vous vous aimer sans piédestal ?

Exercice 5

Souvenez-vous d'un moment où vous avez été spontanément et innocemment plein d'enthousiasme et avez été ridiculisé par quelqu'un, peut-être un ami, un grand frère ou une grande sœur. Revivez cet épisode et reconnaissez que la personne qui s'est moquée de vous avait des problèmes de honte et était gênée par votre enthousiasme. Passez l'événement en revue avec grande dignité et compassion pour l'enfant que vous étiez et essayez de conserver cet enthousiasme. À votre avis, pourquoi les gens se moquent-ils de la vitalité, de l'enthousiasme et de l'innocence d'un jeune enfant ?

Exercice 6

Mettez par écrit trois espoirs que vous caressez. Imaginez-vous qu'ils sont tous réalisés, puis qu'ils ne le sont pas, et réalisez que quoi qu'il en soit, vous êtes toujours la même personne.

Exercice 7

Remémorez-vous un épisode où vous vous êtes mal comporté quand vous étiez petit et à la suite duquel vos parents vous ont dit, peut-être avec les meilleures intentions du monde, que vous les aviez « déçus », signifiant ainsi que ce que vous aviez fait était mal et devait être puni. Maintenant, pensez à au moins une fois où vous avez associé le fait de décevoir quelqu'un à celui d'avoir mal agi alors que ce n'était pas le cas. Pensez à des occasions où vous étiez dans votre droit même si vos parents ont été déçus, ou que vous avez eu peur qu'ils le soient. Pensez à ce qui blesse réellement les gens ou les met en colère, puis au fait de ne simplement pas être exactement tel que dans leurs fantasmes à votre égard. Remarquez la différence. Arrivez-vous à commencer à distinguer la déception normale d'actes inconvenants ou cruels ? Souvenez-vous que si vos actes sont bien intentionnés et non malveillants, même s'ils ne plaisent pas à quelqu'un ou le déçoivent, vous ne faites toujours rien de mal.

Chapitre 5

Dynamique de la personnalité PCH et développement

Dans ce chapitre, nous allons interrompre l'examen des autres problématiques pour aborder la dynamique, la cause de la personnalité PCH. J'espère que grâce à la lecture de ce livre et la pratique des exercices, vous voyez désormais combien les problèmes que vous pensiez peut-être distincts sont tous entremêlés. Ce constat a approfondi votre réflexion et votre connaissance de vous-même. J'ai conçu les exercices pour vous aider à apprivoiser vos problèmes et à les affronter, à 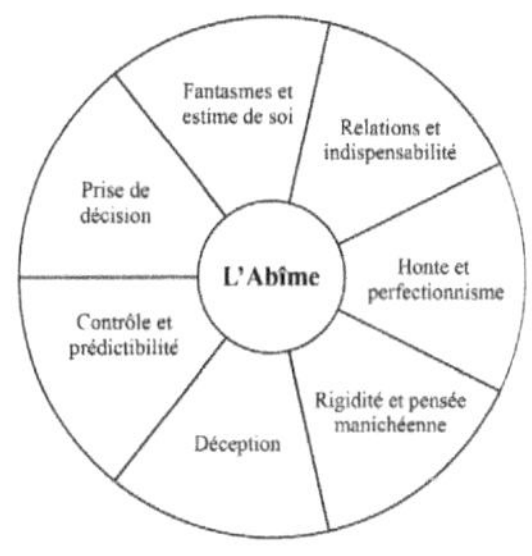 prendre conscience de la peur qui en est à l'origine, et à développer votre amour-propre et l'acceptation de vous-même.

J'ai inséré ce chapitre ici, au milieu des problématiques individuelles, pour plusieurs raisons. Tout d'abord, le travail que vous avez accompli jusqu'à maintenant a augmenté votre aptitude à comprendre certaines dynamiques et, pour aller plus loin, vous aurez besoin de les connaître. Fort de cette connaissance, vous pourrez encore mieux comprendre votre passé, tout comme votre vécu actuel — ce que vous ressentez tout au fond *maintenant*. Si j'avais placé cette discussion plus tôt, vous n'auriez pas eu le bagage ou la connaissance grandissante nécessaires pour la mettre en contexte. Je voulais aussi que vous disposiez du bénéfice de cette information pour mieux comprendre le reste des chapitres et des problématiques. À ce stade, vous savez qu'elles sont toutes interconnectées et forment une constellation, et vous méritez de savoir pourquoi avant d'atteindre la fin de l'ouvrage.

Ce chapitre ne comporte pas d'exercices. Si vous vous êtes appliqué à effectuer les exercices précédents, vous pouvez vous accorder une petite pause, même si ce chapitre vous demandera aussi de sérieux efforts. Vous devriez continuer à travailler sur les exercices précédents dans votre journal.

Les personnes souffrant de problématiques PCH ont toutes sortes d'antécédents. Certains de mes patients ont vécu des vies terribles avec des familles dysfonctionnelles et même des parents ou des beaux-parents mentalement malades. Parallèlement, bon nombre ont eu des parents normaux et gentils qui étaient éventuellement eux-mêmes perfectionnistes et leur ont inconsciemment transmis ce type de pensée. Certaines familles ont traversé des crises qui n'étaient la faute de personne, mais qui ont certainement affecté le développement des enfants. On ne peut pas non plus oublier que les parents n'élèvent pas leur enfant seuls, mais dans une société où nous sommes tous inondés de messages télévisés ou provenant d'autres médias qui nous informent que nous devons tous avoir l'air parfaits, exceller à l'école et avoir une taille de guêpe. Il n'est pas évident que la société récompense les gens simplement pour leur gentillesse. À ce sujet, s'il en est, nous recevons des messages très mitigés, entre les encouragements à susciter l'envie d'autrui et les éloges adressés à ces riches philanthropes qui ont donné de leur temps et de leur argent pour les nécessiteux.

Peu importe qui vous a éduqué ou qui vous avez éduqué, il est impossible de tout faire à la perfection. En outre, ce qui serait parfait pour un enfant pourrait être désastreux pour un autre ; vous aurez donc toujours des problèmes avec vos parents et vos enfants. Je crains qu'il doive en être ainsi.

Souvenez-vous de l'incident au cours duquel ma petite fille avait frappé au bras une autre fillette. Pour moi, le plus important avait été d'éradiquer la honte et l'idée qu'elle était une mauvaise personne. Puis, avec humour, je lui avais montré ce qu'aurait vraiment été une mauvaise action. Ma fille avait ri et répliqué que *jamais* elle ne ferait les choses horribles que j'avais suggérées. Elle savait distinguer le bien du mal. S'il s'était agi d'un enfant souffrant de sérieux troubles du comportement, violent ou sans aucun sens moral, ma réponse aurait été totalement inappropriée.

Aussi, à la lecture de ce chapitre, comme des autres, je vous demande d'accepter que, bien que certaines personnes PCH aient grandi dans un environnement très peu propice au bon développement mental, ce n'est pas le cas pour toutes. Si votre famille était bonne, ou suffisamment bonne, sachez qu'il n'est pas question de la juger, mais de comprendre pourquoi vous avez pris cet itinéraire de développement, plutôt qu'un autre plus paisible et serein.

Lorsque j'enseignais le développement de l'enfant, des étudiants demandaient : « Comment fait-on pour élever quelqu'un afin qu'il ne souffre d'aucun problème et soit travailleur et honnête ? ». Je leur répondais en toute bonne foi que je ne le savais pas et ne pensais pas que ce fût possible. Peu importe ce que font les parents, il y a des conséquences négatives. Si l'estime de soi est mise en avant, l'enfant réussira probablement moins. De même, certains étudiants très brillants souffrent de fortes problématiques PCH.

Vous savez dans quel type de foyer vous avez été élevé. Les foyers extrêmement chaotiques, violents ou perturbés sont ceux qui montrent le plus aisément comment les problèmes se développent, et de nombreuses personnes en proviennent. Vous pouvez avoir été très bien élevé. Le but de ce chapitre n'est pas de condamner les parents de qui que ce soit. Souvenez-vous, tout le monde a des problèmes et cela pour de nombreuses raisons différentes. Comprenez également qu'il ne s'agit pas seulement de la façon dont vos parents vous ont traité, mais aussi de votre réaction subjective — il est possible de percevoir un message ou une action bien intentionnés comme menaçants ou inquiétants d'une manière ou d'une autre. Comme on dit : « On sait ce que l'on donne, mais pas ce que l'autre reçoit ».

Aussi, ne vous sentez pas menacé par des exemples de familles qui diffèrent de la vôtre, même si pour de nombreux lecteurs elles y ressembleront. Il est également important de se rappeler qu'il n'y a pas deux frères ou sœurs partageant le même type de parents. Votre mère a pu être indulgente avec vous, le brillant élève, mais très stricte et « injuste » avec votre frère, le pitre de la classe. Comme ils partageaient un amour pour le base-ball et un sens de l'humour grossier, votre père a pu lui manifester un traitement de faveur tandis qu'il se moquait de votre manque de sens de la plaisanterie. Ceci explique pourquoi on observe certaines différences entre frères et sœurs et pourquoi ceux-ci ont des idées tellement différentes à propos de leurs parents.

De plus, les parents que vous avez aujourd'hui ne sont pas les mêmes que lorsque vous étiez bébé, puis enfant, préadolescent, adolescent ou jeune adulte. Tout comme nous devons constamment nous adapter à notre environnement, les parents doivent s'adapter aux changements de leurs enfants à mesure qu'ils vieillissent. Lorsque j'écoute mes patients raconter leur enfance, je peux souvent distinguer que leur mère ou leur père prenaient soin d'eux avec douceur et chaleur alors qu'ils étaient tout petits, et étaient devenus plus contestés dès qu'ils étaient suffisamment âgés pour pouvoir parler. L'inverse peut aussi être vrai.

Comme je l'ai déjà dit, vous n'avez pas besoin de correspondre aux critères d'un diagnostic quelconque pour comprendre le type de souffrance qu'engendrent les problématiques PCH. J'ai travaillé avec de nombreuses personnes remplies de honte, de culpabilité et d'angoisse intense, et ces patients ont souvent une sensation d'épuisement, de dégoût d'eux-mêmes et les erreurs les terrifient. Leur peur est parfois si grande qu'elle étouffe toute pensée créative ou originale. Souvent, ils ne savent tout simplement pas ce qu'ils veulent faire dans la vie. Après tout, avec tant de pensées réprimées, qui pourrait entendre une voix lointaine inspirante ?

Cruellement, beaucoup trop ont l'impression qu'à moins de pouvoir choisir la carrière « parfaite » et y exceller, ils ne seront que de misérables ratés dans la vie, si bien qu'ils n'arrivent pas du tout à se décider, une partie de leur personnalité ne faisant qu'attendre de les châtier sévèrement pour leurs lacunes. Cela a toujours été déchirant d'entendre des patients me dire « je suis tellement fatigué ». Ils ont sérieusement besoin de repos, mais ne peuvent échapper à eux-mêmes.

Les personnes PCH avec qui j'ai travaillé n'ont manifestement jamais intériorisé l'idée qu'elles étaient suffisamment bonnes pour être aimées simplement comme elles sont, sans effort intense — sans être parfaites. Les perfectionnistes rigides ne se sentent pas du tout parfaits intérieurement. Beaucoup d'entre eux ont grandi en évitant les coups, qu'ils soient physiques ou émotionnels, terrifiés par la douleur et l'humiliation que pourrait susciter toute vulnérabilité. D'autres ont l'impression de si peu maîtriser une vie effrayante et chaotique qu'ils tentent, de manière infantile, d'imposer un certain sens et de l'ordre à un petit bout de leur monde. Ainsi, au moins certaines choses peuvent être contrôlées et rendues prévisibles.

Une jeune professionnelle me dit que lorsqu'elle était enfant, elle savait que tout ce qu'elle possédait, c'était sa moralité et sa bonté, et elle voulait donc s'assurer de l'excellence de son système. Je doute qu'à ce jour, elle réalise à quel point c'était extraordinaire. La plupart des gens privés non seulement d'amour inconditionnel, mais également traités avec une extrême cruauté mentale, en arriveront à prendre ce qu'ils peuvent des autres, mais n'essaieront pas de se forger une moralité parfaite. C'est malheureusement au-delà de la capacité d'un enfant. Ceux qui le tentent ont une vision manichéenne et une conscience stricte et cruelle. Toutefois, ce moyen de survie, qui permet souvent aux gens de se sortir d'enfances extrêmes, ne sert plus à l'âge adulte. Combien il est épuisant, triste et même dispendieux de passer l'enfance puis l'âge adulte en mode défensif. Je sais que quelque chose de mieux est possible, car j'en ai vu beaucoup y parvenir.

Certes, il existe des parents bien intentionnés, eux-mêmes perfection-nistes, qui veulent le meilleur pour leur enfant, mais ne peuvent supporter le processus d'apprentissage de la vie chez leurs enfants et souhaitent tout résoudre à leur place dès le départ. Dans leur désir de protéger leurs enfants et de leur enseigner ce qu'il faut pour survivre, ils échouent à comprendre que priver leurs enfants de l'occasion de se confronter à des situations difficiles et apprendre de leurs erreurs coûte très cher. Ces parents per-fectionnistes et bien intentionnés causent d'autres dégâts importants, car leurs enfants ne développent jamais de sentiment d'amour-propre, de com-pétence ou de compassion envers eux-mêmes, ni n'apprennent à examiner les zones grises de la vie, celles qui se trouvent entre le noir et le blanc.

Je rappelle à mes patients, et à vous, qu'examiner son enfance ne vise pas à heurter qui que ce soit. Il s'agit d'un exercice intime nécessaire pour vous guérir de votre anxiété et cesser de vivre dans la peur de vous-même. Cela m'attriste toujours de voir des parents tout planifier pour leurs enfants, des activités extrascolaires jusqu'à leur cursus, voire même leurs amis. J'ai connu d'autres parents dont les jeunes enfants ne sont autorisés qu'à réa-liser des projets artistiques, aller au musée ou toute autre activité instruc-tive. Ils ne peuvent jamais tout simplement *être*. Il semble qu'en tant que culture, nous en sommes venus à valoriser la réussite exceptionnelle aux dé-pens du caractère ou de la paix de l'esprit, et je ne pense pas qu'on puisse en rendre les parents responsables. Même les jeunes enfants s'inquiètent d'al-ler à l'université et ce n'est pas normal. Beaucoup de parents apprennent à leurs enfants qu'ils doivent être les meilleurs en tout, sans penser que cela est tout bonnement impossible. Personnellement, j'ai plus de respect pour le caractère d'une personne que toute autre chose, et je pense qu'une bonne santé mentale est plus précieuse qu'une bonne moyenne à l'école.

Notre culture est pleine de vanité, mais je ne vois pas pourquoi il doit en être ainsi. Nous avons tous des dispositions innées. Certains sont athlétiques, certains sont beaux, certains sont bons en maths et certains possèdent une sorte de sagesse. Quelques chanceux combinent ces caractéristiques. Non seulement les gens se vantent de leurs aptitudes naturelles, qu'ils n'ont rien fait pour obtenir, mais aussi de celles de leurs enfants ! Lorsque vous avez reçu un cadeau, vous ne vous en vantez pas ! Tout bien considéré, c'est la façon dont vous *utilisez* ces aptitudes et dont vous traitez les autres qui importe. Enseigner aux enfants qu'ils doivent être les *meilleurs* ? En *tout* ? C'est plus qu'égoïste et j'aimerais savoir ce qu'il reste aux autres.

Ainsi, dans la partie sur la dynamique, même si certains d'entre vous associeront les exemples à quelque dysfonctionnement ou cruauté réels au sein de leur propre famille, ou peut-être à certaines erreurs bien intentionnées, le facteur culturel ne peut être sous-estimé. Souvenez-vous que si les parents et la vie familiale ont une influence considérable, il en est de même pour la culture dans laquelle nous grandissons où, par vanité, on nous apprend à faire les choses pour être meilleur que les autres. Je ne minimise pas la tâche qui consiste à élever un enfant dans ce genre de culture.

Indépendamment de ces facteurs culturels, je connais de nombreuses personnes qui ont vraiment vécu l'enfer en grandissant chez leurs parents, et ce type de situation doit être examiné de plus près, car elle est bien plus courante que les gens ne voudraient le croire. Certains de ces patients ont eu des parents ou des beaux-parents très tyranniques, terrifiants et presque psychotiques. Certains ont eu une mère ou un père borderline, ce qui est extrêmement difficile pour n'importe quel enfant. Ils n'ont pas été protégés et ont appris tout jeune à faire attention aux sentiments de l'adulte sans jamais développer l'idée que leurs propres sentiments avaient une quelconque importance. Afin de survivre, ces enfants ont sacrifié leurs propres sentiments, ayant appris qu'ils n'étaient vraiment pas importants.

L'origine de la dynamique PCH

À présent, j'aimerais examiner l'origine de la dynamique PCH. Je le ferai au travers d'exemples, puis j'expliquerai la théorie qui sous-tend ces exemples.

« Alison », dont le beau-père était violent, se faisait depuis toujours dire par sa mère de ne pas oublier de le remercier quand ils sortaient manger, de laisser toute la conversation tourner autour de lui, car il aimait ça, et de le satisfaire constamment. La mère se disputait violemment avec lui, et lorsqu'il n'était pas à la maison, elle allait chercher du réconfort auprès de sa petite fille. Au cours de la thérapie, Alison se rappela qu'elle disposait ses affaires d'une certaine manière sur sa commode et tournait autour plusieurs fois, croyant que tout cela devait être accompli d'une façon très précise ou sans quoi elle mourrait.

Il est triste de penser qu'une jeune enfant puisse ressentir une angoisse de cette ampleur sans que cela ne soit remarqué ou sans recevoir le réconfort dont elle avait désespérément besoin. Pourtant, elle est parvenue à dépasser cela et a survécu, même si elle a toujours été trop anxieuse pour poursuivre la carrière qu'elle souhaitait. Comme la plupart des personnes dotées d'une personnalité PCH, elle est extrêmement éthique et se soucie énormément des autres. Pourtant, Alison n'avait jamais été autorisée à être authentique et avait l'impression que personne ne s'occuperait d'elle si elle partageait son moi réel — un moi comportant toute une palette d'émotions, y compris la tristesse, la colère et le chagrin. Elle ne pouvait dire non à qui que ce soit, car elle pensait que cela serait égoïste. Cela nous donne un aperçu de l'Abîme, adopter un extrême pour contrer le terrible opposé redouté.

Alison était tellement submergée par ses besoins insatisfaits qu'elle avait le sentiment que commencer à tenter de satisfaire ne serait-ce que l'un d'entre eux ferait d'elle une personne totalement égocentrique, entièrement consumée par sa propre avidité. Aussi, pour contrecarrer sa peur de l'Abîme, elle concentra à la place toute son énergie sur les besoins des autres, exactement comme on le lui avait appris. Sa mère et son beau-père lui avaient toujours dit qu'elle était égoïste — quelle chose extraordinaire à dire à un jeune enfant ! — à chaque fois qu'elle dérapait et se laissait aller accidentellement à faire connaître un de ses désirs éventuels. S'étant vu refuser l'amour-propre normal et nécessaire dont nous avons tous besoin, elle avait le sentiment de devoir exister uniquement pour les autres. Pour remonter à la source de ses difficultés, nous avons dû examiner la façon dont elle fut éduquée, et son ouverture d'esprit, son courage et son intelligence l'aidèrent à accepter ce qu'elle avait traversé et à considérablement diminuer son anxiété. Elle finit par réussir à penser à faire des choses pour elle-même et à choisir une carrière.

« Nancy » décrivit une enfance très chaotique avec une mère sévèrement borderline. Ses parents étaient des gens intelligents qui avaient l'air bien en apparence, ce qui rendait les choses encore plus déroutantes, mais tous deux avaient des relations sociales pauvres. La mère possédait des tendances directives et paranoïdes et était extrêmement lunatique. Parfois elle voulait être affectueuse et à d'autres moments, elle entrait en furie sans raison apparente. Son comportement oscillait entre laisser les enfants livrés à eux-mêmes et ne pas les laisser respirer, et elle leur disait toujours à quel point elle se sacrifiait pour eux. Sa vision du monde extérieur était horrible et les enfants n'étaient pas autorisés à acquérir des compétences en dehors de l'environnement maternel. Il y avait peu de limites ou de règles, et les seules en place n'étaient appliquées que sporadiquement. Nancy n'avait pas d'amis car, comme le lui rappelait souvent sa mère, personne ne l'aimerait jamais ou ne lui serait fidèle hormis elle-même.

Nancy est une jeune femme extrêmement intelligente et éthique, empathique et attentionnée, très gentille et dotée d'un vif sens de l'humour, pourtant elle vint me voir déchirée par le doute, l'anxiété, la culpabilité et la honte, ignorant où elle voulait aller dans la vie ou quand elle-même ou quelqu'un d'autre avait raison ou tort. Lorsque sa mère venait la voir de province, elle faisait d'énormes scènes, claquant les portes et hurlant, ce qui scandalisait son mari. Sa mère appelait sans cesse, et Nancy se sentait mal si elle ignorait ses appels, mais devenait *physiquement* malade après lui avoir parlé. Elle avait l'impression qu'elle ne serait jamais libre ou capable de mener une vie normale, même si tout ce qu'elle faisait visait ce but. Avec son mari, elle avait le sentiment de ne jamais pouvoir céder ou avoir tort. Au lieu de faire amende honorable après une dispute, elle persistait à tenter de lui montrer à quel point elle était « parfaite ». Si pour elle, cela signifiait être digne d'amour, lui était fatigué d'avoir l'impression de toujours porter le chapeau. Pourtant, elle me dit qu'elle se sentait horriblement mal quand elle faisait quelque chose qui lui répugnait. Pour Nancy, endosser la responsabilité était associé à l'humiliation et au fait d'avoir de graves défauts.

Au cours de la thérapie, Nancy raconta que sa mère ne cédait jamais, ni ne changeait ou faisait des concessions envers quiconque, et lui avait appris que si vous agissiez ainsi, vous perdiez votre âme et ne pouviez être aimé. Sa mère avait des leçons à donner sur tout, mais elles étaient toutes épouvantables et fausses ! Nancy en vint à réaliser que son mari était plus susceptible de continuer à l'aimer si elle s'excusait lorsqu'elle avait tort, et que le système et les enseignements de sa mère étaient contre-productifs dans les relations humaines. À chaque fois qu'elle se lançait dans une nouvelle voie, sa mère lui prédisait qu'elle reviendrait en « rampant ». La peur de l'échec était aiguë.

Nancy est une femme courageuse émotionnellement, ouverte et honnête, ce qui lui fut très utile en thérapie. Je savais qu'elle redoutait de penser à certaines choses, et encore plus d'en parler, mais pourtant elle le fit, semaine après semaine, lors de nos séances. Ce fut un plaisir d'apprendre à connaître Nancy et de travailler avec elle. Elle va maintenant beaucoup mieux et peut s'observer et remettre en question ses sentiments et ses croyances. Son potentiel émotionnel est encore bien plus important, mais elle a bien progressé et une grande partie de l'anxiété fait désormais place à de la tristesse vis-à-vis des événements réels de la vie. Elle m'expliqua avec affliction combien toute sa vie, elle avait essayé d'être aussi bonne que les autres pour finir par découvrir que bon nombre d'entre eux étaient bien loin d'avoir son niveau de conscience. Malgré la solitude que cela entraîne parfois, Nancy tient à mener une vie avec conscience et honnêteté vis-à-vis d'elle-même.

« Donna », la pré-trentaine, prit rendez-vous auprès de moi et m'expliqua qu'elle souffrait d'un trouble panique qui avait débuté environ six mois auparavant. Elle prétendit que jusque-là, tout avait été « parfait » dans sa vie — signe toujours révélateur de présence d'un déni — et que le simple fait de venir demander de l'aide la rendait nerveuse et la faisait se sentir honteuse. Je lui demandai si elle avait l'impression de devoir être capable de tout gérer elle-même et ne jamais avoir besoin de personne. Elle eut un air honteux et effrayé et répondit par l'affirmative. Je sus que nous avions affaire à un type de personne PCH en crise. Je ne peux décrire parfaitement ou adéquatement à quel point Donna était triste et effrayée, mais je savais que pour dépasser la crise, je devais l'aider à procéder à certaines améliorations dans le schéma de personnalité PCH global, sinon le même système continuerait. Lors d'une crise intérieure comme celle de Donna, tout ce qui auparavant avait réussi à maintenir un équilibre ne fonctionnait plus. Ses forces intérieures commençaient à riposter, et l'ancien *statu quo* ne parviendrait plus à réprimer les sentiments douloureux qui étaient demeurés cachés depuis si longtemps.

Au lieu de me contenter d'aider Donna à restaurer les délicates défenses qu'elle avait mises en place auparavant, ou de l'aider à retrouver sa vie « parfaite » qui en fin de compte ne l'était pas vraiment, je voulus qu'elle soit capable d'utiliser cette crise pour écouter ce que lui disait sa voix intérieure ou son inconscient : le temps de la vérité était venu. Il est bien mieux d'aider la personne dans son entier que simplement tenter de rétablir le même équilibre qu'auparavant, un équilibre tellement fragile qu'un seul événement stressant peut l'anéantir. Je voulais tellement aider Donna. Elle était vraiment terrifiée et pensait avoir perdu la tête ; mon assurance du contraire tomba dans l'oreille d'un sourd. Je savais que nous devions commencer par explorer ce qui avait provoqué ce « nouveau » trouble panique.

Je la questionnai sur son emploi. Il s'avéra qu'elle le détestait et avait besoin d'en chercher un autre. « Pour quelque raison étrange », elle était incapable de travailler sur son CV. Visiblement, une partie d'elle-même ne *voulait* pas travailler sur le CV et ce conflit était très anxiogène. Quelque chose avait joué les trouble-fête dans sa vie, quelque chose de très douloureux, mais qui lui offrait l'occasion d'être plus libre et plus équilibrée, même si le changement la terrifiait. Elle haïssait son travail, mais n'arrivait pas à faire la démarche d'en chercher un autre dans le même domaine ; cette information était importante. C'était le *type* d'emploi qui était lié à ses horribles peurs et souffrances.

Quelque chose de refoulé, sacrifié et nié, menaçait de se dévoiler — le « trouble-fête » — et le seul moyen d'éliminer la terreur et la panique de Donna était de l'aider à faire émerger ce trouble-fête, à le reconnaître, le digérer et l'intégrer. Les gens ne s'embêtent pas à réprimer et nier des sentiments heureux. Mettre au jour le conflit interne de Donna provoquerait sans doute de la tristesse vis-à-vis de ce qu'elle n'avait pas voulu affronter au départ, mais cela mettrait également un terme à la panique.

Le refoulement et le déni vont de pair avec le perfectionnisme. Rien n'est parfait, ni *personne*. Les mensonges que se racontent les gens peuvent s'effondrer face à un défi de la vie. Aussi, les gens vivent souvent les rêves des autres plutôt que les leurs, et il y a des moments où ils ne peuvent tout simplement plus faire semblant d'être heureux alors qu'ils ne le sont vraiment pas. Souvenez-vous que j'ai dit que les personnes PCH sont souvent gentilles, trop gentilles en fait, et se soucient intensément des autres, de leurs souhaits et de leurs sentiments. Bien que la gentillesse soit une qualité, les gens deviennent souvent gentils parce qu'ils apprennent que seuls leurs parents importent et pas eux. Ils ne peuvent pas *décevoir* leurs parents qui leur ont tant donné.

Je suggérai gentiment à Donna qu'elle n'aimait peut-être pas le travail qu'elle faisait. Elle répondit que ne pas aimer son travail ne la « dérangeait » pas. Je fus choquée ! Cela ne la dérangeait pas de ne pas aimer une énorme partie de sa vie ? Son but n'était pas le bonheur, mais l'« indifférence » ? Et cela chez une jeune femme très intelligente et attirante qui avait toute la vie devant elle ! Je demandai à Donna si elle avait eu un espoir ou un rêve qui avait été brisé ou qu'elle avait abandonné. Elle fondit en larmes de nouveau et hocha la tête, expliquant qu'elle avait voulu faire des études de lettres et non dans le domaine scientifique où elle avait obtenu son diplôme. Elle avait une vocation qu'elle s'était sentie obligée d'ignorer, et même si elle excellait dans ce qu'elle faisait, elle n'aimait pas ça. Elle avait refoulé son propre sentiment de la voie qui lui convenait pour poursuivre à la place une carrière choisie par ses parents. Vous ne pouvez pas sacrifier votre vocation et vous attendre à aller bien.

Donna continua en me disant combien ses parents étaient merveilleux, à quel point ils avaient tout donné pour elle et son frère ; sa culpabilité était intense. Non seulement devait-elle être parfaite, mais ses parents également. Je lui dis que des parents bien intentionnés, même merveilleux, ne se mettaient pas à choisir la voie ou la vocation de leurs enfants et qu'ils avaient commis une énorme erreur ; sa culpabilité était le signe qu'elle n'était pas libre de faire ses propres choix. La seule chose qu'ils ne lui avaient pas donnée était la liberté de vivre et d'être elle-même.

Émergea alors l'image d'un père extrêmement anxieux et d'une mère autoritaire et colérique qui n'exigeait de son enfant rien de moins qu'un plein consentement, un comportement parfait, des notes excellentes — la totale. La mère avait connu des débuts difficiles dans la vie. C'était une femme qui avait gravi un nombre considérable d'échelons et qui en était fière. En raison de ce succès durement acquis, elle avait l'impression de savoir comment réussir dans tous les aspects de la vie et qu'on pouvait assurément lui faire confiance pour élever son enfant de manière satisfaisante. Après tout, était-ce si difficile ? Un œil fixé sur le succès et la pratique professionnels, elle avait négligé de s'adapter au développement psychologique de son enfant ou de l'aider à amplifier ou atteindre la joie ou la passion dans la vie. Elle ne savait rien des sentiments ou des émotions. L'enfance de Donna commençait à ne pas paraître aussi idyllique que cela, finalement.

Les quelques fois où, enfant, Donna fut punie, les transgressions d'allure très mineure et normale furent sans cesse remises sur le tapis. Par exemple, elle se sentait encore coupable d'avoir une fois essayé de regarder la télévision au lieu de faire ses devoirs. Elle fut non seulement punie, mais également amenée à avoir le sentiment qu'elle avait affreusement maltraité ses parents et dévalué ce qu'ils tentaient de faire pour elle. L'intense gratitude qu'elle avait été amenée à ressentir quand elle était jeune avait été retournée contre elle. Il semblait que ses parents attendaient d'un jeune enfant qu'il pense et se comporte comme un adulte au lieu de passer par des phases, des choix et l'enthousiasme d'apprendre à faire différentes choses et de les revendiquer comme siennes.

Terrifiée par la culpabilité que pouvait provoquer la désobéissance, Donna était en réalité extrêmement docile. Dans les faits, elle n'avait aucun choix et était forcée à être reconnaissante, heureuse et obéissante en permanence. Son véritable Moi demeurait enfoui. Même les sentiments généraient de la culpabilité. Puis, Donna évoqua son véritable rêve professionnel dans un quasi-murmure.

Je suis heureuse de vous informer que Donna fut presque immédiatement soulagée après avoir projeté ces dynamiques sur le devant de la scène. La vérité a un immense pouvoir de guérison puisque les dynamiques morbides sont fondées sur des mensonges que les gens se racontent, ou sur des vérités qu'ils se cachent à eux-mêmes. Donna comprit qu'elle ne pourrait plus se jouer la comédie si elle voulait être heureuse et se sentir bien. Elle annonça à ses parents qu'elle allait changer de carrière et paierait elle-même ses études, qu'elle espérait qu'ils l'accompagnaient de leurs vœux, mais le ferait tout de même quoi qu'il en soit. Même s'ils le firent, elle put voir leur déception. Cela ne la dérangea pas vraiment car, comme elle l'avait dit, sa vie entière était en jeu. Ensuite, elle fit face à ce à quoi ressemblait son enfance avec une mère qui pensait savoir comment son enfant devait vivre sans rien connaître ou presque du développement émotionnel.

Finalement, il fut temps de dissocier la gratitude de la reconnaissance de ses privations. Donna réalisa que dans ses relations sentimentales, elle avait toujours pour objectif de faire plaisir, même si elle-même se sentait désespérément malheureuse. Elle était tellement occupée à satisfaire l'autre qu'elle ignorait si elle éprouvait ou non de l'affection pour la personne.

Les gens n'ont jamais à faire face à un problème unique. En tant qu'êtres humains, nos problématiques s'étendent à tous les aspects de la vie. Bien que les crises soient atrocement douloureuses, elles représentent aussi une opportunité de devenir plus équilibré et plus fort en général, comme si la crise existait pour laisser enfin s'exprimer la partie de l'esprit qui demeurait dissimulée.

Donna en vint à réaliser qu'elle avait droit à ses sentiments, ses erreurs, et son itinéraire de vie. Elle dit à ses parents qu'elle les aimait et estimait leurs relations, mais qu'elle ne permettrait à personne de vivre sa vie pour elle. Elle retourna à l'école et découvrit même que son travail scolaire n'avait pas à être parfait si elle faisait de son mieux. Elle cessa de se sentir coupable à l'idée de quitter un jour son emploi actuel et put regarder en arrière et voir qu'elle avait ressenti de la culpabilité pour le simple fait de vouloir avoir sa propre vie. Elle avait reçu suffisamment d'amour et d'acceptation de la part de son père pour franchir rapidement les étapes, contrairement aux patients qui n'avaient eu aucun soutien. Sa mère l'aimait aussi, mais elle avait ses propres problèmes. Je suis vraiment contente qu'elle ait cherché de l'aide, car elle a découvert qu'il existait en fait d'autres options que celle consistant à vouloir être « parfaite » pour ses parents en sacrifiant sa vie sans aucune bonne raison.

Donna avait une personnalité PCH. Par le passé, elle s'était très bien adaptée et s'était dissimulé à elle-même sa propre tristesse jusqu'à ne plus pouvoir supporter plus longtemps son travail. Elle ne supportait même pas l'idée d'un emploi différent dans le même domaine, ce qui expliquait pourquoi, « pour quelque raison », elle n'arrivait pas à mettre son CV à jour. Sa panique lui disait que si elle ne revendiquait pas sa vie, elle ne trouverait pas le bonheur. Si cette crise n'avait pas eu lieu, elle aurait continué comme avant, ses insécurités affectant tous les aspects de sa vie, en se leurrant elle-même, et s'affairant pour éviter de réfléchir.

Donna souffrait bel et bien d'un trouble panique, mais si elle avait seulement été considérée et traitée en tant que tel, en insistant sur les stratégies d'ajustement, les réalisations importantes qui lui ont permis de revendiquer sa propre vie n'auraient jamais eu lieu et elle aurait pu ne jamais connaître le véritable bonheur. Autrement dit, sa panique lui a sauvé la vie et, au lieu d'essayer de s'en débarrasser, nous avons écouté la *raison* de sa présence et ce qu'elle tentait de lui dire. Sa vie s'améliora nettement comparé à ce qu'elle était avant cet épisode douloureux.

Les gens disent souvent qu'une crise constitue une opportunité de croissance, et ceci illustre parfaitement ce que cela veut dire. Cet exemple montre également pourquoi il est crucial d'examiner *qui* se cache sous le diagnostic, et pas uniquement le diagnostic lui-même. Donna aurait pu rester des années une personne souffrant d'un trouble panique dont la cause serait demeurée enfouie et ignorée. En fait, avec de nombreux patients, il nous faut déterrer la cause sous-jacente de la panique pour réellement les aider. C'est pourquoi je désapprouve fortement les personnes qui prétendent savoir quel est le « meilleur » traitement pour les troubles paniques. Comment peut-il y avoir un « meilleur » sans tenir compte de la personne affectée ?

Avez-vous remarqué que dans mes exemples, je souligne l'intelligence de la personne ? C'est parce que les personnes PCH tendent à être extrêmement brillantes et réfléchies, et ont souvent été aussi de bons élèves et des lecteurs avides — des gens qui ont développé leurs talents naturels. Il serait merveilleux de savoir comment parvenir à ce niveau sans l'auto-critique et l'anxiété. Dans le cas de Donna, ce fut assurément un progrès de ne plus avoir l'impression de ne devoir obtenir que des A lorsqu'elle reprit ses études, même si elle eut évidemment de très bonnes notes.

Vous m'avez aussi vue à plusieurs reprises complimenter ces patients pour d'autres qualités comme leur empathie, leur compassion, leur gentillesse et leur esprit généreux. Bien que je ne vous connaisse pas personnellement et ne parle pas directement de vous, sachez que ces qualités que *vous* possédez sont tout aussi réelles et méritent le même respect. J'imagine qu'en lisant à maintes reprises ces compliments à propos de mes patients, certains lecteurs se diront que je ne pourrais certainement pas tenir les mêmes propos à *leur égard* si je les connaissais personnellement.

À nouveau, bien qu'il soit vrai que je ne vous connaisse pas personnellement, je vous le réaffirme : vous êtes déjà une personne merveilleuse. Il est possible de vous accepter tel que vous êtes et de partir de là. Vous serez toujours imparfait, mais accepter vos imperfections *peut* tout changer. Dans chacun de ces exemples, mes patients ne croyaient pas être les gens merveilleux que je les savais être. Si ceci vous décrit également, prenez votre courage à deux mains et élargissez à vous-même la générosité que vous déployez envers les autres.

« Kevin » était un jeune homme très brillant et attirant. Doué d'une éloquence extraordinaire et avec un souci du détail peu commun, il exposa l'angoisse intense et le malheur qui l'affligeaient. Il se souciait énormément de s'assurer que je sache « tout » de ses problèmes, même si l'on pouvait observer le même schéma dans chacun d'eux. Il décrivit un épisode obsessionnel compulsif avéré dans l'enfance pour lequel il ne reçut aucune aide, aucun soutien ou attention, mais qu'il parvint tout de même à dépasser. Il s'agit d'une personne incroyablement forte. Il dépeignit des relations houleuses, il avait l'habitude de se comparer aux autres et était extrêmement anxieux. Il me devint évident qu'il n'arrivait pas à faire la différence entre bien faire son travail et traiter le moindre détail avec la même importance, et il se sentait tout le temps coupable. Si des gens l'appréciaient, il avait l'impression qu'ils manquaient de jugement. Ses croyances rigides l'acculaient.

Kevin décrivit une enfance avec des parents divorcés. La mère ne se remaria jamais et se reposa beaucoup sur Kevin. Il alterna régulièrement entre deux maisons, deux écoles et deux modes de vie. Le père épousa une femme extrêmement malade qui disait souvent à Kevin, alors qu'il était tout jeune, qu'il était laid, sale, méchant et dégoûtant. La belle-mère déclara plus tard que la mère biologique de Kevin l'avait rendu délibérément malade pour attirer l'attention, qu'elle ne l'aimait pas et était folle, et cet enfant dut pourtant continuer à alterner entre ces deux foyers. Kevin se sentait coupable d'essayer de bien s'entendre avec sa belle-mère tandis que sa mère biologique lui reprochait de devoir allez chez son père et sa belle-mère, comme si telle était sa volonté. Le père ne mit jamais un terme aux invectives de sa femme. Grâce à ses très bons résultats scolaires, Kevin eut l'opportunité d'aller étudier et travailler à l'étranger, mais la belle-mère l'empêcha d'accepter en ne lui transmettant pas la convocation. Sincèrement, le récit du traitement incroyablement cruel subi par ce merveilleux jeune homme me donna envie de pleurer.

Un jour, Kevin arriva chez son père vêtu d'un pull que sa mère biologique lui avait acheté. La belle-mère fit une énorme scène, s'exclamant que ce pull était affreux et exigeant qu'il l'enlève. Au cours du dîner, la conversation tourna autour de la « laideur » du pull et le père de Kevin lui dit même qu'il ne devait plus le porter. Après cette humiliation, le message était clair : Kevin et sa mère biologique étaient laids. Les objets que Kevin ramenait de chez sa mère étaient confisqués, bien qu'ils fussent son seul lien avec elle et lui apportaient du réconfort et un sentiment de sécurité.

La façon dont on s'adressait à Kevin aurait été intolérable pour un adulte, et honnêtement, je ne sais pas comment il a survécu à cette sérieuse maltraitance. Il souffrait d'une terrible angoisse, de honte et de culpabilité — en fait, de toutes les problématiques abordées dans ce livre. Il ne voyait pas encore que ces nombreux problèmes correspondaient simplement à un centre blessé. Plus tard, Kevin m'avoua que lorsqu'il m'avait demandé si je pouvais l'aider et s'il était possible de changer et que j'avais répondu « bien entendu », il avait dû s'autoriser à espérer que ce serait un tournant dans sa vie.

Je dois insister sur le fait que Kevin est un jeune professionnel accompli, attirant et compétent. S'il a éprouvé beaucoup de difficultés à reconnaître les abus qu'il avait subis, ce n'était absolument pas dû à une carence intellectuelle. Il avait tout naturellement peur de se voir comme un enfant maltraité et vulnérable, et craignait aussi sans doute de regarder ses trois parents avec objectivité. Pourtant, la vérité et la conscience de soi sont ce qu'il faut pour guérir les blessures, et il est parvenu à accomplir ce travail difficile. Il avait créé un système très rigide pour ne pas déroger à ses valeurs, car les adultes de sa vie n'étaient manifestement pas capables de lui fournir de telles valeurs. C'était pourtant un système infantile, et comme pour tous les enfants, indépendamment de leur talent, ce système était rigide et les valeurs très manichéennes. Kevin avait une vague idée de ce que l'« Abîme », ou l'image redoutée de lui-même, constituait pour lui. Il disait : « Mais je ne *veux* pas me voir comme une victime ». Je répondais : « Vous *étiez* une victime, mais vous ne l'êtes plus. C'est ce qui vous a donné vos forces et vos complexes. ».

Au fil du temps, Kevin en est venu à réaliser que sa belle-mère souffrait d'une grave maladie mentale et projetait sur lui sa propre haine d'elle-même. Il commença à percevoir d'où venaient les voix intérieures cruelles et critiques parmi les éléments internes de sa propre personnalité, et à développer un Moi de plus en plus intégré. Il passa de l'auto-critique pour toute pensée et tout sentiment qui ne semblaient pas assez « purs » à un niveau d'auto-acceptation beaucoup plus important. Kevin est une personne incroyablement clémente et a réussi à pardonner à sa belle-mère qui se trouve désormais sous médication et s'est excusée à maintes reprises. Les angoisses de perfectionnisme les plus extrêmes, les compulsions et la honte appartiennent désormais au passé et nous travaillons actuellement sur ce qu'il appelle les « plus petits détails ». Il est bien conscient de ses points forts et s'en réjouit ; il peut aussi apprécier les forces des autres sans se sentir lui-même déficient. Kevin est désormais une personne beaucoup plus intégrée avec un fort sentiment de Soi, et il continue à beaucoup apporter au monde.

« Jennifer » a extrêmement honte de ses origines et ressent cette honte comme une partie intégrante d'elle-même, bien qu'elle soit une jeune femme remarquable et brillante. Lorsqu'elle était enfant, son père attentionné se mit à boire. Puis il commença à se droguer, perdit son travail, devint violent et sembla être une personne totalement différente. Il s'adonnait à ces activités avec le frère préadolescent de Jennifer, lequel suivit les traces de son père. La perte de son père tel qu'elle l'avait connu et son remplacement par une version violente qui plongea la famille dans la pauvreté fut extrêmement douloureux. Bien qu'elle ne fût en rien responsable, elle avait une piètre image d'elle-même et éprouvait un profond sentiment de honte. Elle craignait terriblement d'être comme son père et son frère. Elle avait le sentiment que les gens pouvaient trop facilement changer en pire et filait tout droit dans un enfer perfectionniste rongé par l'anxiété. Jennifer survécut en créant une moralité très stricte et rigide qui l'asphyxiait presque.

Jennifer a maintenant progressé et il lui reste très peu de travail thérapeutique à accomplir. Elle travaille sur l'Abîme, la dernière étape pour tout le monde. Les autres personnes que j'ai évoquées sont toutes en progrès et j'espère que leurs histoires vont donneront de l'inspiration et de la force tandis que vous affrontez vos propres peurs. Aucune de ces personnes admirables n'a eu un parcours rapide ou facile. Elles ont compris que le perfectionnisme extrême qui les angoissait voire les paniquait autant était le symptôme de sentiments sous-jacents qui réclamaient de l'attention, et elles ont été prêtes à affronter ces tristes sentiments. Elles ont fini par réaliser que pour se protéger, elles avaient refusé de reconnaître avoir été maltraitées, car il était en quelque sorte plus facile de se rendre elles-mêmes responsables que de voir leurs êtres chers tels qu'ils étaient réellement. Certaines ont eu du mal à reconnaître la vulnérabilité du jeune enfant qu'elles avaient été, mais toutes ont positivement franchi le cap.

Lorsqu'on travaille ensemble, on ne combat pas simplement le perfectionnisme, la honte, le doute et l'anxiété, mais l'on constate que ces sentiments sont liés à d'autres sentiments très douloureux. Une fois ces sentiments reconnus, la tristesse est présente, mais plus l'anxiété. Il n'est jamais facile ni plaisant d'admettre des sentiments douloureux, et c'est la raison pour laquelle ils sont en premier lieu refoulés. Ce qui nous aide est de se souvenir que le pire est déjà passé.

Maintenant que nous avons considéré certains individus courageux et leurs luttes au cours de leurs difficiles évolutions vers l'âge adulte, examinons le processus développemental lui-même.

Aucune famille n'est parfaite, mais une famille saine peut faciliter certains jalons développementaux dans la vie d'un jeune enfant. Malheureusement, il existe des structures familiales qui non seulement échouent à faciliter ces étapes importantes, mais peuvent aussi entraver leur survenue. Il existe de nombreuses manières d'examiner la façon dont les gens se développent, mais je n'en aborderai que deux. L'une se concentre sur le fonctionnement de l'individu dans le monde, et l'autre sur les états émotionnels internes. Toutes deux comportent sagesse et vérité.

La célèbre psychanalyste Mélanie KLEIN a formulé une théorie du développement — 1975b — présentant deux stades principaux. Bien que ces deux stades ne puissent rendre compte de toutes les différentes façons dont les gens peuvent développer des problèmes lorsque les choses tournent mal, ils couvrent et expliquent beaucoup de choses. Le tout-petit a besoin de se sentir en sécurité et que ses besoins soient satisfaits, des besoins physiques aux besoins d'affection et d'interaction, en passant par la régularité, la structure, l'amour et l'harmonie émotionnelle. Un nouveau-né procède à ce que l'on dénomme le clivage, ce qui signifie qu'il fait l'expérience du plaisir ou de la douleur, du bien ou du mal, mais sans entre-deux. Même la meilleure mère au monde mettra parfois quelques minutes à répondre aux pleurs de son bébé, ce qui provoque de la frustration. Dès lors, l'enfant la ressent comme mauvaise.

Donald W. Winnicott — 1953 —, psychanalyste britannique, a ajouté une autre dimension à la théorie de Mélanie Klein. Il a inventé l'expression de « mère suffisamment bonne » qui renvoie à une mère assez dévouée pour permettre au stade de développement suivant de se produire. Ce type de mère — ou de père, ou autre dispensateur de soins — ne peut être parfait, mais peut permettre au bébé de faire l'expérience de beaucoup plus de bien que de mal. Ainsi, l'enfant vient à réaliser que la personne merveilleuse qui satisfait ses besoins est aussi la « méchante » personne qui le frustre et est parfois en retard. Cette conscience préfigure une nouvelle phase de développement où l'enfant réalise que les êtres chers ne sont pas parfaits et peuvent parfois décevoir, et que lui-même n'est pas parfait mais « assez bon ». Autrement dit, prêter attention aux besoins physiques et émotionnels du tout-petit lui permet de voir que la personne qui s'occupe de lui est plus bonne que mauvaise, et lui aussi par extension.

À mesure qu'il grandit et commence à participer à la vie, ceci s'étend au monde et aux autres personnes, de sorte qu'il puisse voir le monde dans son ensemble comme étant plus bon que mauvais. Tout cela est primitif, mais l'on peut voir dans les problématiques adultes que peu de personnes semblent atteindre ce second stade ou le franchir avec succès. L'issue alternative est bien entendu de voir la mère, soi-même et le monde comme plus mauvais que bon. Cette issue est bien triste et mènera certainement à la dépression, l'anxiété et autres sentiments douloureux. Cela aboutira également au clivage et à la pensée manichéenne, ce qui explique certaines problématiques centrales abordées dans ce livre.

Ce second stade marque le début de la culpabilité et de l'inquiétude : culpabilité de ressentir de la colère pour l'être cher, et inquiétude que cette colère ait pu réellement blesser la mère. Afin d'atteindre ce second stade ou de tenter de le dépasser et de disposer d'une personnalité intégrée, les besoins de l'enfant doivent être satisfaits de cette manière « suffisamment bonne ». Une approche cohérente, chaleureuse, stimulante et réceptive est tout ce qui est nécessaire. Malheureusement, on constate chez des enfants plus âgés et bien des adultes que cela n'a pu se produire.

Sans cette constance empathique, les parties du Moi en colère, frustrées, peuvent se cliver, se séparer du tout et représentent donc une entité redoutée — un monstre intérieur dénié à tout prix. Ici, on peut voir à quel point les racines de l'Abîme de chaque personne sont profondes et pourquoi il est si difficile, même pour des gens très brillants et intelligents, d'accéder aisément aux causes sous-jacentes de leurs comportements, de leurs pensées et de leurs sentiments.

Il est important de comprendre que le perfectionnisme et l'idéalisme extrêmes sont de nature défensive et protègent des sentiments si fragiles qu'un moindre petit rien de négatif peut les ébranler. Les personnes solidement attachées à leurs parents sont capables de parler candidement des petites choses qu'ils n'aiment pas chez eux et vice-versa, et ces choses constituent souvent la base de l'humour et des plaisanteries familiales. Par exemple, quelqu'un peut être taquiné pour sa nature inquiète, ou son incapacité à garder un secret, ou son incompréhension.

Cependant, les personnes possédant le groupe de traits PCH éprouvent de grandes difficultés face à cela. Elles ont fortement besoin de voir les gens, tant elles-mêmes que les autres, comme tout bons ou tout mauvais. Pour cette raison, les parents et les dispensateurs de soins importants sont idéalisés et mis sur un piédestal. Même des défauts humains mineurs trouvent une excuse : « Oui, j'ai dû me prendre en charge à cinq ans, tout comme mon petit frère, mais ma mère devait travailler ». Le besoin d'idéaliser et de prétendre que quelqu'un est parfait renvoie à cette phase de clivage.

Souvenez-vous, pour que le fondement d'une bonne santé mentale soit posé, la mère, l'environnement et la vie en générale doivent être ressentis comme plus bons que mauvais. C'est ce qui donne aux gens le courage de reconnaître les imperfections et les déceptions. Lorsque les gens n'y parviennent pas, leur incapacité à intégrer leur vision d'eux-mêmes et des autres exprime beaucoup de crainte et de souffrance. La grande crainte est la perte de la fausse image intériorisée qui pèse autant qu'un mythe dans leur vie — mais est *a contrario* la source d'une angoisse accablante.

Beaucoup de perfectionnistes trouvent la déception dévastatrice. Cette pensée manichéenne — où l'on est soit tout bon, soit tout mauvais — remonte à la prime enfance. Les personnes qui sont bloquées à cette phase, qui se voient incapables de passer complètement au second stade où l'intégration est possible, bataillent avec la déception précisément pour cette raison.

Dans l'évolution normale, l'acceptation et l'intégration découlent naturellement de la déception. Les modes de pensée manichéens rigides entravent ce type de croissance émotionnelle. Comme nous l'avons reconnu, les types de personnalité PCH sont des gens éthiques ; leur besoin de protéger les autres impose ce clivage strict de leur réalité environnante. À mesure qu'ils grandissent, leur crainte de l'Abîme augmente de plus en plus. Pour cette raison, les défenses qu'ils ont érigées pour repousser leur connaissance de l'Abîme — les rayons de la roue — se consolident de plus en plus. Travailler sur les rayons de la roue rend possible la guérison du moyeu central, vous permettant de voir que l'Abîme n'est plus à craindre ; son emprise sur vous commence à se déliter.

Même si certaines de ces personnes sont bloquées au premier stade et que d'autres sont passées au second sans l'avoir terminé, on peut ici observer la tendance au perfectionnisme. Il n'y a pas de terrain moralement neutre ; il y a le bien et il y a le mal. Ne pas être parfait équivaut à être mauvais. Malheureusement, cela signifie aussi qu'elles n'ont jamais ressenti l'environnement comme plus bon que mauvais et ont été incapables de reconnaître les imperfections en elles-mêmes et en autrui. Ces enfants deviennent des adultes pour qui la déception, un élément normal et nécessaire du développement et de la vie, doit être évitée à tout prix — même au prix d'un Moi authentique et en paix.

Voilà ce que j'appelle l'Abîme, la croyance erronée que si l'on n'est pas parfait et ne suit pas tout le temps les règles, on est alors une très, très mauvaise personne. Ces enfants n'ont jamais appris à manœuvrer en terrain moralement neutre.

Une patiente dont j'ai déjà parlée se faisait de terribles reproches à chaque fois qu'elle n'avait pas fait le ménage de son appartement, dans lequel elle vivait seule. En dépit d'une intelligence exceptionnelle, le concept de zone moralement neutre lui était étranger, et ne pas faire le ménage relevait quasiment de la même catégorie que le meurtre. La pensée manichéenne et la peur de l'Abîme retirent de la vie toutes les magnifiques nuances de gris. Les gens nagent sur place sans jamais réaliser qu'ils pourraient se mettre debout et se reposer. La souffrance est très réelle.

On observe cette pensée manichéenne dans le fanatisme : ma religion a raison sur tout et la tienne doit avoir tort sur tout. Cela empêche de voir la sagesse des différentes traditions. La façon de vivre n'est pas négociable. Ce type de pensée affecte toutes sortes de situations, y compris de très importantes comme nos relations avec les autres, qui y injectent eux-mêmes leurs propres problématiques.

Souvenez-vous de ma grande amie envers qui j'avais commis l'horrible péché d'être en retard pour déjeuner. Envisageons sa réaction excessive à mon retard dans le contexte théorique instructif de Mélanie Klein.

Au sein du système rigide de mon amie, mon retard n'était pas admissible. La rigidité est un élément majeur du clivage, ou du besoin de conserver les qualités bonnes et mauvaises clairement distinctes. Être une fois en retard me plaçait d'office dans la catégorie « tout mauvais ». Elle ne disposait pas des outils pour continuer à me considérer comme une bonne personne après cela. Je le compris, et compatis même avec elle, mais je n'avais pas l'intention de me laisser enfermer dans son système. Vraiment, si elle m'avait pardonnée — et le pardon relève de la seconde phase, de pair avec le fait d'accepter qu'un être cher nous déçoive — cela aurait signifié qu'*elle* aussi n'était pas une bonne personne. Cela aurait été beaucoup trop oppressant pour elle.

Dans ce type de système rigide, les zones grises doivent être évitées à tout prix. C'est pourquoi on voit des personnes extrêmement intelligentes qui redoutent l'Abîme devenir subitement très terre-à-terre et étriquées, bien en deçà du niveau d'intelligence dont on les sait capables. Souvenez-vous des paroles avisées de mon merveilleux analyste : l'intellect intervient peu dans nos sentiments et nos agissements. Je conseille à mes patients de prêter attention lorsque survient cette chute d'intelligence ; cela signifie qu'une certaine structure émotionnelle interfère avec leur capacité de réflexion.

Je tiens toutefois à souligner que de nombreuses personnes que je considère comme des perfectionnistes extrêmes peuvent être très enclines au pardon vis-à-vis d'autrui. Elles doivent apprendre à se pardonner aussi elles-mêmes. Lorsqu'un parent est sévère, rigide et rancunier, l'enfant n'a guère l'occasion d'apprendre tout seul le pardon. Mais l'adulte peut le faire. Tout ce que cela demande, c'est le courage d'affronter les émotions cachées qui provoquent ce désarroi.

Pour en revenir aux stades de Mélanie KLEIN — 1975a —, la dernière partie de la seconde phase concerne la réparation. Cela signifie arranger les choses, pardonner à soi-même et aux autres. Comme je l'ai dit, mon ex-amie n'était pas allée jusque-là, contrairement à la majorité de mes patients, même si la pensée manichéenne est toujours présente. De nombreuses personnes parachèvent une partie du premier stade et une partie du second et restent bloquées quelque part entre les deux. Malheureusement, on entend trop souvent le parent répondre aux excuses de l'enfant pour quelque transgression puérile : « Inutile de t'excuser, cela ne changera rien. » Cela indique à l'enfant qu'il n'y a pas de place pour autre chose que la perfection, et qu'il n'y a pas de réparation possible. L'adulte intègre cette leçon, et toute imperfection personnelle sera le signe de quelque chose de quasi démoniaque.

En thérapie, je travaille en partenariat avec chaque patient pour dissoudre le clivage et la pensée manichéenne et leur montrer qu'*il y a* bel et bien réparation pour les petites choses involontaires que nous commettons tous. La gravité est évidemment très importante dans les situations de la vie, et de nombreuses personnes à la pensée rigide et perfectionniste éprouvent des difficultés face aux questions de degré, puisqu'elles ont l'impression que toute transgression est impardonnable. Nous sommes tous d'accord sur le fait que certaines choses ne sont pas acceptables et d'autres désirables. Toutefois, nous avons tous des seuils de tolérance différents.

Ceci est parfois compliqué pour les perfectionnistes. Ils mettent sur un pied d'égalité le « péché » d'être nerveux avec le fait d'agir de manière insensible et blessante en toute connaissance de cause. Ils craignent que s'ils ne tolèrent pas tout, leur seul autre choix soit de ne rien tolérer. Ceci aussi manifeste tant le clivage que la pensée manichéenne.

Bien que je comprenne la souffrance à l'origine de la volonté de simplifier la vie et de disposer de règles simples et claires, un adulte ne peut pas vivre normalement et sainement sans plonger dans toutes ces zones grises et y naviguer tant bien que mal. Pour compliquer les choses, nos propres zones grises personnelles évoluent à mesure que nous grandissons et vivons différentes expériences, aussi devons-nous procéder à des ajustements. Cela ne signifie pas que nous nous trompions avant, mais que les anciennes recettes n'ont plus d'utilité.

Souvenez-vous que ces règles manichéennes rigides furent établies par un enfant qui avait besoin de paix, de tranquillité, d'une certaine structure et de stabilité — mais ce qui fonctionne à l'âge de sept ans ne marche pas vraiment pour un adulte.

J'ai eu un jour un patient prénommé « Joe », au perfectionnisme rigide, qui souhaitait changer de carrière. Cela impliquait de faire davantage de mathématiques que ce qu'il avait fait à l'université. Il était très contrarié et précisa qu'il détestait apprendre une matière dans laquelle il ne pourrait pas exceller et avoir des A. Cela s'avéra être la meilleure chose qui lui soit arrivée, car il fut formé, obtint des notes honorables en math, soit des B et des C, excella dans son choix de carrière et est brillant dans ce qu'il fait. Joe se libéra de ce poids sur ses épaules en développant amour-propre et humilité.

Vous devez connaître vos talents, vos lacunes et la place que vous occupez dans la moyenne. La peur retient tant de monde. Vraiment, quel serait le but de nos dures pérégrinations dans la vie si nous étions déjà parfaits et savions tout ? Je ne peux entrevoir aucune raison à notre présence ici si nous étions déjà parvenus au sommet.

Les personnes de dynamiques PCH scindent, nient et refoulent une partie de leur Soi. Nous avons à peine évoqué le prix qu'il leur en coûte ou à quel point cela impacte presque chaque aspect de leur vie. Bien que généralement très intelligents, les gens souffrant de ces problématiques sont déconnectés de leur intuition. Ils passent à côté des conflits normaux et des zones grises de la vie, et sont incapables d'explorer calmement des idées, sans anxiété inopportune — sans oublier leur crainte omniprésente des imperfections mincures.

Les dynamiques PCH ont leur raison d'être : protéger l'individu de l'Abîme. Cependant, comme ce livre vous encourage à le remarquer, ces dynamiques ne protègent *pas* de la *peur* de l'Abîme. L'angoisse terrible que suscite cette peur est à l'origine de chaque rayon de la roue — chacune des dynamiques PCH. Si l'on n'est pas parfait, on peut passer chaque moment à compenser cette propension « criminelle » à l'imperfection. Le monstre imaginaire intérieur exige le maintien scrupuleux de ces garde-fous. Ce faisant, il n'y a plus aucun répit.

Il existe toute une panoplie de fausses croyances : si je ne suis pas un bourreau de travail, je pourrais m'absenter de mon emploi et faire la grasse matinée tous les jours, car je suis paresseux. Si je dis un petit mensonge innocent pour ne pas heurter les sentiments de quelqu'un, alors je suis un menteur incapable d'endosser la responsabilité de ses actes. Si je vais à une fête et bois un verre, je deviendrai un alcoolique invétéré. Si j'avoue ne pas apprécier quelqu'un, ne serait-ce qu'à moi-même, je suis une horrible personne pleine de colère. Si jamais je me mets en colère sans raison, je serai une personne sinistre. Dans aucun de ces mythes, l'individu ne s'autorise à être une personne pleine et entière, et encore moins authentique. Il n'y a aucune place dans ces exemples pour « tout avec modération, y compris la modération ».

Une des personnes les plus gentilles que je connaisse croit être violente, même si elle en a toujours été très loin, car sa mère lui disait qu'elle l'était si elle éprouvait du ressentiment pour quoi que ce soit. C'est la peur de l'Abîme, peur qui doit être affrontée et pas seulement gérée et contrôlée. À mes yeux, c'est le processus de rétablissement et de guérison qui est le plus important, pas la capacité à apprendre toujours plus de stratégies d'ajustement face à une quantité de souffrance déjà insupportable.

On peut observer des exemples de l'Abîme dans tous les domaines de la vie si l'on sait où regarder. Parfois, écouter les histoires d'autrui et réfléchir à leurs expériences et leurs sentiments peut être plus facile que d'examiner les siennes. Envisager la souffrance d'autres personnes peut vous permettre de commencer à examiner votre propre vie avec plus d'aisance. Cela contribue à vous habituer à une nouvelle façon de penser et de vous voir. De nombreux auteurs et artistes ont une compréhension intuitive de cette peur très courante dans la nature humaine, et l'on peut lire des romans ou regarder des films où cette sagesse est partagée avec le public.

Dans le roman de Peter Høeg, *Smilla et l'amour de la neige* — 1995 —

Smilla, le personnage principal, passe tout le livre à tenter de convaincre le lecteur — et peut-être elle-même — qu'elle est une personne dure, insensible, invulnérable, absolument sans cœur qui ne se soucie que d'elle-même. La Smilla que l'on apprend à connaître est tout l'opposé, pleine d'amour, de compassion et de désir d'aider autrui, bien que sa peur d'être blessée l'amène à ériger ces murs autour d'elle, maintenant tout le monde à distance. Pour Smilla, il est plus facile d'être rejetée car *elle* a prévu ce rejet à l'avance. Cela lui donne un sentiment de pouvoir et de contrôle artificiel et lui permet de croire qu'elle est plus forte et meilleure que les autres et n'a pas besoin d'eux.

En vérité, Smilla a soif d'intimité humaine élémentaire et désire seulement qu'un autre être humain la connaisse et la comprenne. Mais elle redoute tellement que la connaissant, elle soit jugée et rejetée, et est si soucieuse de protéger le monstre imaginaire en elle, qu'elle garde les gens à distance avec cette fausse personnalité.

Le psychanalyste Erik ERIKSON — 1950 — a proposé huit stades psychosociaux que les gens doivent traverser entre la naissance et la vieillesse. L'aboutissement réussi de chaque stade garantit une bonne adaptation. Il s'agit de stades psycho*sociaux* qui décrivent à la perfection les relations aux autres et au monde. En cela, ils sont très utiles. Ils ne remplacent pas la richesse des stades de Mélanie KLEIN ni les descriptions des rouages internes de l'esprit, mais les complètent avec une autre perspective extrêmement utile. Les deux théories ont leurs forces et leurs faiblesses et je ne privilégie pas l'une par rapport à l'autre. L'emploi de deux cadres théoriques différents contribue à examiner et expliquer la condition humaine d'une manière plus riche et plus complexe.

Je commencerai par lister ces stades et la tranche d'âge qui leur correspond. Lors de l'examen des types de dysfonctionnement familiaux et de vos propres problèmes, ces stades vous aideront à repérer quand et pourquoi certains d'entre eux ressortent. Je n'entends pas impliquer que tout le monde vient d'un milieu maltraitant et notre propos n'est pas d'accuser, mais il est tout de même important de disposer d'un cadre théorique pour analyser le moment de surgissement de l'anxiété. Notre *expérience* de notre environnement, notre constitution et notre interprétation subjective des événements, c'est tout cela qui crée le résultat final. Néanmoins, la majorité des gens ont vécu un réel malheur. Ce n'est parfois pas avec un parent, mais avec un beau-parent ou un(e) petit(e)-ami(e) que l'épreuve a été la plus dure. Il y a parfois d'autres influences extérieures. Vous devez considérer ce qui est vrai pour vous.

Les huit stades de ERIKSON sont :

1 Confiance/Méfiance fondamentale — de la naissance à un an et demi

2 Autonomie/Honte et doute — de un à trois ans

3 Initiative/Culpabilité — de trois à six ans

4 Travail/Infériorité — de six à douze ans

5 Identité/Confusion des rôles — de douze à vingt ans

6 Intimité/Isolement — jeune adulte

7 Générativité/Stagnation — adulte d'âge moyen

8 Intégrité/Désespoir — adulte d'âge avancé

Comme nous l'avons abordé à partir de la perspective de Mélanie KLEIN et du clivage, le bébé a besoin d'un environnement paisible et prévisible. ERIKSON approuverait, bien que lors de son premier stade, il mette l'accent sur le développement de la confiance fondamentale plutôt que sur l'intégration. On voit aisément comment les soins maternels peuvent réussir ou non à instaurer la confiance selon que le bébé apprendra par expérience que ses besoins seront satisfaits et qu'il peut être assuré qu'ils continueront à l'être — que l'environnement est bon et sûr.

Nous avons tous entendu parler de la crise des deux ans. Entre un et trois ans, l'enfant s'engage dans des luttes de pouvoir normales avec la mère. Il est nécessaire que cela se produise pour un développement normal et sain, même si c'est une période difficile pour les mères, et encore plus pour les mères ayant leurs propres problèmes qui ont elles-mêmes pu souffrir de carence parentale. Il s'agit d'un stade important, car en s'opposant à la mère, l'enfant se prouve à lui-même qu'il est une personne distincte et indépendante de la mère. Ce stade devrait être géré de manière à ce que l'enfant apprenne qu'il est autonome et peut faire des choses tout seul. On voit souvent les bonnes mères couvrir leur bambin d'éloges pour une réussite normale pour leur âge. Si la famille est dysfonctionnelle ou que la mère ne supporte pas que l'enfant n'ait pas besoin d'elle pour tout, l'enfant doutera de sa capacité à être une personne à part entière ou à devenir autonome. L'enfant qui n'est pas traité de manière appropriée, ou qui est humilié, apprendra à ressentir de la honte pour avoir étendu son champ d'action et tenté quelque chose de nouveau.

À l'université, je me souviens avoir lu la description de différents styles d'éducation, de la normalité à la maltraitance. Du côté de la maltraitance, un exemple évoquait une mère qui se fâchait lorsque l'enfant tentait quelque chose par lui-même. Quand ce dernier venait lui demander de l'aide, elle se moquait de lui et disait : « Je pensais que *tu* y arriverais, mais ce n'est pas le cas, on dirait ». Cette mère ressentait comme une sévère humiliation le fait que son enfant grandisse et progresse, aussi elle se défendait d'une manière à provoquer à coup sûr douleur et souffrance chez l'enfant.

Comme je l'ai déjà indiqué, ce stade est très important pour les personnes de dynamique PCH et excessivement perfectionnistes. L'autonomie et la honte constituent pour eux des sentiments intenses et douloureux. Ces personnes redoutent qu'on leur dise quoi faire. Elles éprouvent souvent des sentiments hostiles envers l'autorité, une peur de céder, et peuvent parfois faire semblant de se soumettre à un patron, un professeur ou un conjoint tout en sabotant tranquillement la demande. Ce n'est pas la méchanceté qui motive ce comportement, mais le Moi autonome qui se sent tellement fragile et facilement menacé.

« Ellen » était aux prises avec une sévère anxiété et une crainte d'avoir tort ou d'être imparfaite, mais sa mère l'était encore plus. Même face à un enfant désormais adulte, la mère ne modifia pas son comportement inapproprié. Elle faisait souffrir sa fille adulte et la mortifiait en lui disant qu'elle était comme elle était, qu'elle ne changerait pas et que puisqu'elle l'avait mise au monde, elle pouvait la traiter comme elle le désirait. Elle fit énormément souffrir Ellen. Sans surprise, comme tous les autres ayant ces problèmes, Ellen redoutait d'avoir besoin de quelqu'un ou d'être dépendante. La peur de se lancer dans la nouveauté ou celle de la dépendance — que ce soit la sienne ou celle de quelqu'un d'autre — l'isola terriblement.

À la naissance et dans notre petite enfance, nous dépendons de ceux qui prennent soin de nous, et c'est dans l'ordre des choses. À mesure que nous grandissons, nous passons par un stade lors duquel nous devons apprendre à être indépendants et agir par nous-mêmes. Une fois que nous avons bénéficié de l'indépendance, et si nous choisissons de nous engager dans une relation adulte saine, nous devenons alors *inter*dépendants, c'est-à-dire que nous acceptons, dans une certaine mesure, de dépendre de notre partenaire et vice-versa. C'est là le cours normal et sain des relations adultes.

Certaines personnes de dynamique PCH s'engagent dans des relations avec l'intention de conserver une indépendance absolue et nient dépendre de leur partenaire pour quoi que ce soit ; d'autres dépendent totalement de leur partenaire et ce faisant, perdent leur sentiment d'individualité et d'autonomie. Dans toute relation, un équilibre est nécessaire. C'est là le sens de l'interdépendance.

Si un enfant reçoit des messages ambivalents au sujet de la dépendance, une fois adulte, ses sentiments seront mitigés quant au fait de dépendre d'autres personnes. Dans ce domaine, mieux vaut ne pas recourir aux extrêmes — ne pas être totalement indépendant ou totalement dépendant — mais trouver un juste milieu. Avoir besoin des autres dans votre vie n'a rien de honteux ; cela veut simplement dire que vous êtes humain. Nous avons besoin de nos proches pour nous aider tout comme nous pouvons les aider. Ceci est normal et réconfortant et contribue à rendre la vie supportable. Nous discuterons plus amplement de ces questions dans le chapitre sur les relations.

La honte constitue également une problématique majeure des perfectionnistes anxieux. Certains parents humilient leur enfant lors de l'apprentissage de la propreté, les amenant à se sentir honteux et sales pour la vie. Si des besoins fondamentaux ne sont pas satisfaits, le problème de la honte survient pour de nombreuses raisons.

« Darlene » me raconta qu'un jour, alors qu'elle était jeune, sa mère servit un repas succulent. Darlene sourit et avala son repas avec délice. Puis sa mère se moqua de sa « gourmandise » devant les autres membres de la famille, et Darlene ne se permit jamais plus de ressentir ce type de délectation. Elle avait peur de montrer qu'elle savourait *quoi que ce soit*. Bien entendu, la nourriture joua ensuite un grand rôle dans cette dynamique et elle apprit à se priver.

La mère de « Sammie » était schizophrène et la maison dans un état dégoûtant. Très jeune, Sammie se prit pour l'essentiel en charge, ainsi que son jeune frère, mais elle était trop petite pour nettoyer toute la maison ou changer les choses d'une façon majeure. Ils mangeaient parfois du pain avec du ketchup parce qu'il n'y avait rien d'autre. Elle rit avec autodérision et d'un ton auto-accusateur lorsqu'elle me raconta ce qu'elle avait l'habitude de manger. Avec l'âge, la saleté de la maison et le comportement de sa mère l'embarrassèrent au point de ne pouvoir accueillir ses amis.

La maison de la Sammie adulte est très, très propre et toujours bien approvisionnée. Elle est *si* bien rangée et *tellement* propre que ses amis en sont toujours ébahis. C'est sa manière de neutraliser sa honte. Vis-à-vis de ses enfants, elle accorde une énorme importance au fait qu'ils n'aient jamais honte. Bien que ce soit un objectif honorable, c'est sa propre honte qui lui fait insister autant sur cette question. Lorsqu'elle réagit de manière « déplacée », elle se sent terriblement gênée — cette gêne reste en permanence sous-jacente chez elle, même si c'est une personne merveilleuse.

Bon nombre de mes patients m'ont fait part de leur grande honte d'avoir commis une petite erreur. L'une de mes patientes doit nettoyer son logement de fond en comble avant que quiconque n'y entre de peur de se rappeler sa mère la traiter de cochon quand sa chambre était mal rangée lorsqu'elle était petite. Sa mère lui avait appris à ne jamais céder face à quiconque, à ne jamais écouter personne et ne jamais avoir tort, mais à procéder à une révision générale en cas de visite. Il fallut beaucoup de courage, de temps et d'efforts pour passer au crible toutes les fausses idées que sa mère lui avait inculquées.

Au stade Initiative/Culpabilité, qui se déroule entre trois et six ans, l'enfant doit disposer d'un environnement qui encourage sa réflexion et ses idées. Il apprend à se fier à son propre jugement en allant vers ce qui semble bien, en tentant de nouvelles choses et en acceptant de ne pas réussir face à de trop grandes difficultés. Il apprend à croire en ses pensées, qu'elles sont importantes, et est un enfant heureux et actif.

Traiter les idées et les questions d'un enfant avec dérision, ou les ignorer, fera de lui un enfant à la vie fantasmatique inhibée et produira en lui un vague sentiment de culpabilité lié au fait d'être heureux, insouciant ou de s'adonner à la rêverie. Il n'est alors pas surprenant que de nombreuses personnes à la personnalité PCH disent ne pas fantasmer. Il n'est pas étonnant qu'elles ne sachent pas ce qu'elles veulent faire dans la vie, car sans fantasmes, comment peut-on expérimenter différentes choses ? Comment peut-on imaginer les sentiments que suscitent diverses expériences ?

Il me semble si triste que de très nombreux patients avouent ignorer s'ils aimeraient quelque chose tant qu'ils ne l'ont pas fait. Je les encourage toujours à se servir de ce qu'ils savent aimer ou ne pas aimer pour le déterminer, et ils sont toujours surpris et ravis de déjà savoir et de disposer de cette information. Un peu plus tard, ils se rendent compte qu'ils ne disposaient pas de cette faculté qui constituait en fait leur droit imprescriptible. Erikson aurait dit qu'ils se sentent coupables de fantasmer, une faculté vitale.

Au stade Travail/Infériorité, qui se produit entre six et douze ans, une famille compréhensive et équilibrée encourage l'enfant à avoir une bonne estime de lui-même et à tirer quelque fierté de ses accomplissements à l'école, en sport et dans ses interactions interpersonnelles. Un enfant qui maîtrise les autres stades aura de bonnes relations avec ses pairs, tandis qu'un enfant qui n'en a pas se sentira exclu et, soit restera dans son coin, soit recherchera la compagnie d'autres marginaux.

À ce stade, les enfants sont très conscients des échecs ou des succès et dans le pire des cas, ils feront preuve d'indifférence vis-à-vis des activités sociales ou de l'acquisition de connaissances. Les personnes exceptionnelles avec lesquelles j'ai travaillées en témoignent : malgré des familles extrêmement dysfonctionnelles et souvent cruelles, elles ont réalisé qu'elles pouvaient apprendre, devaient apprendre et ont trouvé le soutien nécessaire auprès d'enseignants et de pairs. Elles sont souvent très douées et personne ne soupçonnerait l'horrible angoisse, le doute et les sentiments d'être un imposteur avec lesquels elles vivent.

Bien que les quatre premiers stades d'Erikson soient les plus pertinents pour les personnes souffrant de perfectionnisme qui vivent dans la peur de l'Abîme, je décrirai également les autres brièvement. Étant donné que chaque stade s'appuie sur le précédent, on voit l'ampleur de ce qui est perdu si l'on n'affronte pas ses problèmes.

Au stade Identité/Confusion des rôles, qui a lieu de l'adolescence au début de l'âge adulte, une personne se forme une identité d'adulte à partir de ses expériences, en prenant plaisir à apprendre de nouvelles choses et en les essayant pour voir si elles lui conviennent. Lorsque la famille a échoué à accompagner les stades précédents, les personnes concernées par les problèmes décrits dans ce livre reculeront devant les idées nouvelles qui défient leurs pensées rigides. Les personnes concernées par d'autres types de problèmes se livreront à des excès néfastes. Une personne qui redoute l'Abîme aura un sentiment d'identité tellement fragile que souvent, elle craindra les idées en conflit avec ses convictions entretenues de manière inflexible puisque le monde doit conserver sa forme rigoureuse, simple et manichéenne.

Au stade Intimité/Isolement, le jeune adulte devrait être à même d'entretenir des relations amicales ou sentimentales intimes. Bon nombre de personnes de dynamique PCH en sont capables, mais elles injectent leur perfectionnisme dans ces relations. Par besoin de validation, elles tentent de montrer à leur partenaire combien elles sont parfaites, et qu'elles méritent leur amour encore et encore. Le souci est qu'elles ont du mal à laisser qui que ce soit le leur donner. Dans leur besoin de validation et leur souffrance angoissée, elles peuvent oublier que l'autre aussi veut se sentir nécessaire et utile.

Les personnes de ce type aiment être nécessaires et recherchent parfois un partenaire dysfonctionnel face auquel elles pourront être celles qui sont fortes et indispensables. Elles trouvent difficiles d'être en demande, de dépendre de quelqu'un, de cesser de contrôler les choses dans la tentative de rendre l'environnement sûr et prévisible. Elles sont souvent extrêmement blessées quand leurs efforts non seulement ne sont pas appréciés, mais leur sont reprochés puisqu'ils ne laissent guère à l'autre l'occasion de se développer.

Le stade Générativité/Stagnation concerne les adultes d'âge moyen et le désir et l'aptitude à former la génération suivante. Cela peut prendre la forme d'une implication auprès d'enfants, de petits-enfants, ou d'une aide apportée aux autres ou même aux animaux. Cela peut aussi s'exprimer par toute forme de créativité ou de productivité.

Le stade Intégrité/Désespoir concerne les adultes plus âgés face à la mort. Si l'on a le sentiment que notre vie a été satisfaisante, il n'est pas difficile d'accepter la mort, mais si l'on pense être passé à côté de beaucoup de choses, la crainte de la mort est alors présente. Lors de ce dernier stade, il est important d'avoir le sentiment que sa vie valait d'être vécue.

Bien que les quatre premiers stades soient les plus pertinents par rapport aux personnes dotées de traits ou d'une dynamique PCH, les deux derniers méritent réflexion. On voit qu'au fil de la succession des stades, les pensées, les idées et les sentiments gagnent en importance. À mesure que nous vieillissons, nous considérons ce que nous avons appris et tendons la main aux autres pour les aider. Il s'agit moins directement de *faire*, mais davantage de penser et d'assimiler – éléments qui conduisent à la sagesse.

Nous avons examiné les problèmes de développement majeurs dans les cadres théoriques de Mélanie Klein et de Erikson. Ces théories décrivent ce que les individus ont besoin de développer pour devenir des adultes équilibrés. Dans le chapitre suivant, nous examinerons d'autres types de dysfonctionnement. Comme vous pouvez le constater, nous n'enseignons pas de stratégies d'ajustement ou de simple gestion des symptômes, mais nous vous invitons à regarder au-delà des apparences, à voir la personne unique, complexe et riche d'émotions que vous êtes.

Chapitre 6

Contrôle et prédictibilité

Les personnes de dynamique PCH disent souvent qu'elles aiment tout planifier afin que la vie puisse être prévisible et sous contrôle. On dit parfois d'elles qu'elles veulent « tout régenter », car leur soif de contrôle a tendance à hérisser les autres. Ce besoin de contrôler n'est pas malveillant, mais reflète simplement la peur de l'inconnu. L'inconnu suscite des peurs spécifiques variables selon les individus, puisque chacun possède son propre Abîme qui lui est unique. Pour plaisanter, 

bon nombre de mes patients m'ont dit les larmes aux yeux qu'ils aimeraient que leur vie entière puisse être prévisible tout en sachant, au moment d'énoncer ce vœu, ce qu'ils manqueraient si la vie était ainsi.

Pourquoi aimez-vous avoir le contrôle et prévoir ? Une raison évidente est qu'à une époque, vous n'aviez manifestement *pas* l'impression de maîtriser les événements. Enfants, certains de mes patients ont vécu dans un chaos total et se sont efforcés d'insuffler contrôle et ordre dans leur vie par le biais d'un élément qui souvent, inévitablement, était le produit de leur propre esprit. Parfois il s'agissait d'un rituel, parfois de possessivité vis-à-vis d'un jouet ou d'un jeu, ou quelque règle stricte qui leur permettaient de savoir qu'ils pouvaient contrôler quelque chose. Certaines personnes ont survécu à leur enfance en se convainquant qu'elles ne désiraient absolument rien pour ne pas être constamment frustrées.

La mère d'« Elaine » souffrait d'un grave trouble de la personnalité limite — borderline. Elle maltraitait Elaine et son jeune frère et sa jeune sœur tandis que leur père fermait les yeux. Quand sa mère se mettait en furie, elle jetait les jouets des enfants et ils ne savaient jamais quand ses accès de rage allaient frapper. Ils recevaient de nouveaux jouets à leur anniversaire ou à Noël, mais craignaient de s'attacher à quoi que ce soit. Lorsqu'elle se mettait en colère, si elle ne détruisait pas les jouets de ses enfants, la mère d'Elaine déchirait les posters de leur chambre, de sorte qu'ils ne s'y attachèrent pas trop non plus.

L'incapacité d'Elaine à s'attacher aux autres lui donne désormais un sentiment de contrôle. Aussi injuste que cela puisse être, après tout ce qu'elle a perdu et ces persécutions subies dans l'impuissance, elle a dû affronter à nouveau l'éventualité de la perte et de la déception afin de s'autoriser à s'attacher à quelqu'un. Elle avait l'impression que si elle s'impliquait dans une relation et s'attachait à la personne, elle serait dévastée si celle-ci se terminait, mais qu'elle le gérerait aussi bien que n'importe qui. Le fait même qu'Elaine soit parvenue jusque-là montre la personne forte qu'elle est devenue.

Le seul souci était qu'elle avait peur d'aimer ou d'avoir besoin des autres. Lorsqu'elle commençait à fréquenter quelqu'un de nouveau, elle essayait de montrer à l'autre à quel point elle était « parfaite », combien elle pouvait être enjouée et désirable. Dès qu'elle avait le sentiment qu'elle avait réussi à contrôler la façon dont son nouvel amoureux la voyait, elle s'engageait dans la relation, mais montrait rapidement à son partenaire toute sa « négativité ». Cela lui faisait craindre que son petit ami la quitte — après tout, ni sa « perfection », ni sa « négativité » n'étaient authentiques — et elle devenait extrêmement anxieuse, observant les choses de loin tandis qu'elle devenait émotionnellement insensible.

L'étape suivante était toujours la même : l'autre commençait à se plaindre de l'attitude distante d'Elaine et de son désir de contrôler. L'enfance pleine de souffrances avait causé tellement de ravages chez Elaine que même après avoir compris qu'elle avait peur et que l'insensibilité lui servait de défense, ce modèle dictait encore la direction de chacune de ses relations.

L'enfance d'Elaine fut remplie de crainte continuelle, d'anxiété et d'humiliation. Elle sentait que son seul recours était de tenter de parer les coups qui n'étaient pas liés à son propre comportement, mais aux humeurs de sa mère. Elle n'avait pas le moindre contrôle sur ce qui se passait à la maison. En fait, elle se forgea la conviction que son comportement n'avait aucun effet sur son monde. Son besoin de contrôle l'empêchait d'assimiler son passé, et pourtant elle devait le faire si elle voulait progresser émotionnellement. En outre, sa mère était toujours en vie et continuait à lui asséner d'horribles paroles lors de leurs conversations hebdomadaires.

Elaine dut rassembler toute sa confiance et son courage pour pouvoir passer sa vie en revue et la digérer. Peu à peu, elle raconta son histoire et s'autorisa à revivre l'enfance affreuse qu'elle avait connue. Elle se souvint avoir tenu à des choses qui ensuite lui avaient été enlevées ; cela l'aida à réaliser que sa capacité d'attachement avait été autrefois normale bien qu'elle eût diminué sous le coup des agressions. Même si pour Elaine ce fut un processus lent, elle parvint à se souvenir des bons moments passés avec son père, de son enthousiasme face à ses cadeaux, et de son attachement à des jouets spécifiques qui lui avaient été ensuite enlevés. Elle se laissa revivre la joie de l'attachement, même si dans son cas se rappeler du *bonheur* nécessita également de se souvenir de la *perte*. Elle en vint à réaliser que pour recouvrer ses sentiments, pour ouvrir la porte à de nouvelles expériences, elle devrait accepter qu'il y en ait des malheureuses.

Nier ces expériences précoces et maintenir leur souvenir à distance leur avait permis d'exercer sur elle un pouvoir immodéré. Après avoir été analysés, bien que tristes, ces souvenirs n'eurent plus la capacité de terroriser Elaine. En confrontant ces expériences précoces, Elaine put les dépasser et parvenir à un état émotionnel qu'elle aurait dû développer de plein droit, mais que le traumatisme émotionnel avait empêché. Il n'est jamais trop tard pour atteindre le prochain jalon développemental — seule la volonté de prendre soin de vous et de vous accorder l'acceptation dont vous avez désespérément besoin est nécessaire.

Elaine cessa également de trouver des excuses à sa mère qu'elle considérait réellement comme plus malveillante que gentille. Elle mit des limites à leurs conversations et finit carrément par cesser de lui parler. Son père avait été gentil avec les enfants, mais ne les avait pas protégés. Il défendait toujours la mère même s'ils étaient divorcés depuis quelque temps. Elaine avait idéalisé son père en tant que bon parent face au degré de méchanceté de sa mère, mais elle devait maintenant le faire descendre du piédestal idéalisé sur lequel elle l'avait placé. En fait, il en voulait à Elaine d'avoir besoin de cesser de parler à sa mère – non par méchanceté, mais simplement parce que c'était nécessaire à son rétablissement.

Bien qu'Elaine ait eut de nets problèmes avec son père, ses fautes ayant été plutôt graves, elle décida qu'elle l'aimait encore suffisamment pour tenter de se réconcilier avec lui. Elle eut une conversation avec son père lors de laquelle elle lui dit qu'il ne l'avait pas protégée et qu'il continuait à agir comme si ses sentiments n'avaient pas d'importance, mais qu'il avait désormais la chance de lui prouver le contraire. Heureusement pour Elaine — et il était vraiment temps — son père s'excusa et répondit qu'il en discuterait avec elle à chaque fois qu'elle en aurait besoin. Il lui parla de sa propre enfance et lui décrivit sa propre culpabilité vis-à-vis de sa mère mentalement malade. Il endossa la responsabilité de ses erreurs et dit à Elaine que le pas qu'elle avait fait vers lui l'aidait à éclaircir ses propres sentiments, auxquels lui-même prêtait peu d'importance.

Ce soutien nouveau de la part de son père facilita les choses pour Elaine. Elle reconnut avoir de l'affection pour lui et eut au moins l'assurance qu'il ne l'abandonnerait pas. Elle n'avait jamais connu ce sentiment avant de lui parler et avait réellement eu peur que son père coupe les ponts avec elle si elle persistait à ne plus parler à sa mère. Elaine aurait fait ce qui lui était nécessaire indépendamment de la réaction de son père, mais j'étais contente pour elle que quelque chose ait été préservé. Il contribua à sa guérison et accepta de s'impliquer dans sa triste histoire. Elaine en vint à réaliser que si son père *avait* mis fin à ses relations avec elle, cela aurait voulu dire qu'il ne l'aimait pas. Désormais elle voyait qu'il l'aimait, même s'il avait sérieusement négligé ses responsabilités parentales. Ses regrets compensèrent une bonne partie du mal que son attitude avait fait à Elaine.

Dans ses relations, Elaine avait besoin de connaître à l'avance ce qui était prévu dans les moindres détails et se montrait très directive. Elle ne pouvait pas s'autoriser à être liée à un emploi et passait d'un travail à l'autre sans aucun projet à long terme pour l'avenir. Elle essayait de tout contrôler, ce qui suscitait en elle de l'angoisse et la poussait à partir. Elaine en vint à estimer sa capacité à s'attacher et à tolérer ses sentiments de tristesse et devint plus en mesure d'accepter que ce qu'elle redoutait et tentait de maîtriser — la perte subite — s'était déjà produit.

Elaine finit par réaliser que la seule chose qu'elle pouvait contrôler, c'était elle-même. Cette prise de conscience la rendit beaucoup plus forte. Finalement, elle trouva un travail et un appartement qu'elle aimait et découvrit qu'elle ne se sentait plus détachée lorsqu'elle se faisait un nouvel ami ou sortait avec une nouvelle personne. Elle allait beaucoup mieux. Elle était venue me voir affligée d'une dépression et d'un trouble anxieux, car elle angoissait à chaque fois qu'elle ne pouvait pas tout contrôler. Elle eut beaucoup de chemin à parcourir, mais l'anxiété fut le premier symptôme à disparaître. Lorsqu'elle réalisa qu'elle ne pouvait que se contrôler elle-même, elle décida de vivre sa vie pleinement, d'aimer de tout son cœur et de laisser les autres agir à leur guise. Elle décida de maîtriser sa vie autant que possible en prenant de bonnes décisions et en vivant pleinement. Paradoxalement, renoncer à contrôler les autres vous donne davantage de contrôle sur *vous-même* et votre *propre* vie — seul domaine où le contrôle a sa place.

Le besoin impérieux de contrôler et d'écarter les surprises provient d'une époque où l'opposé était vrai. Les parents rigides et autoritaires de « Susan » ne lui laissaient quasiment aucun choix. Ils choisissaient ses amis et ses activités. Plus tard, ils choisirent même ses options lorsqu'elle alla à l'université. Sa mère décidait de sa façon de se coiffer et de s'habiller. S'il y avait jamais eu une fois où Susan avait protesté ou tenté d'affirmer sa volonté, elle l'avait oublié depuis longtemps et avait l'impression de ne même pas avoir de volonté propre. Paradoxalement, elle tentait de contrôler les événements et les gens, mais ne demandait rien concernant sa propre vie.

Susan était très déprimée sans savoir pourquoi et n'éprouvait guère de satisfaction dans la vie. Sa vie lui paraissait suivre son cours sans qu'elle-même y soit pour grand-chose. Elle devint obsédée par le suicide tragique d'un ami par arme à feu de nombreuses années auparavant. Elle considérait cela comme une perte de contrôle et était terrifiée à l'idée qu'il lui arrive la même chose. Je lui dis que la décision de se tirer une balle dans la tête ne résultait pas d'une perte de contrôle, mais représentait une triste planification d'événements et une détermination qui, tragiquement, exigeait *au contraire* beaucoup de contrôle.

Je demandai à Susan si elle pensait pouvoir perdre le contrôle d'elle-même, entrer dans une sorte de transe et se tirer une balle. Elle répondit qu'elle avait le sentiment qu'elle le pourrait. Elle avait l'impression d'avoir si peu de maîtrise sur sa vie qu'elle imaginait que l'acte de se suicider résultait d'une perte totale de contrôle à la fois du corps et de l'esprit. Cette croyance, qui n'avait évidemment aucun fondement réel, donne une idée de l'horrible état intérieur dans lequel Susan vivait. Elle vit l'absurdité de cette pensée, mais déclara qu'elle avait peur de faire des choses sans savoir ce qu'elle faisait — autrement dit, d'agir sous le coup d'une perte de contrôle totale. Cette perte de contrôle potentielle représentait une partie de l'Abîme de Susan.

Éduquée dans son enfance à satisfaire les autres, elle avait appris à devenir sourde à ses propres désirs. Elle n'avait pas accès à ses espoirs ni à ses peurs, et ce manque de conscience de ses propres sentiments les plus intimes provoqua en elle la formation de l'Abîme. Ce qu'elle redoutait le plus *était* la peur elle-même — comme c'est souvent le cas lorsqu'on examine le contenu de son propre Abîme. À mesure qu'elle reprenait le contrôle de sa vie, elle devint beaucoup moins anxieuse et déprimée et de plus en plus sincère avec elle-même. Au fil du temps, elle identifia les pensées suicidaires sous-jacentes et fut heureuse de revendiquer sa vie et ses décisions. Elle pardonna à ses parents d'avoir tenté de vivre sa vie à sa place et fut résolue à ne plus jamais laisser cette situation se reproduire.

Susan avait l'impression de ne pas contrôler sa vie du tout, de ne pas avoir de choix et avait peur d'affronter ce qui la terrorisait. Elle ne voulait pas continuer à vivre ainsi. Son seul but était d'essayer de faire plaisir, et elle était terrifiée de voir à quel point elle haïssait sa vie. Quelle heureuse journée ce fut pour nous deux lorsqu'elle fut capable d'exercer un certain contrôle sur sa vie et d'y prendre plaisir. Lorsqu'elle commença à honorer ses sentiments et ses besoins, elle sut qu'elle était entrée plus pleinement en contact avec son Moi authentique. Souvenez-vous, il est sain d'avoir la maîtrise de vous-même et des décisions relatives à votre vie, mais vous ne pouvez contrôler personne d'autre. Les parents de Susan l'avaient amenée à penser qu'elle n'avait absolument aucun choix et qu'il n'existait pas de contrôle ni de plaisir dans la vie. Son Abîme, ce qu'on l'avait amenée à ressentir, était de ne pas être vivante. Quand son désespoir était devenu trop insupportable, il n'est pas étonnant qu'elle se soit focalisée sur le suicide de son ami.

Le puissant désir de contrôle et de prédictibilité est également lié au perfectionnisme et à la honte. Si vous avez l'impression de devoir être parfait et vivez dans la peur de la honte, vous n'accueillerez pas à bras ouverts les situations nécessitant davantage de spontanéité de votre part.

« Hélène » devenait très anxieuse à chaque fois qu'elle ne pouvait pas totalement planifier les choses à l'avance, même s'il s'agissait de vacances, et ce jusqu'au moindre détail. Par exemple, si elle et son mari avaient prévu du « temps libre », qu'arriverait-il si elle n'avait pas les vêtements adéquats à se mettre ? Elle avait l'impression que les erreurs n'attendaient qu'un imprévu pour surgir, ce qui l'angoissait énormément. Selon le type d'enfance que l'on a vécue, le contrôle et la prédictibilité représentent une tentative pour éviter la honte, l'humiliation et la maltraitance. Bien que cela soit effrayant et douloureux, il faut affronter l'inconnu. Quelle perte de devoir renoncer à tout enthousiasme juste pour éviter des chocs émotionnels réels ou imaginaires ! Il y a une bien meilleure façon de vivre.

À un niveau plus profond, on peut dire que les personnes de dynamique PCH ont peur de se retrouver dans des situations où elles ne peuvent pas fermement s'autocensurer. Inversement, chez les personnes qui s'autocensurent de manière stricte, mais sont inconsciemment portées vers un relâchement de leurs inhibitions, l'envie de boire de l'alcool ou de fumer de l'herbe peut s'avérer irrépressible. En société, ces personnes peuvent ne pas se sentir à la hauteur *sans* cet artifice.

Si le besoin de censure ou la crainte de perdre ses inhibitions sont suffisamment puissants, cela peut mener à des principes très rigides vis-à-vis des drogues ou de l'alcool puisque ces substances provoquent une perte des inhibitions. Dans la vie de tous les jours, ces personnes ne se croient pas capables de réagir adéquatement si elles ne peuvent anticiper chaque détail des situations à venir. Redouter de commettre la moindre erreur ou craindre un manque de prédictibilité semble périlleux. La vie a appris à de nombreuses personnes qu'elles pouvaient être couvertes de honte ou punies n'importe quand et pour n'importe quelle raison, et éviter cela à tout prix constitue un puissant moteur de leur vie.

Lorsque les problématiques sous-jacentes sont affrontées et résolues, le désir de tout contrôler se dissipe. La discipline intérieure et un sentiment de sécurité remplacent le besoin que tout ce qui est extérieur soit parfaitement en ordre. La volonté de simplement tenter de faire de votre mieux se substitue à l'idée que vous pouvez contrôler les autres en étant parfait pour eux. Vous pouvez finir par réaliser que vous disposez peut-être de choix que vous n'aviez pas anticipés, mais que tous ne sont pas importants ou susceptibles de bouleverser votre vie. Ce n'est pas tout ou rien, comme nous l'avons vu dans le chapitre sur la rigidité et la pensée manichéenne. Il est important de se souvenir que les peurs les plus redoutées concernent des situations qui appartiennent au passé.

J'ai vu de nombreuses personnes PCH tourmentées par la préparation d'un mariage, comme le font souvent des personnes ne souffrant pas de ces problématiques. Mon propre mariage fut restreint avec trente invités. Comme les amis de mon mari et les miens étaient très différents, que ce soit au point de vue politique ou autre, nous avions soigneusement préparé le plan de table afin que les gens dont nous pensions qu'ils ne pourraient pas s'entendre ne soient pas assis les uns à côté des autres. Il s'avéra que la disposition se retrouva totalement bouleversée et finit par revenir exactement à ce que nous avions voulu éviter. Face à cette vision, nous fûmes tout d'abord horrifiés, mais il s'avéra que non seulement tout le monde s'entendit, mais passa également un bon moment. Quelle ironie que ce soit précisément le détail qui nous avait réellement angoissés qui ait été bouleversé et que tout le monde ce soit bien amusé. Dans la vie, c'est un bon principe que de « s'attendre à l'inattendu » et souvent, le mieux naît de l'inattendu.

Un dernier thème rattaché à ce chapitre est celui de la possessivité de la personne PCH vis-à-vis de ses affaires. De nombreux patients m'ont raconté que puisqu'ils ne pouvaient jamais compter sur les gens, une peluche, une image, ou un souvenir adorés devenaient très importants, et représentaient l'être cher avec qui ils désiraient avoir une relation stable. Cet objet leur offrait le réconfort, la sécurité et le soutien que leurs proches ne pouvaient pas toujours leur apporter.

Bien qu'il soit courant et normal pour les jeunes enfants de posséder ces objets transitionnels afin de maintenir une connexion avec leur mère lorsqu'ils en sont séparés, ce phénomène s'observe aussi chez les adultes qui n'ont jamais réussi à intérioriser un sentiment de sécurité authentique et solide dans leurs relations significatives. Pour ces adultes, tout changement ou perte dans l'environnement physique représente un sévère manque de contrôle et une perte de la relation précieuse ou du mode de vie valorisé. Cette terreur est très réelle.

« Sandy » et son mari avaient prévu de changer de région, et elle était absolument terrifiée. Elle était sur le point de quitter sa maison, symbole de son mariage. Pour compliquer les choses, ils allaient devoir vivre dans un logement temporaire pendant quelques mois, le temps de trouver une maison appropriée et d'apprendre à connaître leur nouveau lieu de vie.

C'était l'Abîme : la famille de Sandy avait déménagé fréquemment, laissant derrière eux parents et amis, parfois pendant des années, et elle craignait de sombrer dans le chaos dans lequel elle avait grandi. Sandy expliqua qu'elle avait l'impression de ne rien contrôler du tout et d'avancer dans le noir. La prédictibilité avait disparu. La maison familière abritant toutes ses affaires ne serait plus là pour lui rappeler que tout allait bien. Ce déménagement représentait un saut dans l'inconnu.

Sandy savait qu'elle voulait vraiment déménager, et elle comprenait sa dynamique. Armée du courage dont elle avait toujours fait preuve, elle partit avec son mari tout en sachant qu'elle allait devoir traverser ce pont de l'effroi. Son désir de nouvelles aventures était plus fort que sa peur.

Dans ce chapitre, vous avez vu que les gens qui redoutent l'imprévisible à cause de leurs anciennes expériences ont en réalité peur qu'une nouvelle circonstance libère un aspect de leur personnalité qu'ils croient devoir contrôler. Leurs tentatives pour contrôler leur vie ne laissent aucune place à l'inconnu ou au hasard, éléments qui peuvent pourtant enrichir la vie de ceux qui n'éprouvent pas cette peur. Cela peut conduire à une vie de règles rigides, voire à des rituels, ainsi qu'aux rayons associés de la constellation de traits PCH. J'espère que les histoires de mes patients qui se sont libérés de leur besoin de contrôler les événements extérieurs et les gens et qui, ce faisant, ont acquis une maîtrise plus authentique en prenant conscience de leurs sentiments et motivations plus profonds, vous auront apporté du réconfort et du courage.

Exercices

Les exercices suivants sont destinés à vous aider à examiner les peurs qui se dissimulent sous votre désir de contrôler. Lesquelles de ces peurs appartiennent au passé ?

Exercice 1

Au cours de la journée, quelles sont les choses sur lesquelles vous posez les yeux et qui vous réconfortent et vous informent que tout va bien dans votre vie ? Que représentent-elles pour vous ?

Exercice 2

Pensez à une fois où l'on vous a dit que vous aviez trop planifié ou exercé trop de contrôle. Que redoutiez-vous qu'il se produise si vous n'aviez pas agi de la sorte ? Pensiez-vous que l'on vous aurait blâmé ou tenu pour responsable si les choses s'étaient mal passées ?

Exercice 3

Que représente le changement pour vous ? Dans votre journal, décrivez un fantasme de changement et ce que cela signifierait pour vous.

Exercice 4

Notez quelques pertes que vous avez ressenties dans votre vie, même si elles étaient la conséquence d'une croissance normale, comme le fait de quitter la maison pour aller à l'école. Avez-vous pu faire votre deuil tout en accueillant la situation nouvelle ?

Chapitre 7

Prise de décision

Avant d'approfondir les difficultés à prendre des décisions que vous éprouvez probablement, il nous faut réfléchir à la théorie du développement de Mélanie KLEIN dont nous avons discuté au Chapitre 5. L'objectif de ce livre n'étant pas vraiment de traiter de théorie, nous nous contenterons d'évoquer les notions pertinentes pour votre propre compréhension et vos progrès émotionnels.

Souvenez-vous que dans la théorie de Mélanie KLEIN, il y a deux principaux stades de développement. La beauté de cette théorie est de couvrir de nombreux domaines avec seulement deux stades. Pour Mélanie KLEIN, le premier stade de développement implique le clivage et l'identification projective. Vous comprendrez peut-être plus facilement si vous songez à de jeunes enfants de votre connaissance. À quand remonte la dernière fois où vous avez vu l'un deux ne pas penser en termes manichéens de tout bon ou tout mauvais et endosser la responsabilité de ses actes ? Cela n'arrive pas très souvent, car il n'est vraiment pas censé en être ainsi. En lieu et place, les jeunes enfants utilisent la projection et l'identification projective dans leurs interactions avec le monde.

La projection, c'est attribuer un sentiment à quelqu'un d'autre. Un sentiment d'insatisfaction face à ce que l'on a fait devient une crainte que quelqu'un critique nos actes. Dans la relation mère/enfant, on qualifie souvent la mère — cible de la projection — de « contenant » qui permet au jeune enfant de nier ses sentiments intenses jusqu'à la période de développement où il pourra les reconnaître. Lorsqu'on dit à un jeune enfant qu'il est temps d'aller au lit, il rétorque souvent à la mère qu'elle est méchante, et une mère suffisamment bonne accepte cette réaction — la projection de la colère de l'enfant.

Du point de vue du développement, l'identification projective constitue un processus normal et nécessaire par lequel l'enfant projette ses sentiments sur la mère et incorpore la combinaison de ses propres réactions et de ces projections, ce qu'on appelle introjection. Un enfant en colère verra sa mère et lui-même comme de plus en plus mauvais, et un enfant content verra sa mère et lui-même comme de plus en plus bons. Si la mère répond sans colère démesurée, celle de l'enfant se dissipera et lui-même et les autres lui sembleront plus calmes et satisfaits. Cet endiguement des sentiments serait comme laisser quelqu'un passer ses nerfs sur vous, réaction appropriée lorsqu'on a affaire à un très jeune enfant.

Pour le premier stade, on pense au bébé, bien que dans notre société, rares soient ceux qui ont réussi à le dépasser, ainsi que l'a déclaré Winnicott. L'enfant procède au clivage et expérimente tout comme tout bon ou tout mauvais. Il n'y a aucune zone grise, aucune ambivalence. Dans l'idéal des stades de Mélanie Klein — et cela ne se passe pas toujours ainsi —, le bébé est censé découvrir assez tôt que la mère qui satisfait et protège est la même que celle qui contrarie et frustre — après tout, même la meilleure des mères n'est pas parfaite.

Quand la mère est perçue comme bonne, l'enfant se perçoit bon lui-même ; quand la mère est perçue comme mauvaise, l'enfant se perçoit mauvais. Il projette ses sentiments sur la mère, puis les réincorpore en lui, et ce cycle renforce et amplifie constamment les sentiments du bébé vis-à-vis de lui-même. Lorsque la mère est perturbée, l'enfant éprouve des sentiments négatifs envers elle — et envers lui-même. La capacité à se concevoir comme une entité distincte, ou à reconnaître qu'il pourrait se sentir bien même si la mère ne l'est pas, lui fait défaut. Lorsque la mère est attentionnée et nourrissante, il est bénéfique à l'enfant qu'elle fasse partie de lui. Son image de lui-même se développe de façon normale et saine et les sentiments qu'il projette sur la mère, puis lui reviennent, lui apprennent qu'il est bon.

Comme au cours de l'évolution normale, le bébé éprouvera toujours des sentiments de colère — quand il attend d'être nourri, que ses couches soient changées, etc. —, le devoir de la mère est d'endiguer ces sentiments pour le bébé. Lorsque la mère répond aux cris du bébé par un contact apaisant, celui-ci devient alors apte à ressentir qu'elle a transformé sa frustration en sentiment doux et chaleureux et il ne croira pas l'avoir blessée avec sa colère. Ceci est très important, car si elle répondait par de la colère, le bébé *croirait* que ses sentiments négatifs l'ont réellement blessée.

Lorsque les pleurs du bébé exaspèrent la mère et la mettent en colère, le bébé doit alors faire face à deux sortes de colère — la sienne et celle de la mère. Aussi, au lieu de ressentir qu'une présence apaisante a atténué sa propre colère, l'enfant introjecte celle de sa mère en plus de la sienne ; rien n'est venu tempérer sa colère initiale. Non seulement cette dernière s'amplifie, mais il croit aussi avoir blessé la mère. En retour, il a le sentiment qu'elle veut désormais le blesser, se venger. Si cela se transforme en cycle, cela peut être très dommageable pour la croissance émotionnelle du bébé.

Bien qu'on ne puisse pas se souvenir de notre petite enfance, les souvenirs ultérieurs peuvent nous dire quand les mères n'ont pas été à même d'endiguer les sentiments de leur enfant et leur ont reproché d'être impuissant et en demande ; ceci a des effets dévastateurs. C'est ce qui rend la plupart des gens perplexes. Je ne peux compter le nombre de fois où j'ai entendu quelqu'un déclarer que si l'on ne peut pas se rappeler de notre petite enfance, alors celle-ci ne peut avoir aucun impact durable sur nous, en bien ou en mal. Afin de comprendre comment ce dont on ne se souvient pas peut avoir des conséquences à long terme sur nos vies, il est utile de se rappeler du *contexte*.

Lorsqu'on observe une mère et son bébé, on comprend ce qui se passe. La mère a mis l'enfant au monde et il est maintenant de sa responsabilité de satisfaire ses besoins. S'il pleure, on sait qu'il est de son devoir de le calmer et de lui apporter nourriture et réconfort. Mais le bébé ne « sait » rien. À chaque moment de sa vie, il « apprend » ce qu'il est, ce qu'est sa mère et en quoi consiste la vie par l'intermédiaire des réactions maternelles à son égard. Il ne sait pas qu'il est censé compter sur elle pour tout ; ce qu'il connaît, c'est ce dont il fait réellement l'expérience. Et chaque moment passé avec la mère lui en apprend un peu plus sur lui-même et sur le monde.

Ces messages peuvent affecter de façon permanente sa vision du monde tout au long de sa vie puisqu'ils constituent son introduction au monde. Pour le restant de ses jours, le *contexte* de toutes ses expériences ultérieures sera la manière dont il fut traité par sa mère alors qu'il « débarquait » dans ce monde. Il peut ne pas se souvenir de ces interactions, mais ses perceptions du monde se seront formées à partir de ces interactions précoces.

Si vous alliez dans un pays étranger et que chaque étranger que vous rencontriez vous faisait la bise, vous commenceriez à vous faire une opinion sur les gens de ce pays. Vous pourriez dire à un ami : « les gens de là-bas sont très amicaux et chaleureux et s'embrassent tout le temps ». Ils vous auraient fourni un contexte pour comprendre leur culture.

C'est la même chose pour un bébé. Il décide que le monde est d'une certaine manière à partir de la façon d'être de sa mère. Imaginez seulement quel genre d'impact cela peut avoir quand la mère répond à ses pleurs avec frustration et colère, ou quand elle les ignore carrément. Quel genre d'idées le bébé commencera-t-il à se faire de ce monde ?

Mélanie KLEIN nous explique que lorsque le monde — et d'ailleurs, qu'est-ce que *le monde* pour un enfant ? — contient plus de bon que de mauvais, l'enfant aura la force de cesser de cliver ou de penser en termes manichéens. Il commencera à passer au stade de développement suivant qui implique l'intégration, ce qui, à mon avis, constitue le but de la thérapie. Le jeune enfant réalise que la mère bienveillante est la même personne que la mauvaise — quelle déception ! Et pourtant, il est beaucoup plus sain pour le bébé — car c'est une réponse à la réalité concrète — de parvenir à ce niveau de compréhension. S'il maintenait la mère parfaite idéalisée cloisonnée dans son esprit et imaginait en parallèle l'existence d'une autre mère diabolisée, quelles seraient les ramifications pour les gens qui entreront dans sa vie ultérieurement ? Quelles seraient les conséquences sur sa façon de voir ses propres défauts et travers ? Si l'enfant met de côté la partie de lui-même qu'il n'aime pas et nie son existence, il peut créer tout au fond de lui un recoin caché contenant ces idées et sentiments. À mesure qu'il grandit, ces sentiments et idées se développeront plus amplement pour former son Abîme propre et unique.

Vous pouvez voir pourquoi il est important d'évoluer vers une vision intégrée et d'admettre que vous êtes constamment la même personne, quelles que soient la colère ou la déception que vous pouvez parfois ressentir. Quant aux autres, vous devez aussi reconnaître que la personne qui vous agace ou vous énerve est la même que celle dont vous appréciez la compagnie. Il n'est pas nécessaire de cloisonner ces deux personnalités polarisées et de les maintenir à de telles distances dans votre compréhension de vous-même et des autres.

Souvenez-vous de la jeune femme d'un chapitre précédent qui avait réalisé que personne n'est parfait, ni elle, ni les autres. Oui, c'est plus sain, mais franchir ce pas implique de la tristesse et de la souffrance. L'enfant réalise qu'il n'y a qu'une mère, qu'elle est en majeure partie bienveillante, mais loin d'être parfaite. Quand il y a plus de bon que de mauvais, on peut affronter cela avec courage et cela sonne le glas du perfectionnisme et de la pensée manichéenne. Si le développement ne se déroule pas normalement, on doit accomplir ce travail en thérapie ou en travaillant sur soi-même.

Que se passe-t-il quand il y a plus de mauvais que de bon ? J'ai effectué des évaluations psychologiques pour les services de protection de l'enfance et fait passer des tests à de nombreux enfants de tous âges en famille d'accueil qui avaient été maltraités, négligés et ne voyaient pas leur mère régulièrement. Ils savaient parfaitement qu'ils ne passaient pas en premier dans la vie de leur mère — loin de là. Bien que ces enfants aient été presque toujours en conflit avec d'autres figures maternelles, comme leurs parents d'accueil, ils étaient extrêmement protecteurs envers leur mère biologique ! Ils modifiaient en totalité l'histoire de leur arrivée en famille d'accueil de manière à ce que dans leur nouvelle version, leur mère soit innocente et que leur ressentiment soit clivé et projeté sur d'autres figures maternelles. Le caractère entièrement bienveillant de leur mère biologique était préservé et la mère de substitution devenait totalement mauvaise. Les enfants s'étaient « débarrassés » de leurs sentiments douloureux et maintenaient leur déni en diabolisant leur nouvelle mère bien que ce ne fût pas elle qui leur avait fait du mal.

Ainsi, le fantasme de la bonne mère était préservé — mais dorénavant ces enfants étaient en décalage avec leurs parents d'accueil, leurs professeurs, leurs assistantes sociales et le reste du monde adulte. Autrement dit, ceux qui les aidaient étaient haïs pour cela. Quel prix élevé à payer pour conserver leur mère idéalisée !

Ces enfants ne vivaient pas le monde comme étant plus bon que mauvais et ils continuaient à utiliser le clivage. Une fillette qui avait subi, ainsi que ses frères et sœurs, des violences sexuelles de la part de plusieurs des compagnons de sa mère, revenait sans cesse sur la voix magnifique que celle-ci avait lorsqu'elle chantait et sur sa « grande gentillesse », même s'ils étaient tous en famille d'accueil et avaient extrêmement souffert. Les séquelles en furent que sa tentative d'idéaliser une mère très désorientée et inadéquate ne lui permettait pas d'aimer qui que ce soit d'autre, pas même une personne pouvant être capable de s'occuper d'elle et de l'aimer en retour.

On observe cela également chez les adultes. Pour les disciples de Mélanie KLEIN, l'idéalisation est toujours un signe de clivage et de déni du négatif. Les adultes qui ont des relations positives avec leurs parents peuvent dire en plaisantant qu'ils les « rendent dingues » pour une chose ou une autre, mais cela ne représente pas une menace pour eux. Ensuite, il y a des adultes qui disent que leurs parents étaient « merveilleux » et n'avaient absolument aucun défaut. Ces personnes sont trop effrayées pour soumettre leurs parents au test du « plus bon que mauvais » car elles ont peur qu'ils y échouent, et craignent d'affronter la douleur. Au fur et à mesure que ce type de personnes vieillit, la pensée manichéenne du tout bon/tout mauvais peut s'étendre à d'autres domaines.

De plus, comme nous venons de le voir avec les enfants maltraités avec lesquels j'ai travaillé, les nombreuses personnes qui agissent ainsi seront extrêmement critiques envers les autres. Insister sur une image mentale parfaite de la mère les amène à rendre les autres responsables des sentiments qui visent en réalité la mère. On voit donc de nombreux adultes avoir des problèmes avec des figures d'autorité et se fâcher à la moindre offense réelle ou imaginaire, et les adultes ne veulent jamais endiguer les sentiments d'autres adultes, leur servir de « contenant ».

Une autre composante du second stade de Mélanie KLEIN est l'idée de procéder à des réparations. Elle explique que le très jeune enfant sent que sa colère a blessé la mère et il tente alors de la réparer, ou d'expier. Les personnes souffrant d'angoisses de PCH tentent souvent de réparer les autres et se sentent terriblement mal si elles ne le peuvent pas. Peut-être avez-vous essayé d'aider les autres pour seulement finir par découvrir qu'ils repoussaient vos conseils ou ne faisaient pas preuve d'une gratitude adéquate. Certaines personnes sont bloquées à ce second stade en partie parce qu'elles ne réussissent pas à surmonter leur besoin de réparation.

Je crois que le perfectionnisme est, entre autres, une tentative de réparer un dommage imaginaire et si quelque chose demeure imparfait, comment les efforts des perfectionnistes peuvent-ils servir d'expiation ? Pouvez-vous penser à des gens importants du début de votre vie que vous avez tenté de réparer ? Il est bien connu qu'on ne peut réparer nos parents ou les personnes qui nous sont trop proches. Pour la guérison de vos propres angoisses de PCH, il est très important que vous affrontiez les fois où vous vous êtes senti en colère contre un parent et que vous reconnaissiez la culpabilité que cela a suscité. Les « sauveurs » expient ou procèdent inconsciemment à des réparations, et à moins d'affronter les vrais problèmes, cela ne fonctionne tout simplement pas.

En tant que psychologue, j'observe très souvent ce type de culpabilité. Un jeune enseignant raconta que sa mère était sur le point d'entamer une carrière d'écrivain lorsqu'il était né, et il se rendait coupable du fait qu'elle n'avait pas pu poursuivre son rêve. Bien entendu, sa mère donna ensuite naissance à son petit frère. Un autre jeune me dit que sa mère allait à l'université et aurait pu obtenir une bourse pour des études supérieures, mais qu'elle était tombée enceinte et avait « tout perdu » parce qu'elle avait « pris ses responsabilités ». Elle n'avait encore rien eu, mais elle l'avait perdu. D'ailleurs, il n'y a rien — mais vraiment *rien* — de responsable à culpabiliser un enfant que l'on a choisi d'avoir au lieu de poursuivre une carrière dont on se plaît à prétendre qu'elle aurait été nôtre. Il est beaucoup plus facile de dire que quelqu'un nous a empêché de réussir que d'essayer de parvenir à quelque chose !

« Tami » était une enfant qui tenait la place du parent tandis que sa mère se faisait passer pour une martyre, car elle devait travailler pendant que sa petite fille s'occupait de la maison. Lorsque sa mère voulait sortir, elle disait « avec tout ce que j'ai fait pour toi, j'ai besoin d'une soirée de temps en temps ».

Il n'est pas difficile de voir ce que ces mères avaient vécu, mais faire cela à un enfant est particulièrement toxique. Même si un enfant parvient à dépasser le premier stade sans avoir le sentiment que sa colère a blessé la mère, intérioriser cette toxicité l'amène à croire qu'il a réellement *commis* des dommages irréparables envers sa mère.

Je ne sais pas si vous avez jamais eu l'impression que votre colère avait causé du tort à votre mère ou si celle-ci vous a conduit à vous sentir responsable du fait qu'elle n'ait pas eu la carrière brillante qu'elle se plaisait à penser qu'elle aurait eue. Mais je sais à quel point il est difficile d'endosser la responsabilité de vos propres sentiments et actes si votre mère ne le faisait pas elle-même et vous rendait responsable du monde qu'elle avait créé. Aucun enfant ne devrait être poussé à ressentir cela.

Êtes-vous le type de personne qui pensez devoir remédier à ou expier pour des choses que vous n'avez pas faites, ou tenter de réparer quelque chose ou quelqu'un ? Si oui, il est essentiel que vous examiniez honnêtement cette dynamique. Vous ne pouvez plus être responsable des choix que les autres ont faits alors que vous étiez à peine conçu. Votre mère a sa propre dynamique et ses propres raisons de ne pas endosser sa responsabilité, et il est temps pour vous de cesser d'assumer la charge et les leçons de vie d'un autre. Peut-être votre mère ne vous a-t-elle jamais rendu responsable de ses décisions, mais elle se présente comme vulnérable ce qui donne l'impression que vous devez la réparer. À nouveau, vous ne le pouvez pas. Il est triste et difficile d'aimer quelqu'un qui souffre de problèmes psychologiques, ce qui rend d'autant plus important le fait de disposer de bonnes frontières personnelles.

« Kevin », un patient évoqué au Chapitre 5, expliqua que sa mère, qui avait divorcé et ne s'était jamais remariée, se comportait de manière masochiste avec les hommes, chaque décision étant pire que la précédente. Kevin donnait des conseils à sa mère et tentait de la « réparer », ce qui ne fonctionnait évidemment pas. Kevin tentait depuis des années de procéder à ce type de réparations, sa mère le tenant pour responsable du dispositif de garde qui lui avait été imposé ainsi que des relations qu'il entretenait avec son père. Il est excessivement pesant pour un enfant d'être culpabilisé pour une chose envers laquelle il n'a absolument aucune responsabilité, d'autant plus lorsqu'il s'agit d'une chose que les adultes *lui* imposent. Pourtant, Kevin grandit avec cette culpabilité. Je n'insisterai jamais assez : il y a peu de choses plus douloureuses pour un enfant que d'être amené à se sentir responsable de choses sur lesquelles il n'a *aucun* contrôle. Est-ce donc étonnant que le besoin de contrôler puisse devenir aussi envahissant chez ce type de personne ?

Kevin a beaucoup progressé en thérapie. Lors d'une récente visite à sa mère, il s'est mis en colère lorsque celle-ci a recommencé à parler de ses relations dysfonctionnelles avec les hommes. Pour empirer les choses, sa mère a interprété à tort sa colère et sa frustration comme une sorte d'indifférence vis-à-vis de ses problèmes ; son immaturité et son égoïsme l'ont empêchée de percevoir les besoins de Kevin, tout comme lorsqu'il était enfant. À juste titre, Kevin a explosé et lui a dit qu'elle lui avait raconté cela durant toute son enfance, qu'elle continuait à le faire et ne changeait pas. Sa mère est devenue furieuse et a exagéré ses propos. Elle a répondu qu'elle ne discuterait plus jamais de *rien* avec lui puisque cela ne l'intéressait pas.

L'aspect positif de cette situation est que Kevin ne veut plus être utilisé. Il ne cherche plus à se « prouver » qui il est ou non en fonction de ses interactions avec sa mère. Son erreur — et elle est compréhensible étant donné que c'était la première fois qu'il définissait des limites et qu'il aura besoin d'expérience pour savoir ce qui fonctionne — fut de lui faire remarquer qu'elle se comportait de manière égoïste, qu'elle l'avait blessé par le passé et continuait à le faire. Il lui fut bien entendu extrêmement douloureux de constater le peu d'effet que cela eut. Il devra expliquer à sa mère que certains sujets sont tabous et le contrarient et qu'ils devront avoir une relation qui omet les sujets qui le font tant souffrir.

Chaque adulte a le droit et doit établir des frontières personnelles. Avec tous les progrès qu'il a effectués, je soupçonne que Kevin est prêt à réaliser qu'il ne peut pas réparer sa mère, même si elle continue à l'inciter à tenter de le faire. Il s'agit d'une vieille rengaine éculée et il n'est pas méchant ou insensible de refuser de s'y prêter, car il est malsain pour sa mère de vouloir faire de lui le témoin de son comportement auto-mutilateur. C'est comme lorsqu'elle lui reprochait par le passé d'aller chez son père et sa belle-mère ; désormais, elle lui reproche de ne pas la réparer alors qu'elle ne souhaite pas réellement changer, car dans le cas contraire, elle se ferait aider.

Kevin n'est pas loin de pouvoir dire : « Tu es ma mère et je t'aime, mais c'est très perturbant pour moi d'entendre parler de comportements où tu fais en sorte d'être maltraitée : j'ai besoin de ne plus en parler. J'espère que tu peux respecter cela et mes sentiments, et si tu recommences, je te rappellerai qu'on doit changer de sujet. ». Kevin espère pouvoir maintenir une relation avec sa mère — une relation plus saine — mais il est prêt à s'éloigner si aucune limite n'est respectée. Il sait qu'avoir de l'affection pour quelqu'un n'implique pas de le laisser vous traiter n'importe comment selon sa volonté.

Souvenez-vous, on ne répare personne ; on se répare soi-même. En thérapie, vous êtes face à quelqu'un qui connaît votre dynamique, se soucie de vous et vous accompagne — mais *vous* êtes celui qui change et effectue le travail. Pour changer, les gens doivent avoir la volonté de se faire aider : si tout ce qu'ils veulent, c'est vous empêtrer dans un comportement dysfonctionnel, alors cela veut dire qu'ils ne demandent pas vraiment de l'aide.

Vous pouvez constater que lorsque les enfants sont amenés à se sentir fautifs pour des choses totalement en dehors de leur contrôle, n'importe laquelle de leurs décisions prend des proportions gigantesques. Ils veulent tellement bien faire et savent aussi trop bien ce qui peut résulter de mauvaises décisions. Toutes les décisions sont énormément chargées émotionnellement.

« Candice » était une jeune femme professionnelle très calme en apparence, mais souffrait de dépression et était quasiment paralysée quand elle devait prendre des décisions. Sa mère divorça de son père lorsqu'elle était très jeune et se remaria avec un homme très perturbé. La mère était extrêmement passive et dit à Candice quand elle était toute petite que le beau-père subvenait à leurs besoins et que si elles faisaient quoi que ce soit susceptible de le « rende dingue », elles se retrouveraient dans une horrible situation.

La vie de Candice était à la merci des décisions de cet homme. Il se disputait avec les voisins, ce qui donna lieu à des déménagements fréquents. Chaque année, elle changeait au moins deux fois d'école, soit à cause de ces déménagements, soit parce qu'il « décidait » qu'une école n'était plus adaptée, ce qui fut très dur pour elle. Le beau-père devenait fou furieux si elle ramenait une amie à la maison, aussi la mère lui dit d'arrêter. Lorsqu'elle regardait une émission télévisée, il « décidait » subitement qu'elle n'était pas appropriée au beau milieu de celle-ci. À chaque fois qu'il prenait une décision, c'était au détriment de Candice. Il piquait des crises pour des peccadilles, comme lorsqu'elle oubliait de dire « s'il vous plaît » quand elle demandait quelque chose.

Quand son beau-père se fâchait, elle en était toujours rendue responsable. Maintenant que Candice est adulte, sa mère, dont la santé mentale s'est détériorée, idéalise l'enfance de sa fille. Bien que Candice soit très sympathique et brillante, elle se tracasse pour chaque décision, terrifiée à l'idée de provoquer quoi que ce soit de dévastateur.

Qu'arrive-t-il aux gens lorsqu'ils sont amenés à se sentir fautifs pour les décisions des autres ? Lorsqu'ils sont amenés à croire qu'ils ont tant de pouvoir que le poids du monde repose sur leurs épaules ? Qu'ils doivent réparer ceux qui les ont élevés et qu'ils auraient dû faire ce qu'il fallait pour eux ? Ce qui arrive, c'est que les décisions ne sont jamais neutres : elles sont monumentales. Un choix possible s'avère bon tandis que l'autre est considéré comme potentiellement dévastateur.

Souvenez-vous, si vous pensez que tout est de votre faute et que vous avez autant de pouvoir, chaque décision sans exception mène à d'énormes conséquences imaginaires. Ici, on retrouve non seulement la pensée manichéenne, mais aussi la culpabilité et le désir de réparer. Chaque décision pèse extrêmement lourd même lorsqu'il ne s'agit pas d'une si grande décision que cela.

En vérité, tout ce que nous faisons est imparfait. Que vous choisissiez l'option A ou l'option B, il y aura du pour et du contre pour chacune d'elle. Ce n'est pas propre à vous, c'est vrai pour nous tous.

J'aimerais que vous songiez à ce que j'appelle le « territoire moralement neutre ». Souvenez-vous de la patiente qui exprimait toujours de la culpabilité quand elle n'avait pas nettoyé son appartement. Nettoyer ou non son appartement était une décision qui n'affectait qu'elle-même puisqu'elle vivait seule. Elle seule aurait à vivre dans un logement sale, mais bénéficierait aussi du temps libre supplémentaire que cela lui aurait procuré. La décision de faire ou non le ménage est moralement neutre et n'a rien à voir avec le fait d'être une bonne personne ou non. Cependant, ce fut pour elle une réalisation longue et douloureuse, car ses parents traitaient toujours les sujets moralement neutres de la même manière que les questions explicitement morales. Après tout, ne pas nettoyer son appartement n'équivaut pas à salir quelqu'un.

« Judith » et son mari étaient en train d'acheter une maison. L'une était un peu moins chère, mais nécessitait quelques rénovations tandis que l'autre, plus chère, était en parfait état. Elle hésitait continuellement, tourmentée par cette décision qui affecta à la fois son sommeil et quasiment chaque minute de veille. Son mari ne se souciait pas de savoir quelle maison ils allaient acheter et trouvait que les deux étaient charmantes, que chacune d'elles avait du pour et du contre.

Lorsque Judith fut à même de l'assimiler, elle exprima sa crainte que ses parents critiquent sa décision et nous travaillâmes à ce qu'elle reconnaisse qu'elle n'avait de responsabilité qu'envers sa propre vie. Elle pouvait soit être d'accord avec ses parents, soit leur dire que le sujet était désormais tabou. La maison qui nécessitait des travaux était globalement en bon état, nous ne parlons donc pas d'acheter une ruine à retaper. Elle expliqua que ses parents souligneraient probablement tout le travail à faire et le mal à se donner ou qu'ils pourraient insister sur le prix élevé de l'autre maison.

Vous pouvez constater ce qui était vraiment en jeu : Judith avait grandi dans la croyance que non seulement *elle* ne pourrait jamais prendre la bonne décision, mais qu'il existait d'une manière ou d'une autre une troisième option que ses *parents* réussissaient à trouver. Face à deux choix ayant du pour et du contre, tout ce que Judith pouvait faire aurait été de décider lequel des deux lui paraissait le plus sensé.

Toute la vie de Judith avait été ainsi, et il n'est pas étonnant qu'elle eût toujours l'impression de devoir prendre la décision « parfaite ». Elle finit par devoir réaliser que ses parents la rendaient toujours responsable de leurs propres lacunes, réelles ou imaginaires. Bien que ce travail ne fut ni rapide ni aisé, et qu'il ne fut pas non plus possible de résoudre à temps cette problématique afin que l'achat de la maison s'avère moins stressant, c'est l'anxiété face à cette décision qui la poussa à entrer en thérapie. La poussée vers l'Abîme était de prendre une « mauvaise décision », et l'Abîme lui-même était d'être stupide et « farfelue » — puisque ses parents lui avait toujours dit qu'elle l'était.

Finalement, Judith parvint à comprendre que c'était la manière dont ses parents se voyaient eux-mêmes et qu'elle devait poser des limites à la façon dont ils la traitaient. En tant qu'adulte menant une vie responsable avec son mari et ses enfants, il était inadéquat que ses parents la réprimandent pour une quelconque décision de sa part.

L'autre source de souffrance dans le choix de la maison à acheter était que Judith adorait rénover ; après tout, cela revient au fait de réparer, n'est-ce pas ? Réparer ce qui en a besoin constituait presque une offrande à ses parents pour toute la déception qu'ils étaient déterminés à ressentir vis-à-vis d'elle. Pourtant, elle souhaitait réellement la maison ne nécessitant aucuns travaux. Les mensualités du prêt ne seraient pas beaucoup plus élevées et, comme elle le dit, « pour une fois, je veux quelque chose qui soit bien comme ça ». *Pour une fois.* Elle était fatiguée d'avoir tenté de réparer les gens toute sa vie et de s'auto-évaluer à l'aune des propos de ses parents, bataille perdue d'avance. Rénover une maison ressemblait trop à réparer les gens, ce dont elle était lasse. Il n'existait aucune offrande « parfaite » qu'elle puisse faire à ses parents.

Judith finit par réaliser que ses parents étaient déterminés à être déçus par elle et par eux-mêmes. Ils étaient déçus par tout, en définitive. Elle en arriva au stade où elle décida que si elle préférait avoir des relations avec ses parents plutôt que de couper les ponts, elle ne voulait plus par contre être traitée de la sorte. Je luis dis que les adultes mettent effectivement des limites à ce qu'ils veulent entendre ou non ou à ce qu'ils souhaitent exprimer ou non.

Finalement, elle dit à ses parents que s'ils voulaient être déçus par elle — quand bien même elle était une bonne personne responsable — c'était leur droit, mais c'était également son droit de ne pas vouloir l'entendre, que ce soit de manière directe ou indirecte. Elle précisa que le changement prendrait du temps, mais qu'elle ne leur demanderait pas leur avis pour tout. S'ils souhaitaient conserver une relation avec elle, cela ne serait possible que si le respect mutuel était de mise. Cela se solda par le fait qu'après lui avoir fait remarquer plusieurs fois combien elle était devenue « susceptible » — ce dont elle convint en répliquant « je sais que je le suis et je ne veux rien entendre de négatif à mon propos » — ses parents décidèrent qu'ils pouvaient respecter ces limites.

Quand l'un d'eux tâtait le terrain, comme le ferait un gamin, Judith comprenait que ses parents ressemblaient beaucoup à des enfants. Elle leur rappelait en riant qu'ils prenaient la température et leur disait de faire machine arrière, ce qu'ils faisaient. Cela aurait pu ne pas s'arranger ainsi — et Judith était prête à cette possibilité —, mais elle savait qu'elle devait grandir pour se respecter et se faire respecter. Au fur et à mesure qu'elle travaillait sur ces questions, il lui devint de plus en plus facile d'admettre tant ses torts que ceux des autres, car elle s'autorisait à être tout simplement humaine.

Quelle maison Judith et son mari achetèrent-ils ? Eh bien, celle qui était un peu plus chère et ne nécessitait pas de rénovations. Elle se sentit un peu coupable, mais le fit quand même, désormais sûre d'elle et confiante en sa thérapie. À présent, elle mène une vie heureuse et paisible, ayant eu le courage d'affronter ses angoisses et ses insécurités. Au final, acquérir la maison sans rénovations constitua un acte libérateur symbolisant le fait qu'elle avait cessé de tenter de réparer ses parents. Et surtout, ses décisions étaient désormais les siennes.

Naturellement se présenta le problème de faire face au fait que ses parents n'agissaient pas vraiment en fonction de ce qui était le mieux pour elle, mais parce qu'ils ne pouvaient supporter aucune imperfection, que ce soit en eux ou en quiconque qu'ils considéraient comme une extension d'eux-mêmes. Judith leur répéta à maintes reprises « moi c'est moi, vous c'est vous », ce qui leur fut probablement très thérapeutique. Sa mère lui dit une fois qu'elle avait géré de la même manière une situation avec un ami et qu'elle avait appris que les autres avaient aussi leur propre identité, un pas énorme pour elle.

« Lindsey » vint à sa première séance vêtue d'un très joli pull. Il lui allait si bien que je dus la complimenter. Elle fondit en larmes et expliqua que sa mère n'aimait pas cette couleur — et Lindsey avait la trentaine ! Faire les magasins — domaine moralement neutre, s'il en est ! — était extrêmement stressant pour elle avec toutes les décisions que cela impliquait, car sa mère et ses critiques étaient constamment dans sa tête. Sa mère était très perturbée et tentait de diriger tous les aspects de la vie de ses enfants, jusqu'à leur dire qu'ils devaient toujours lui dire tout ce qu'ils pensaient. Malgré cette mère psychologiquement dangereuse, cette patiente put employer son intelligence supérieure et son courage pour affronter toutes ses problématiques anxiogènes, en apprenant à poser des limites, et même à tenir tête à ses frères et sœurs afin d'être elle-même. Si au début, Lindsey voulait seulement que sa mère l'approuve, elle se libéra de ce désir et ses décisions devinrent siennes au lieu d'un champ de bataille entre sa mère et elle.

Si vous examinez vos difficultés à prendre des décisions, de quoi avez-vous peur ? Décider ou prendre la « mauvaise » décision peut certainement vous propulser vers l'Abîme.

Quel est *votre* Abîme ? Comment vous décrivait-on lorsque vous ne faisiez pas exactement ce que vos parents voulaient ? Vos décisions impliquent-elles de procéder à des réparations ? Toutes vos décisions font-elles de vous une bonne ou une mauvaise personne ? Toute décision est-elle toute bonne ou toute mauvaise ? Ou est-ce un acte qui devrait être neutre ? Quelles critiques redoutez-vous d'entendre dans votre tête, et peut-être dans la réalité ? Qu'avez-vous peur d'affronter chez vos parents qui entravent votre aptitude à décider ? Êtes-vous prêt à avoir un Moi autonome ?

Lorsque les parents ont été dans l'ensemble bienveillants, ils méritent un certain degré de respect, d'empathie et de dignité. Si vos parents vous ont apporté un foyer décent, peut-être leur devez-vous de ne pas être un criminel ou de faire honte à tout le monde, autant que vous le devez à vous-même.

Les parents sont censés éduquer ce Moi à qui ils ont donné naissance. Pourtant, il n'a jamais été prévu qu'ils possèdent ce Moi. Les parents n'ont pas le droit de choisir la carrière d'un enfant. Oui, ils peuvent vouloir s'y identifier, réalisant ainsi un désir secret qui leur est propre, mais ce n'est pas le rôle de l'enfant que de satisfaire ce fantasme pour eux. Les parents ne se mettent pas à avoir des enfants simplement pour pouvoir vivre indirectement à travers eux.

Si vous êtes une personne décente, vous devriez être aimé tel que vous êtes, et si vous n'êtes pas autorisé à avoir un véritable Moi, vous payez un prix trop élevé. Imaginons que vous détestez votre travail et que vos parents vous suggèrent d'en trouver un autre avant de démissionner ? C'est un bon conseil et vous devriez déjà le savoir de toute façon. Mais s'ils disent que c'est une carrière si honorable qu'ils détestent l'idée de vous voir en changer ? Ou que ce que vous aimeriez faire à la place n'est pas aussi bien ? Là, cela dépasse les bornes. Vous pouvez apprendre à faire la différence et à finalement décider par vous-même.

Exercices

Dans ce chapitre, nous avons examiné pourquoi la prise de décision peut être une question très chargée émotionnellement. Nous avons vu différentes situations et problématiques qui font d'une décision plus que ce qu'elle est réellement.

Il est évident que pour les personnes PCH, il existe un Abîme unique — quelque chose qui représente une « mauvaise » décision et qui peut être très douloureux. Les exercices suivants visent à vous rapprocher de ce que cela pourrait être.

Exercice 1

Pensez à quelques décisions qui ont été pour vous difficiles à prendre. Pensez à certaines qui impliquaient de gros sacrifices qui n'étaient pas nécessaires, comme de faire quelque chose pour votre enfant qui avait besoin de vous. Notez plusieurs décisions ainsi que la culpabilité et l'anxiété que présentaient les deux aspects de la décision et quel était l'Abîme dans chaque cas. Quelle sorte d'horrible personne étiez-vous amené à avoir l'impression d'être si vous ne faisiez pas tout comme quelqu'un d'autre ? Cela vous rapproche de l'Abîme. Creusez et souvenez-vous que vous avez le droit d'être vous.

Exercice 2

N'avez-vous jamais été amené à vous sentir coupable ou responsable des décisions de quelqu'un d'autre ? Qui était-ce ? Qui a dit que cette personne a pris cette décision spécifique à cause de vous alors que vous n'aviez pas votre mot à dire sur le sujet ? Comment aviez-vous l'impression de devoir exprimer votre gratitude pour cette prétendue faveur ? Écrivez vos réponses dans votre journal.

Exercice 3

Racontez un épisode où vous avez été malmené, couvert de honte, rabaissé, etc. Que vous a-t-il été dit ? Notez vos ressentis et souvenez-vous que vous êtes désormais adulte et ne devez rendre des comptes à personne. Respirez profondément. Maintenant, imaginez un petit enfant dans la situation dans laquelle vous vous trouviez, et prenez le rôle de l'adulte que vous êtes aujourd'hui. Comportez-vous de manière adéquate vis-à-vis de cet enfant. Ainsi, vous êtes en mesure de vous réparer vous-même.

Exercice 4

Actuellement, vous sentez-vous responsable de choses qui ne sont pas de votre responsabilité ? Lesquelles ? Faites une liste et tentez de déterminer pourquoi vous vous sentez responsable. Essayez de distinguer le passé du présent et réalisez que ce que vous craigniez s'est déjà produit. Plus vous confrontez le passé, moins vous redouterez que vos décisions soient critiquées dans le présent.

Exercice 5

Pensez à des décisions qui ont été difficiles à prendre pour vous. De quoi aviez-vous peur ? Aviez-vous le sentiment que vous seriez déshonoré, jugé ou que vous pourriez décevoir quelqu'un ? Qu'aviez-vous peur de ressentir ?

Maintenant, imaginez une situation semblable et faites-y face. Pouvez-vous gérer ces sentiments ? Quel dialogue mental utiliserez-vous pour faire ce qui, selon *vous,* est juste ?

Exercice 6

Décrivez plusieurs exemples d'occasions où vous avez eu peur de prendre une décision à cause de votre propre jugement. Revenez-y mentalement et observez les associations qui étaient liées à ces décisions. La force de ces associations a-t-elle évolué ? Sont-elles plus faibles à présent ?

Exercice 7

Respirez profondément et remémorez-vous une décision très récente ou une décision à venir qui suscite beaucoup d'angoisse. Essayez de voir de quoi vous avez réellement peur. Servez-vous de votre dignité d'adulte et de ce que vous avez appris pour examiner ces peurs et tenter de raisonner chacune d'elles.

Chapitre 8

Fantasmes et estime de soi

Pourquoi ce livre comporte-t-il un chapitre sur les fantasmes ? Parce que les fantasmes sont très importants et que les personnes de type PCH ont souvent des difficultés à fantasmer. Les fantasmes peuvent nous aider à résoudre des difficultés, nous inspirer, et nous aider à tirer des enseignements à partir d'informations générales sans passer par l'expérience spécifique. Les fantasmes nous apportent également réconfort, motivation et inspiration.

Mes patients sont très nombreux à me dire qu'ils n'arrivent pas à décider de la carrière qu'ils souhaitent poursuivre. Oui, il s'agit d'une décision — et vous avez vu à quel point les personnes PCH ont du mal à prendre des décisions —, mais au-delà, pourquoi les gens me disent-ils ne pas savoir s'ils aimeraient telle ou telle chose ou non ? Pourquoi ne peuvent-ils tout simplement pas déduire de ce qu'ils savent d'eux-mêmes, de leurs goûts et de leurs aversions, si une certaine situation les rendrait heureux sans avoir à la vivre concrètement ? C'est pourtant ce que les gens me disent, et la raison en est qu'ils ont des difficultés à fantasmer ou n'y accordent pas suffisamment d'importance ou de temps. Cela constitue une privation importante que de n'avoir que peu, ou aucune, vie fantasmatique, car cela nous aide à mieux nous connaître et nous offre un moment et un espace où éprouver des sentiments réels en toute sécurité sans passer à l'acte. Le plus important est peut-être que nos fantasmes nous permettent de connaître des choses sur nous-mêmes et nos préférences sans avoir à modifier quoi que ce soit pour acquérir cette connaissance.

Les personnes qui n'arrivent pas à généraliser leurs expériences et à fantasmer disent souvent qu'ils ne peuvent apprendre qu'en agissant ou en se retrouvant dans une situation spécifique. On ne vit pas assez longtemps pour cela ! Il est important de vous connaître suffisamment bien pour ne pas devoir vivre chaque expérience afin d'apprendre des choses. Les personnes qui se dissimulent des aspects d'elles-mêmes et craignent de ne pas aimer ce qu'elles sont ont tendance à éviter de fantasmer. Certaines jugent le fantasme immédiatement et d'autres ont trop honte pour se laisser aller à vouloir quelque chose, même en fantasme.

Une patiente me dit qu'elle voulait peut-être être institutrice et lorsque je lui demandai si elle aimait la compagnie des enfants, elle me répondit qu'elle n'en avait aucune idée. Je lui demandai alors si elle connaissait des enfants, et elle me répondit qu'elle avait fait du gardiennage à l'occasion et qu'elle n'avait pas aimé ça. C'est dire à quel point elle était déconnectée de ce qu'elle aimait et voulait. Pour finir, elle précisa que sa mère était institutrice et qu'elle pensait qu'enseigner était un noble métier. À sa façon d'en parler, il était évident qu'elle avait peur de souhaiter une carrière que sa mère ne trouverait peut-être pas aussi noble. Il ne lui était pas venu à l'idée d'essayer de former ses propres désirs. Elle était coincée, car elle ne voulait pas suivre les traces de sa mère tout en ayant l'impression de devoir le faire.

Une autre patiente disait toujours qu'elle ne souhaitait que de la reconnaissance. Elle était professeur de lycée et ne recevait pas de reconnaissance de la part des adolescents à qui elle enseignait. Sans surprise, elle souhaitait changer de carrière. Lorsque je lui demandai ce qu'elle désirait faire, elle répondit que cela lui importait peu tant qu'elle était appréciée et bien traitée. Je ne connais aucun travail pour lequel c'est toujours le cas. Je lui demandai ce qu'elle aimerait faire tous les jours et elle répondit qu'elle n'arrivait pas à voir au-delà de la reconnaissance.

Je pense que parfois, l'incapacité à décider quelle voie emprunter dans la vie est liée à une telle soif de reconnaissance qu'il est difficile d'utiliser d'autres informations, et l'absence de fantasmes rend cela encore plus difficile. Cette jeune femme adulte était tellement insatisfaite de son propre jugement qu'elle ne pouvait même pas avoir de fantasme au-delà du fait d'exercer un métier qui lui apporte une meilleure image d'elle-même. Elle n'arrivait pas à envisager ce qu'elle aimerait, car la soif d'une meilleure estime de soi et le désir de se sentir méritante inhibaient des fantasmes plus productifs. Une autre patiente me raconta qu'elle aimerait aider les gens à s'organiser, mais ne voulait que des gens reconnaissants — pas des gens qui ne faisaient pas ce qu'elle voulait ou qui ne seraient pas d'accord.

Mes patients viennent toujours sans vraiment croire que le changement est possible. J'espère à chaque fois qu'ils pourront acquérir immédiatement de nouvelles perspectives, réaliseront qu'ils ont de la valeur et s'investiront dans le processus jusqu'à ce que ces merveilleux changements se produisent. Cependant, les patients n'ont pas à me conforter. Il est de mon devoir de les aider à s'aimer eux-mêmes, ce qui réduit leur si vif besoin de reconnaissance. Comment pourrais-je les aider à y parvenir si j'avais besoin de reconnaissance de *leur* part ?

Dans ma propre vie, les fantasmes ont assurément été importants. Quand j'étais plus jeune, je lisais des livres traitant de thérapie et je savais que je voulais être psychologue — et j'aime réellement cela. Je lis parfois des choses sur des endroits que j'aimerais visiter et fantasme sur ce que j'aimerais y faire. Puis, lorsque je visite réellement un de ces endroits, en général cela me plaît.

Certains fantasmes remplacent des choses que l'on peut réellement faire ou nous donnent des idées sur ce que nous aimerions faire plus tard. D'autres impliquent des choses bien au-delà du domaine du possible.

Par exemple, nous pouvons avoir le fantasme d'accomplir d'incroyables exploits athlétiques alors que nous ne sommes pas du tout sportifs. J'aime
fantasmer que je sais chanter, car je chante vraiment mal et j'imagine le
plaisir que cela peut procurer d'ouvrir la bouche et d'émettre des sons
aussi mélodieux. Non seulement le fantasme nous laisse envisager ce que
nous pourrions aimer ou non, mais il nous permet aussi des choses dont
nous sommes parfaitement incapables.

Quels sont vos fantasmes ou ceux que vous aimeriez avoir ? Vous a-t-on
dit que la rêverie était une perte de temps ? Je vous affirme l'opposé. Rien,
hormis se souvenir de ses rêves et y prêter attention, ne vous met plus
en contact avec vous-même, vos désirs et vos peurs qu'un bon fantasme.
Fantasmez-vous de recevoir des excuses de la part de personnes qui ont été
méchantes ? De vos parents ? Ce n'est pas une perte de temps — loin de là.
Ces fantasmes peuvent ensuite nous mener à de bonnes et fortes décisions
dans la réalité. Vous pourriez ne jamais recevoir ces excuses, mais peut-être
que le fantasme vous amènera à conclure qu'il est temps de commencer à
guérir et à mener la vie que vous souhaitez.

Certaines personnes éprouvent une honte profonde face à leurs
fantasmes. Franchement, pourquoi ne devriez-vous pas avoir le fantasme
d'être président ? Un champion olympique ? Un grand chef d'entreprise ?
Je ne vous dis pas de vous enliser dans vos fantasmes, mais que vous
devriez sympathiser avec eux — avec humour, compassion, force et
compréhension.

Lorsque j'enseignais le développement de l'enfant dans une université
de Chicago, nous avons abordé les différents types de personnalité, comment les gens peuvent avoir un type que l'on peut qualifier de don du Ciel
tout en étant aussi équilibré que possible pour ce type. Par exemple, ce
livre concerne vos problématiques, mais qu'en est-il des gens spontanés,
drôles, aventureux, qui aiment s'amuser et ont besoin de davantage de stabilité, de responsabilité et de constance pour parvenir à l'équilibre ? Nous
avons tous un parcours de vie comportant des leçons et devons tenter d'at

teindre davantage de lucidité et d'équilibre si nous voulons que celui-ci nous rende plus sages et meilleurs que ce que nous étions à nos débuts.

Durant la période où j'enseignais, je réalisais également des évaluations psychologiques d'enfants en familles d'accueil et je connaissais beaucoup d'assistants sociaux. Je dis une fois à mes étudiants : « Si vous êtes une personne bienveillante, juste, éthique, qui se soucie des autres, qui aime dire aux autres ce qu'il faut faire, qui apprécie d'être aux commandes et qui se sent concernée par le bien-être des enfants, vous pourriez vouloir envisager de devenir assistant de service social. ». Je relatais à quel point ces assistants sociaux travaillaient dur à superviser les parents pour voir s'ils accueillaient toujours un partenaire violent chez eux, prenaient encore des drogues, etc. Une mère avait déclaré furieuse, « [Mon assistante sociale] est encore venue chez moi et y a trouvé mon petit ami que je ne suis plus censée voir à cause de ce qu'il a fait à mes enfants, et elle a *adoré* me prendre sur le fait ! ».

Je lui demandai ce qui la mettait autant en colère. Étant donné que le métier d'assistant de service social est mal rémunéré, consiste à protéger les enfants des autres et à observer tant de malheurs, il doit bien y avoir quelque chose d'appréciable dans ce travail pour que certains veuillent le faire. Mes étudiants étaient embarrassés, précisant qu'être « autoritaire » n'était pas un bon trait de caractère. Toutefois, dans ce contexte, une personne bienveillante et éthique de type PCH pourrait faire une extraordinaire assistante sociale et être juste et honnête.

Le fantasme est utile car il vous donne l'occasion d'examiner autant les bons aspects de vos traits de caractère que les moins bons, et vous permet de réfléchir aux situations où les traits les plus négatifs pourraient être appropriés. Un instituteur me raconta en riant qu'un jour, il avait laissé échapper un « NON ! On ne dit pas ce genre de choses ! », quand un ami adulte avait juré. Bien qu'exercer un certain contrôle sur une salle de classe puisse être une bonne chose et lui procurait également du plaisir, cela comportait un aspect négatif dans ses relations avec des pairs.

Comme je n'aime pas contrôler les gens, être thérapeute convient bien à ma personnalité. J'aime le contact et partager les sentiments de mes patients. Je me réjouis quand les gens deviennent de plus en plus conscients et paisibles, et j'aime être un guide. Mais le succès ou l'échec de la thérapie appartient à mes patients. Je sais que je fais ma part, mais il leur appartient de travailler ou non. Après tout, une partie de mon travail consiste à aider les gens à endosser la responsabilité de leur vie tout en menant davantage la vie qu'ils souhaitent en éprouvant de la compassion pour eux-mêmes. Heureusement pour mes patients et moi-même qu'ils n'ont pas trop besoin d'aide pour s'organiser !

Je vous encourage fortement à laisser naître vos fantasmes. Ils sont si importants — pour vos buts, pour votre sens de l'humour, pour tant de choses. Parfois, on peut fantasmer sur une chose que l'on désirerait vraiment pouvoir faire, abandonner le fantasme, rendre l'objectif un peu plus réaliste et chercher à le réaliser. Mais quoi qu'il en soit, ne pensez pas que toutes vos pensées doivent être pragmatiques. Quelle serait la valeur d'une vie humaine sans réflexion, sans se demander d'où l'on vient et où l'on souhaite aller ? Peu importe ce que l'on vous a dit, j'espère réellement que vous deviendrez amis avec vos fantasmes. Vous pouvez ensuite vous demander pourquoi vous avez pu avoir ces fantasmes et vous en servir pour affronter vos peurs.

Le thème de l'estime de soi apparaît dans le même chapitre que les fantasmes, car la façon dont nous nous considérons nous-mêmes a beaucoup à voir avec ces derniers — nos pensées intimes. Si vous ne voulez pas que toute votre vie intérieure soit accaparée par la crainte d'être imparfait — qui ne fait que contribuer à entretenir une pauvre estime de vous-même et, pour faire court, vous éloigne de la vraie vie — enrichissez-là avec des fantasmes sains ! Votre peur de l'Abîme peut vous faire redouter de trop fantasmer, mais j'espère qu'à ce stade, vous devenez plus tolérant, compatissant et conscient de vos pensées et sentiments véritables. Le fantasme est un puissant outil de guérison.

Vous aurez peut-être remarqué que, dans ce livre, je préfère employer les termes amour-propre ou respect de soi-même plutôt qu'estime de soi. Cela tient au fait que je désapprouve l'accent que met notre culture sur l'estime de soi, l'insistance sur la réussite et la volonté d'être meilleur que les autres. En fait, le terme « estime de soi » implique bel et bien d'être meilleur que les autres d'une manière ou d'une autre, le bien-être d'une personne se faisant au détriment de l'échec des autres. Selon la plupart des définitions de l'estime de soi, seul un pourcentage réduit de la population pourra jamais en disposer en quantité adéquate. C'est injuste et nous sommes à la poursuite d'un but erroné. Réfléchissez-y. Une seule personne peut être le premier de la classe, le champion ou le meilleur en n'importe quoi d'autre de nos catégories inventées par notre culture. Je crois sincèrement qu'être une bonne personne, traiter les autres décemment et tenter d'exercer un métier qui ait un sens donne sa richesse à la vie. Je ne pense pas que la valeur humaine se mesure aux diplômes, aux grades professionnels ou au montant de nos comptes en banque. Je pense que le caractère d'une personne relève de *l'être* — le reste relevant de *l'avoir*.

Certaines personnes s'évertuent à compenser des sentiments sous-jacents de dépréciation, mais il n'est pas vraiment possible de les contrer par des possessions. Je ne puis vous dire le nombre de personnes de dynamique PCH en crise qui sont venues me voir parce qu'elles avaient perdu un emploi ou échoué à des examens. Je ne dis pas que ce sont des situations faciles à gérer. Je *dis* par contre que nos sentiments envers nous-mêmes ne devraient pas dépendre de ces circonstances.

De même, une valorisation extrême devrait être prise avec des pincettes et de l'humilité. Lorsque je suivais une psychanalyse et que j'idéalisais mon analyste, celui-ci riait et rétorquait qu'il n'était « seulement qu'à moitié aussi exceptionnel » que je le pensais. Les enseignants sont aussi souvent idéalisés. Des années plus tard, alors que j'enseignais le développement de l'enfant, des étudiants venaient parfois me dire, souvent en pleurant, à quel point j'étais une personne « merveilleuse ». Pour nombre d'entre eux, j'étais le premier adulte qui les traitait avec gentillesse et parlait de *leurs* sentiments. Je les remerciais, mais leur répétais ce que mon sage analyste me disait. Ils ne parvenaient jamais à voir mes défauts, seulement le meilleur de ce que j'avais à offrir. Nous avons tous connu quelqu'un de plus jeune qui, impressionné par un professeur ou un supérieur hiérarchique, crut bien trop rapidement qu'il s'agissait d'une personne « d'exception ». Méfiez-vous des dénigrements et des idéalisations — tous deux sont faux et éphémères.

Si vous manquez d'estime de vous-même, n'importe quel coup, même imaginaire, peut être dévastateur, car il entre en résonance avec un sentiment déjà présent. Je dis toujours à mes patients que les gens ne peuvent toucher un point sensible que si celui-ci existe au départ. Cela me rappelle le suicide tragique du père de l'ami de ma fille après la perte de son travail. Son idée de lui-même était si intimement liée à son emploi que sans ce dernier, il ne put rien trouver en lui qui soit digne à ses yeux. Mais nous ne sommes pas notre travail, notre maison ou nos diplômes. Ce sont des possessions qui ne sont pas nous et nous ne sommes pas elles. Lorsqu'ils parlent d'estime de soi, la plupart des gens évoquent le fait d'avoir ou de faire plus que les autres à tel ou tel égard. Cette vision excessivement nuisible et malsaine est tellement enracinée dans notre culture qu'il faut de gros efforts pour la dépasser.

Un aspect regrettable de la dynamique PCH est qu'elle amène les gens à nourrir le sentiment qu'ils sont défectueux d'une manière ou d'une autre, comme nous l'avons évoqué dans tous les chapitres. Quelle que soit l'image de vous-même que vous redoutez — qu'il s'agisse d'être stupide, déloyal, irascible ou paresseux — lorsqu'il se présente une situation qui semble le confirmer, le résultat est une crise émotionnelle. C'est une des raisons pour lesquelles on dit souvent qu'une crise est l'occasion de grandir. Lorsque quelqu'un vit une crise de ce type, vous pouvez le soutenir et continuer à lui expliquer que la situation en question ne signifie pas ce qu'il pense, mais il ne vous croira pas. Ou vous pouvez saisir cette opportunité pour découvrir ce que l'Abîme signifie pour cette personne puis l'aider à réaliser qu'il y a du bon et de la valeur en elle en l'encourageant à affronter les fausses idées qu'elle fuit. Ainsi, non seulement la personne se remettra de la crise, mais elle commencera aussi à guérir les sentiments chroniques qu'elle a toujours fuis.

Il est très important de savoir ce que vous aimez et n'aimez pas chez vous. À quoi servirait votre vie si vous n'aviez rien à travailler ? J'ai désormais soixante ans et j'ai toujours travaillé sur des choses que je voulais changer en moi. C'est l'entreprise de toute une vie. Je crois fermement que nous sommes ici pour nous améliorer, pour devenir plus avisés et plus matures que nous ne le sommes au départ.

Sans nécessairement vous juger avec sévérité, vous devriez avoir conscience de vos points faibles. Peut-être êtes-vous nul en math ou avez un mauvais sens de l'orientation. Peut-être que dans les relations, vous avez besoin de vous sentir indispensable, mais refusez de l'admettre, ou peut-être que lorsque vous êtes avec vos parents, vous avez tendance à déclencher des disputes. Ensuite, examinez vos points forts. Peut-être êtes-vous très bien organisé, comme beaucoup de mes amis à la personnalité PCH. Puisque je ne suis moi-même pas très bien organisée, ces amis et moi pouvons être complémentaires et nous aider énormément mutuellement. Avec moi, ils n'ont pas honte, mais se sentent libres et aimés pour ce qu'ils sont réellement. Ils me sont d'une aide prodigieuse pour planifier et fixer les priorités. Moi aussi, je me sens acceptée.

« Sarah » était une jeune femme déprimée, car elle semblait ne pas pouvoir réussir à diriger sa vie et se le reprochait constamment. Lorsqu'elle aborda ce point, elle manifesta du désespoir et un dégoût d'elle-même. Elle avait un travail qu'elle n'aimait pas et avait le sentiment de n'arriver à rien tout en ne sachant pas quoi faire à ce sujet. Elle avait l'impression de n'être douée pour rien, ce qui l'empêchait d'éprouver de l'amour-propre et d'avoir une vie fantasmatique active ; à chaque fois qu'elle se mettait à fantasmer, elle se moquait d'elle-même avec cruauté. Elle se sentait tellement minable qu'elle était incapable d'examiner ses penchants et ses aversions ou ses forces et ses faiblesses, et évitait donc tous ces aspects.

Au départ, elle fut mécontente de devoir parler de son enfance plutôt que de trouver un moyen quelconque pour se sentir mieux sans examiner son passé. Avec le temps, elle réalisa que son père semblait très dur à satisfaire. Elle se rendit compte qu'elle n'avait jamais eu d'aspirations propres et que son désir que son père soit fier d'elle la bloquait. Sarah faisait fréquemment les frais du sens de l'humour de son père et il était incapable de saluer ses réussites, au point de paraître gêné par ces sentiments lorsqu'il reconnaissait effectivement les succès de sa fille. Gardez à l'esprit que Sarah était une jeune femme très brillante, mais qui avait une piètre opinion d'elle-même. Son image d'elle-même était trop liée à ce que son père pouvait dire et elle était coincée par son désir et ses tentatives d'obtenir une reconnaissance que cet homme était incapable de donner.

Le père de Sarah paraissait bien intentionné, mais ne comprenait pas que le but de Sarah n'était pas de vivre les fantasmes qu'il n'avait pas réussi à réaliser. Elle avait le sentiment que son père l'aimait, mais qu'il n'était pas fier d'elle. Sarah et moi discutâmes longuement de la fierté et du fait qu'on ne devait pas tant choisir la direction de notre vie en fonction d'un désir d'être fiers de nous-mêmes qu'en fonction de ce que nous aimons et avons le sentiment de bien faire, de tout notre cœur.

Sarah finit par comprendre que son père attendait lui aussi de ses parents quelque chose qu'ils ne pouvaient offrir, et qu'il lui avait transmis ce trait. Avec le temps, elle réalisa que, peu importe ce qu'elle faisait, son père avait ses propres choix et sa propre voie et que s'il n'avait pas cherché à se faire aider pour ses problèmes, c'était ses affaires et non les siennes. Elle reconnut qu'elle ne pourrait jamais combler le fossé que la déception de son père envers ses parents et lui-même avait créé.

Rappelez-vous les stades d'Erickson dans le Chapitre 5. Les problématiques dont nous parlons ici impliquent le sens de l'autonomie de Sarah.

Vous vous demandez peut-être pourquoi Sarah n'a tout simplement pas choisi une vocation convenant à son père pour en finir avec tout cela. En fait, même si elle se retrouvait coincée, elle ne le fit pas pour une bonne raison. Une partie d'elle-même ne souhaitait pas se plier à l'autorité et ne pouvait la laisser faire. Inconsciemment, elle voulait tellement être elle-même que cet aspect dissocié de celui qui désirait ardemment l'approbation de son père continuait à lutter en elle.

Pour sortir de cet enlisement, Sarah devait prendre conscience des différents aspects de sa personnalité. Si vous êtes dirigé en totalité par votre inconscient, vous vivez dans le conflit et n'avez aucun choix. Lorsque Sarah s'en rendit compte, elle éprouva un énorme soulagement et réalisa également que son père ne pouvait être que lui-même et qu'elle devait désormais se centrer sur son auto-approbation, comme le font les adultes. Elle put pardonner à son père et aller de l'avant. Souvenez-vous que si vous vous sentez coincé, vous vivez très probablement un conflit entre deux aspects différents de votre personnalité — l'un qui représente vos vrais désirs et l'autre qui les désapprouve.

Prendre conscience de ses conflits internes sous-jacents fut extrêmement bénéfique à Sarah, même si cela ne se fit pas du jour au lendemain. Il se trouve que Sarah travaillait dans le domaine de la santé et avait fait l'auto-diagnostic d'un trouble panique, car à chaque fois qu'elle commençait à penser à son manque de direction dans la vie, elle se sentait oppressée et piégée puis paniquait. Lorsqu'elle m'appela pour la première fois, elle me dit qu'on l'avait informée que le meilleur traitement pour les troubles paniques était la thérapie comportementale et cognitive — apprendre à reconnaître ses symptômes, les contrôler et réaliser qu'ils ne dureront pas — associée à des exercices de relaxation et des affirmations. Sarah m'interrogea sur le type de thérapie que je pratiquais et je lui répondis qu'il ne suffisait pas d'aborder le trouble panique, qu'il fallait savoir *pourquoi* elle avait des crises de panique et que je me focalisais sur la compréhension.

Au départ, Sarah préféra suivre la voie cognitivo-comportementale.

Lorsqu'elle commença la thérapie de groupe qu'on lui avait conseillée de rejoindre, elle réalisa immédiatement qu'elle voulait bien faire pour obtenir l'approbation du thérapeute. Elle fit aussitôt le lien avec son père. Elle me rappela pour me dire qu'elle souhaitait désormais aborder les problématiques qui provoquaient ses crises.

À mesure que Sarah progressait, non seulement pardonna-t-elle à son père, mais elle put aussi lui dire en douceur quels étaient ses objectifs professionnels. Son père était un homme d'affaires prospère qui voulait vraiment qu'elle suive ses traces, et elle avait décidé à la place qu'elle voulait enseigner aux enfants déséquilibrés. Elle lui dit qu'elle espérait sa bénédiction, mais qu'elle avait découvert une véritable vocation qu'elle allait suivre. Son père fut peut-être soulagé de réaliser qu'il n'avait plus à tenter de faire en sorte que Sarah satisfasse son père *à lui* en prenant la suite des affaires. Il lui donna sa bénédiction et manifesta de l'intérêt pour les études que Sarah entama. Cela ne se passe pas toujours ainsi et les gens doivent toujours parvenir à l'autonomie et à l'auto-approbation, mais c'est un « plus » magnifique lorsque cela se produit.

Pourquoi les adultes désirent-ils, et même s'évertuent-ils à obtenir, l'approbation et l'éloge d'un parent — surtout lorsque ces derniers ne viennent pas — pour finalement échouer à progresser dans leur développement pour cette raison précise ? Une des raisons est que nous ne cessons jamais de vouloir ce que nous n'avons pas eu étant enfants. Puis, les pensées et les sentiments — dans ce cas le besoin de l'estime parentale — sont refoulés et niés et deviennent inconscients. Dans le cas de Sarah, elle ne savait même pas qu'elle était en conflit, seulement qu'elle ne savait pas où aller. Lorsque des personnes comme Sarah vivent un conflit interne, elles n'en ont pas conscience. Elle redoutait de ne pas avoir l'approbation de son père, mais également de faire quelque chose uniquement pour l'obtenir. La lutte de pouvoir, autrefois avec son père, se déroulait désormais en elle, mais là il s'agissait d'une bataille qu'elle devait remporter. Il est important d'en savoir le plus possible sur soi-même, et Sarah nous offre un excellent exemple de l'importance de la connaissance de soi.

Il ne s'agissait pas que du travail de Sarah, et je tiens à souligner que nous n'avons pas abordé la question du choix professionnel. L'incertitude de Sarah vis-à-vis de sa carrière était liée à un conflit inconscient, je n'ai donc pas tenté de l'aider à trouver une profession qu'elle aime, car, dans ce contexte, cela n'aurait pas eu de grande valeur. En lieu et place, son conflit inconscient fut mis au jour et son aptitude à fantasmer lui permit de se relier à sa vocation. Un jour, elle raconta qu'elle avait été excitée toute la semaine et qu'elle avait « réalisé » — pris conscience de l'inconscient — qu'elle avait toujours voulu être enseignante spécialisée. Cela se fit tout seul après qu'elle eut commencé à guérir la masse enchevêtrée de sentiments douloureux qui l'empêchait de progresser plus avant. Il n'est pas étonnant qu'elle ressentît de la panique — une panique tellement écrasante qu'il lui était impossible d'avoir les idées claires.

Malgré sa nouvelle vie et la disparition du conflit, Sarah dut encore faire le deuil du fait qu'elle avait vécu jusque-là en tentant de réaliser le rêve de son père au lieu de se connaître elle-même. Sa réaction initiale fut de se juger, comme elle en avait l'habitude, et de critiquer ce qu'elle avait fait en le qualifiant de « stupide ». Je lui expliquai que nous sommes tous « stupides » lorsque nous sommes gouvernés par des sentiments inconscients. Elle devait faire le deuil de ce qu'elle considérait comme du temps perdu, mais je lui fis remarquer que le développement personnel et la conscience auxquels elle était parvenue constituaient un réel accomplissement. Quoi qu'il en soit, quel bien lui aurait fait une éventuelle réussite antérieure sans sa lucidité durement acquise ? Elle vit que, tout comme son père avait tenté de le faire, on ne peut pas dissimuler des sentiments douloureux sous-jacents sous une carrière brillante. Certes, on peut essayer, comme beaucoup de gens le font, mais cela ne fonctionne pas.

Il est très important de faire le deuil du nécessaire voulu que nous n'avons pas eu ou du dysfonctionnel que nous avons reçu. Sarah analysa les précédentes années où son père avait été extrêmement critique tandis que tout ce qu'elle désirait, c'était être aimée et que son père lui montre par son comportement qu'elle était parfaite telle qu'elle était. Bien qu'elle n'ait pas vécu ce processus avec son père, puisqu'elle lui avait pardonné et ne souhaitait pas le blesser, celui-ci bénéficia aussi de la thérapie de Sarah. Il fut ravi qu'elle se soit libérée émotionnellement et lui confia un jour que lui-même n'avait pas vraiment désiré entrer dans les affaires, mais qu'il voulait faire plaisir à son propre père. Sa compréhension s'accrut et il fut ravi des progrès de Sarah. Bien qu'elle ne l'eût jamais critiqué et eût réalisé qu'elle avait ses propres problèmes, son père finit par s'excuser. Comme je l'ai déjà dit, il n'en est pas toujours ainsi et ce fut un « plus » très bénéfique pour Sarah, mais même sans cela, elle serait allée mieux de toute façon.

Bien que ces épreuves relèvent de l'aptitude à fantasmer et à accéder plus pleinement à son propre esprit, l'estime de soi — ou ce que je préfère qualifier d'amour-propre ou de respect envers soi-même — est également concernée. Il n'est pas question d'obtenir l'approbation de quelqu'un d'autre quant à vos choix, ni d'être fier. Il est vraiment question d'être sûr de ce que vous êtes, de ce que vous aimez et de ce qui vous importe. Il est question de recouvrer votre merveilleux Moi et de vous connaître vous-même.

Comme vous pouvez l'imaginer, Sarah connut des moments difficiles lors de la thérapie. Elle me demandait quand elle pourrait « aller mieux » et si je ne pouvais pas tout simplement « faire disparaître » l'anxiété. J'aurais bien aimé pouvoir le faire, mais je lui répondais que cela la priverait de son propre processus d'intégration. Son anxiété tentait de l'aider à vivre en tant que personne entière, authentique, et autonome. Même si je l'avais pu, supprimer ce processus ne l'aurait pas aidée.

Au cours de la thérapie, la compréhension profonde de Sarah se décupla, et il devint évident qu'elle était psychologiquement très douée. Réalisant que la source des difficultés se situe dans l'enfance, elle se demanda combien d'enfants en éducation spécialisée ne parvenaient pas à se concentrer à cause des problèmes qui les tourmentaient et pas seulement en raison d'un « déséquilibre chimique ». Cette prise de conscience l'impacta tellement qu'elle décida de travailler avec de jeunes enfants aux besoins spécifiques. C'est dorénavant ce qu'elle fait brillamment avec grand plaisir.

Sarah se soucie-t-elle désormais d'estime de soi ? Pas du tout. Sa thérapie fut difficile et parfois douloureuse, mais elle sait qu'elle a fait preuve d'une honnêteté et d'un courage extraordinaires pour accéder à son Moi supérieur, et elle a entendu la petite voix de la vocation. Sarah enseigne l'éducation spécialisée, car c'est pour elle ce qu'il y a de mieux à faire. Comme elle l'a appris, cette voie est beaucoup plus importante que de faire quelque chose par fierté. Elle sait qu'elle est attentive, courageuse, et possède des vulnérabilités. Elle se sert de l'humour pour aborder ce qu'elle n'aime pas en elle. Elle sait aussi qu'elle se montre parfois impatiente avec les nouveaux professeurs, mais elle se maîtrise. Elle fait du mieux qu'elle peut, et lorsque les enfants apprennent, elle est contente pour eux et considère cela comme leur victoire qu'elle-même a seulement facilitée. Elle ressent de la tristesse, et non de la culpabilité, lorsque les enfants ne progressent pas.

Dans notre culture, tant de gens sont accros à l'estime d'eux-mêmes, bien souvent au sens où il s'agit de faire mieux que les autres. Cela rend très difficile la possibilité d'admirer et d'apprécier quelqu'un et de ressentir de la gratitude. Cela fait qu'il est presque impossible d'éprouver la joie de la complémentarité sans jalousie ni comparaisons malheureuses, et cela pousse les gens à rechercher un regard valorisant dans les yeux de n'importe qui et de tout le monde. Lorsque vous vous tournez vers l'intérieur de vous-même pour chercher les réponses, que vous les trouvez et travaillez à progresser émotionnellement, vous atteignez l'amour-propre, bien qu'il puisse alors être triste de voir les autres vivre sur la défensive.

« Dan » vint également me voir avec un trouble anxieux auto-diagnostiqué en sachant qu'il voulait travailler sur ses problèmes. Cet homme gentil et intelligent aux nombreux atouts désirait ardemment une relation sérieuse avec une femme. Cependant, dès qu'il avait un rendez-vous galant, il commençait par jauger si sa partenaire l'aimait bien, et ceci, que lui-même l'apprécie ou non ou ait quoi que ce soit en commun avec elle. Il avait tellement besoin de reconnaissance, d'être désiré par quelqu'un, qu'il n'y avait rien d'autre dans son monde, et certainement aucun amour mature. Il ne voyait pas à quel point il faisait parfois marcher ses éventuelles partenaires pour finir par leur dire qu'il souhaitait mettre fin à leur relation. Lui-même était très en colère lorsqu'il se retrouvait dans cette position, ne réalisant que plus tard que *lui-même* avait agi de la même façon. Ultérieurement, lorsqu'une autre femme qu'il fréquentait rompit leur relation, il en vint à comprendre qu'elle n'essayait pas de le blesser, mais qu'elle ne pouvait tout simplement pas laisser les sentiments de Dan ou de quiconque prendre trop de place, car elle-même avait besoin d'être confortée.

Dan examina sa vie en profondeur. Il avait été élevé par des parents désorientés et anxieux et n'avait jamais ressenti l'assurance de leur amour qui semblait soumis à de très nombreuses conditions. Derrière les apparences, il était terriblement déprimé et finit par reconnaître ce fait. Comme tant d'autres, il était peu conscient de ses sentiments sous-jacents et pensait inconsciemment pouvoir trouver une femme qui le ferait se sentir mieux. Il ne réalisait pas qu'il n'était pas en position d'éprouver de l'affection pour quiconque puisqu'il ne se connaissait même pas lui-même et ne faisait que chercher une personne qui puisse réduire au silence les sentiments éprouvants avec lesquels il vivait constamment. Il n'y avait aucune place pour les problèmes de quelqu'un d'autre.

Paradoxalement, lorsque Dan cessa de chercher la reconnaissance et affronta ses sentiments réels, il éprouva de l'humilité et de la gratitude en se remémorant les fois où ces sentiments l'avaient fait souffrir. Il me parla d'un ami qui l'avait « supporté » pendant des années et il l'en remercia. Il trouva en lui-même de l'attention et de la sensibilité et reconnut qu'il n'avait pas l'habitude d'être « vraiment gentil ».

Dan reprit vraiment possession de sa vie. Il connut quelques relations où purent régner le partage et l'attention réciproque. Bien que ce bonheur soit nouveau pour lui, il n'a pas encore rencontré la femme de sa vie. Il sait qu'il peut aimer, se considère comme plutôt timide et a le sentiment que la chance d'établir des liens ne lui est pas interdite. Quoi qu'il en soit, ses autres relations se sont améliorées. Il a également dû faire le deuil de toutes les choses à côté desquelles il est passé autrefois, au nom de l'estime de soi. Il a fini par connaître l'amour-propre et s'est senti si satisfait de ce qu'il avait accompli et de sa transformation qu'il est devenu très patient avec les membres de sa famille qui n'ont pas changé. Il s'apprécie pour des choses réelles, pas des illusions.

Peut-être voyez-vous désormais de quelle façon l'acceptation de soi et l'aptitude à fantasmer interagissent. J'espère que vous comprenez que si vous faites partie de ceux qui entretiennent des sentiments douloureux et inconscients de répugnance envers eux-mêmes, les bons sentiments ne suivront pas. Vous pouvez détourner l'attention autant que vous voulez, l'anxiété ne disparaîtra pas tant que vous n'écouterez pas ce qui la provoque. Quand vous pouvez vivre pleinement, expérimenter la vie et vous connaître autant que possible, la vie fantasmatique — qui est votre droit imprescriptible — survient aisément. Vos fantasmes peuvent être drôles, absurdes ou incitatifs, ils peuvent être absolument n'importe quoi. Vos sentiments sont intégrés et vous ressentez l'amour-propre et l'acceptation de vous-même qui se trouvent en vous. Au début de la vie, il est possible d'avoir des parents qui vous les donnent tel un cadeau — un magnifique cadeau — mais si vous ne les avez pas reçus, vous devez y parvenir vous-même. Comme tant d'autres avant vous, vous pouvez réussir à le faire.

Exercices

Exercice 1

Imaginez que, pour une raison ou une autre, vous ayez perdu ce qui stimule le plus la façon dont vous aimez vous percevoir et souhaitez que les autres vous perçoivent — vos talents athlétiques, votre santé, votre maison, votre grosse voiture. Quels sont désormais vos pensées et vos sentiments ? Qui êtes-vous ? Quelle essence demeure la même en vous ? Voilà votre identité réelle.

Exercice 2

Pensez à une occasion où vous avez tenté de faire en sorte que quelqu'un vous apprécie. Il ne s'agit pas obligatoirement d'une relation sentimentale, mais de tout type de relation. Appréciez-vous cette personne ? Pensez à une fois où vous avez réussi à faire en sorte qu'une personne vous aime bien, pour réaliser ensuite que vous ne l'appréciiez pas. Qu'avez-vous fait ? Vous a-t-on déjà fait la même chose ? Si oui, avez-vous réalisé que cette personne faisait ce que vous-même aviez fait ? Quelles peuvent être les conséquences lorsque vous tentez d'obtenir la reconnaissance d'une personne que vous n'appréciez peut-être même pas ?

Exercice 3

Pensez à un fantasme, faites-le évoluer et mettez-le par écrit. Est-il joyeux, absurde, inspirant ?

Exercice 4

Pensez à cinq métiers ou activités. Expliquez pourquoi vous les aimeriez ou non.

Exercice 5

Comment aimeriez-vous pouvoir passer chaque journée ? Qu'est-ce qui vous en empêche ? Pouvez-vous intégrer certains aspects de ce fantasme à votre vie réelle ?

Chapitre 9

Relations et indispensabilité

Contrairement aux chapitres précédents qui se focalisaient sur des rayons distincts de la roue PCH, celui-ci traite de la façon dont ces rayons ou questions deviennent problématiques dans nos relations avec nos proches. Les problèmes relationnels et le besoin de se sentir indispensable sont typiques de la personne PCH qui tentera souvent d'imposer à l'autre un rôle soutenant son propre système de défense, sans avoir guère conscience de l'impact que cela peut avoir sur ce dernier.

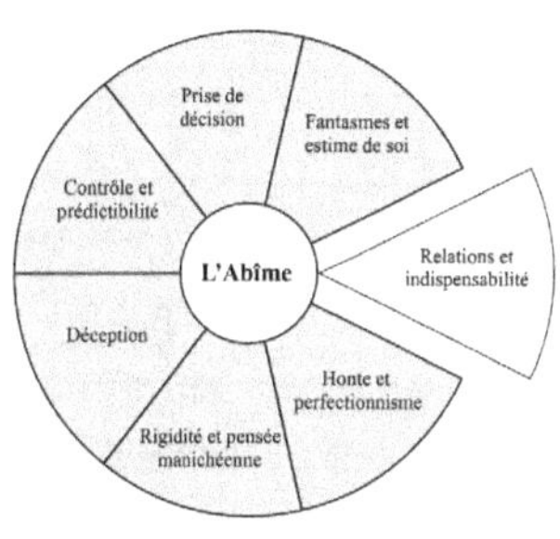

Fréquemment, les couples viennent en thérapie en déclarant qu'ils ont un problème de « communication », par exemple. Toutefois, de par mon expérience, l'une ou les deux parties souffrent généralement de sérieux problèmes individuels persistants — souvent les rayons de la roue PCH — qui s'aggravent parce qu'ils peuvent entraver une relation saine, conséquence effectivement fréquente. Comment quelqu'un peut-il entretenir une relation s'il passe sa vie à éviter sa véritable Essence ?

Je suis toujours abasourdie et attristée de constater combien les gens tentent constamment de faire en sorte que leur conjoint satisfasse leurs besoins — suive leur « scénario » — sans avoir absolument aucune conscience de ce que pourraient être les besoins de celui-ci. Quand les couples viennent me consulter, les deux membres sont souvent tellement en colère qu'ils ne *veulent* même pas satisfaire les besoins de l'autre, et la manière dont ils aimeraient se percevoir se voit bafouée et gâchée. Il est rare que les membres d'un couple comprennent réellement les sentiments de l'autre, chacun désirant seulement être amené à éprouver certaines émotions. J'ai connu des personnes tellement en soif de reconnaissance valorisante qu'elles ne parvenaient même pas à déterminer quels étaient leurs sentiments vis-à-vis d'autrui. Leur besoin est simplement trop intense et accablant, ce qui les rend incapable de comprendre ce que l'autre ressent.

Les gens se marient sans penser à leurs propres besoins ou sans en avoir conscience, puis ils se fâchent ou sont contrariés lorsque leur partenaire ne les assouvit pas — ou peut-être ne *peut* pas les assouvir. Il n'est pas surprenant qu'un grand nombre de relations soient chaotiques. Tous les problèmes que les gens rencontrent s'immiscent dans leurs relations et peuvent les perturber. Comprendre votre dynamique est crucial pour plusieurs raisons et notamment afin que cette connaissance vous permette de faire des choix conscients et réfléchis quant à votre comportement.

Comme évoqué précédemment, de nombreuses personnes PCH ont besoin d'un regard valorisant pour consolider une image de soi fragile. Cette question est également très importante ici puisque ce besoin peut aussi affecter le partenaire. Si dans une relation, votre seul but est de continuer à alimenter une image de vous-même vacillante, qu'apportez-vous à cette relation ? Peut-être êtes-vous constamment gentil et tentez d'être parfait afin que votre conjoint confirme votre perfection ? Peut-être votre partenaire doit-il ravaler ses propres besoins pour constamment conforter les vôtres ?

Un nombre infini de patients m'ont raconté que leur partenaire avait rompu avec eux bien qu'ils se soient appliqués à toujours faire des choses pour lui. Interrogés sur la raison pour laquelle ils en faisaient trop, ils répondaient par des propos du style : « pour qu'il pense que je suis une bonne personne et veuille rester avec moi », ou « pour me sentir bien », ou même « parce que j'aime bien être utile ». Je leur demande alors toujours si l'autre a eu lui-même l'occasion d'être utile ou comment *lui-même* pouvait arriver à se sentir bien.

Ces questions surprenaient toujours mes patients. Ils pensaient être gentils simplement parce qu'ils faisaient des choses pour l'autre, sans jamais s'arrêter pour se demander si les besoins émotionnels de l'autre étaient satisfaits, car les leurs étaient trop intenses pour autoriser cette interrogation. Un besoin aigu de valorisation efface la personnalité de l'autre qui apprend rapidement à n'exprimer aucun besoin ou préférence et ne peut que continuer à offrir des éloges et de la gratitude qui, avec le temps, se transforment en vacuité et en colère.

Dans une relation, vous ne pouvez pas uniquement être valorisé, désiré ou estimé ; vous devez aussi valoriser, avoir besoin de l'autre et l'estimer. Si toutes vos interactions visent à asseoir votre bien-être émotionnel, quels besoins émotionnels de l'autre se trouvent satisfaits ? Comme cela affecte-t-il l'autre ? Tandis que vous interagissez pour augmenter votre propre sentiment de valeur, l'autre peut se sentir incompétent, mal-aimé, inutile ou sous-estimé.

Je ne suggère en aucun cas que vous avez délibérément blessé quelqu'un ou que vous vous servez des gens. Je pense que si vous les avez blessés, c'est parce que votre souffrance émotionnelle vous a empêché de voir leurs sentiments et leurs besoins. Cependant, lorsque vous disposez d'une plus grande connaissance de vous-même, votre façon d'interagir avec les autres comporte bien plus de choix. Et à vrai dire, les personnes qui ont constamment besoin d'être valorisées ne sont pas vraiment capables d'aimer et ne font que se remplir et nourrir leurs besoins. Ces besoins peuvent détruire des parties de vous-même comme votre capacité à réellement aimer et à respecter l'autre.

Souvenez-vous du patient qui sortait pour la première fois avec une femme en ayant dès le départ le seul désir qu'elle l'apprécie, que lui-même l'aimât bien ou non. Il y tenait tellement qu'il ne prenait pas le temps d'évaluer si elle était faite pour lui. Avait-il l'intention de mener en bateau une personne avec qui il ne souhaitait pas poursuivre une relation ? Bien évidemment, non. En fait, en dehors de cette situation, il était extraordinairement gentil et attentif. Pourtant, il fallut que quelqu'un agisse de la même manière avec *lui* pour qu'il se rende compte de son comportement. Cela lui montra ce que cela faisait d'être à la place de l'autre et l'aida à réaliser que l'autre n'était guère en cause dans son comportement qui était lié à sa propre image de lui-même. Si vos besoins émotionnels sont tellement puissants qu'ils vous empêchent de voir les sentiments des autres ou leurs réelles individualités avec des comportements qui leur sont propres, il est temps de mieux vous connaître.

Gardez toujours à l'esprit que tout le monde a ses problèmes et ses sentiments. Lors d'un rendez-vous galant, si vous tentez de faire en sorte que l'autre vous apprécie, il est probable qu'il vous croie très intéressé. En réalité, l'autre ne devrait commencer à avoir cette impression que lorsque vous *êtes* vraiment intéressé et souhaitez continuer à vous voir. Mieux vous vous connaissez, plus vous avez de pouvoir et de présence dans vos relations.

« Tom » est un professionnel accompli qui se qualifie lui-même de « sauveur ». Il établit des relations avec des femmes extrêmement perturbées, comme l'était sa mère. Il n'a jamais pu réparer sa mère, mais il entretient le sentiment inconscient que s'il persiste à tenter d'aider des femmes déséquilibrées, il rachètera en quelque sorte son incapacité à changer sa mère. Régulièrement, Tom se mettait à fréquenter une femme qui prenait de la drogue, était incapable de conserver un emploi et devenait périodiquement folle furieuse et incontrôlable. Mais ces femmes étaient aussi parfois dans le besoin et déprimées, ce qui était le côté qu'il appréciait. Il essayait d'être rationnel et compréhensif, mais continuait pourtant à être malmené. Il demandait pourquoi elle se comportait ainsi et je *lui* demandais pourquoi il était avec elle et avait été avec tant d'autres femmes semblables. Heureusement, Tom venait me consulter seul, car sa compagne refusait de venir.

Tom avait ressenti une honte intense lors de son éducation par une mère tourmentée et divers hommes. Très jeune, il fut amené à se sentir responsable, gérant les affaires du foyer pour sa mère, mais il faisait ensuite l'objet de sa colère et était humilié. Il fut également maltraité par les compagnons de sa mère. Il survécut à son enfance infernale en développant une personnalité PCH. Il devint extrêmement et rigoureusement organisé dans ses affaires pratiques ainsi que dans sa vision des choses. En grandissant, il fréquenta des femmes plus normales qui le rejetèrent en raison de sa rigidité et parce que selon elles, il voulait « tout régenter ». Ceci alimenta directement son profond sentiment de honte tandis que son perfectionnisme lui donnait l'impression d'être médiocre et indigne, incapable d'avoir une relation avec une femme plus équilibrée.

Bien que tout cela fût inconscient, Tom prit une décision très importante : trouver une femme tellement perturbée psychologiquement qu'elle ne le quitterait jamais, car sa dépendance émotionnelle l'empêcherait de vouloir vivre seule. S'il pouvait être autant indispensable à la survie même de quelqu'un, il serait valorisé, du moins le pensait-il, et ses propres problèmes émotionnels seraient réduits à peau de chagrin en comparaison. Il éprouvait des difficultés à prendre des décisions, et cette femme ignorait ses conseils lorsqu'elle lui demandait son avis, finissant par agir comme elle l'entendait, ainsi toutes les mauvaises décisions pouvaient lui être imputées.

Tom avait réussi à recréer son enfance malheureuse. Tout comme il préparait le repas pour sa mère et lui-même lorsqu'il était jeune, endossant ainsi le rôle de celle-ci afin qu'elle revienne toujours vers lui, il persistait dans une relation misérable, car il était sûr que tous les besoins qu'il comblait empêcheraient cette femme de partir.

Qualifier les gens de « sauveurs » fait désormais partie du jargon psychologique. Bien que je n'aie rien contre ce mot, il n'exprime pas adéquatement la dynamique douloureuse profondément ancrée qui doit être abordée pour pouvoir modifier ce comportement. Comme je l'ai déjà dit, les enfants pensent mériter ce qui leur arrive. Ce qu'ils ressentent dépend de la manière dont ils sont traités. S'il n'abordait pas ses problématiques, Tom avait peu de chance de s'autoriser à mériter une relation avec qui que ce soit de mieux que sa mère maltraitante bien que dépendante. Ces femmes ressentaient parfois comme une structure nécessaire la rigidité et le contrôle qu'il tentait d'exercer dans ces relations, mais seul un adulte perturbé désirera ce type de rigidité, et le prix à payer est énorme.

Au départ, Tom voulait que je lui dise comment se comporter afin que sa partenaire se comporte mieux. Cela prit du temps, mais il finit par réaliser qu'il ne pouvait pas avoir de contrôle sur les problèmes de cette femme, seulement sur les siens. Il en vint à faire face au désespoir et à l'insécurité que toute sa vie, il avait refusé de voir. Il affronta son Abîme personnel : celui d'un enfant non désiré et indigne qui avait été maltraité et jeté dans un chaos total. Avec le temps, Tom devint moins rigide et directif, et plus conscient des sentiments des autres, ce qui tend toujours à se produire au cours de la thérapie. Il ne désirait plus contrôler qui que ce soit et voulait s'améliorer.

Il finit par rompre cette relation et continua à travailler sur lui-même. Lorsqu'il recommença à sortir avec des femmes, il fut surpris de s'apercevoir qu'il se retrouvait souvent avec une personne très perturbée, mais il mettait alors un terme à la relation. Il finit par rencontrer quelqu'un de psychologiquement plus stable — une personne PCH qui avait elle-même été un sauveur, avait suivi une thérapie et souhaitait désormais quelque chose de mieux. Ils rencontrèrent des défis, mais ils utilisaient souvent l'humour et plaisantaient sur lequel des deux devait concéder à l'autre la prise de telle ou telle décision, et ils étaient très empathiques l'un envers l'autre.

Tom n'est qu'un exemple de la façon dont une dynamique PCH peut conduire une personne très performante à entretenir une relation désastreuse. Éviter les problèmes et se voiler la face, puis faire un choix par grande solitude mène souvent à une situation très malsaine et douloureuse. Je suis heureuse de préciser que grâce à ses efforts, Tom a repris conscience de sa dignité et de sa valeur. Il s'est redéfini comme une personne certes imparfaite, mais attentionnée et disposée à résoudre ses problèmes. Lui et sa nouvelle compagne laissent mutuellement l'autre se sentir nécessaire et sont parvenus à une interdépendance saine au lieu d'entretenir une relation de co-dépendance. Parce que Tom a eu le courage de s'occuper de ses réels problèmes et de ses véritables sentiments, il n'éprouve plus le besoin de choisir des partenaires déséquilibrées ; il a choisi de donner et de recevoir un amour mature au lieu de tenter d'obtenir à tout prix un regard valorisant.

Dans les thérapies de couple, il est toujours important de prendre les problématiques individuelles en considération, raison pour laquelle je préfère travailler avec une seule des parties. J'ai vu d'innombrables couples où l'un se plaint du dysfonctionnement extrême de l'autre – toxicomanie ou alcoolisme, infidélité compulsive, mensonges à propos des finances et des dépenses, violence psychologique et même démêlés avec la justice. Ils souhaitent désespérément (ou du moins le croient-ils) que leur partenaire change. Mais combien de changements sont-ils prêts à tolérer ? Il est très fréquent que lorsque le partenaire soi-disant dysfonctionnel change, la personne PCH, plus équilibrée, commence à se sentir malheureuse et à douter d'elle-même, craignant que le conjoint bonifié ne veuille plus d'elle ou n'ait plus besoin d'elle. Se contenter d'une personne dont les problèmes vous rassurent sur les vôtres est un piètre substitut à l'amour.

« Craig », ancien « sauveur » divorcé depuis deux ans, fréquente une femme dont il adore la compagnie. Il ressent de la joie, de l'empathie et du respect et apprécie son intelligence ; il aime la voir heureuse. Il me dit : « je n'ai jamais connu ça », ce à quoi je lui réponds qu'il ne l'a jamais voulu. « Je n'y ai jamais accordé d'importance, mais maintenant je me sens tellement vivant », conclut-il. Craig a désormais conscience de ce qu'est une relation où l'on est véritablement présent.

Une autre difficulté relationnelle sérieuse provient de ce qu'on surnomme le « complexe du martyr ». « Jeanne » fut élevée dans un quartier pauvre par une mère extrêmement forte et travailleuse. Son père mourut lorsqu'elle avait dix ans. Sa mère était stricte, car elle voulait protéger ses enfants des influences négatives. Comme elle avait deux emplois, les enfants avaient de nombreuses responsabilités et travaillaient tout aussi dur. Cette mère fatiguée et bien intentionnée n'avait guère de temps ou d'énergie pour féliciter ses enfants ou se montrer clairement affectueuse. Elle leur donna toute sa vie et sa vigueur. Jeanne développa une personnalité PCH très semblable à celle de sa mère. Élève hors pair, elle bénéficia d'une bourse pour aller à l'université puis aida ses deux jeunes frères et sœurs à suivre également des études supérieures. Pourtant, elle n'avait jamais appris à penser à elle-même ou aux autres en dehors d'un rôle d'assistance. C'était une personne merveilleuse qui se connaissait mal.

La mère de Jeanne souhaitait que sa fille connaisse le bonheur avec un homme et quand Jeanne rencontra Dan, cela parut être un heureux événement. Malheureusement, le projet de Dan de suivre des études à temps partiel tomba à l'eau, tout comme les nombreux emplois qu'il occupa. Jeanne crut qu'il se stabiliserait et travaillerait, mais cela n'arriva pas et Dan ne faisait que s'excuser. Le temps passa. Ils eurent ensuite deux enfants et Jeanne était la seule à travailler. Dan se mit à boire et à l'agresser verbalement. Il évacuait sur Jeanne la piètre estime de lui-même que lui procurait le fait de ne pas participer à la charge de la famille. La mère de Jeanne s'occupait des enfants pendant qu'elle travaillait, et Jeanne prenait le relais le soir.

Contrairement à certains des cas que nous avons évoqués, Jeanne avait eu une très bonne mère. Pourtant, la Jeanne enfant voyait à quel point sa mère travaillait dur et se sentait coupable et honteuse de vouloir jouer au lieu d'aider aux tâches ménagères ou de faire ses devoirs. Elle avait le sentiment que sa mère était tellement exceptionnelle qu'elle-même était méprisable. Évidemment, le perfectionnisme de Jeanne était salué par ses professeurs et d'autres adultes, ce qui la mena loin, mais son sentiment d'indignité resta ancré en elle.

Jeanne se percevait réellement comme paresseuse, méprisable et méchante alors qu'elle n'était rien de tout cela. Dans son esprit, elle comparait sa patience vis-à-vis de Dan avec la patience avec laquelle sa mère l'avait élevée — une analogie abusive. Elle avait l'impression de ne rien mériter de mieux. Pour apaiser ses sentiments sous-jacents, elle faisait du bénévolat en plus de son travail et du temps consacré à sa famille, bien qu'elle n'eût ni le temps ni l'énergie pour cela. Il n'y avait guère de plaisir dans sa vie, ce qui inconsciemment était ce qu'elle voulait, puisque sa mère n'avait connu que peu de satisfactions et que Jeanne avait l'impression de ne pas mériter le bonheur. Ses amis et ses voisins persistaient à lui dire de quitter son mari et elle se demandait pourquoi elle éprouvait autant de difficultés à franchir le pas.

Comme Jeanne avait eu une bonne mère qui s'était toujours beaucoup souciée d'elle, nous invitâmes celle-ci à participer à la thérapie. Sa mère lui dit combien elle avait le meilleur enfant que l'on puisse souhaiter, à quel point elle avait été adorable et serviable et qu'elle ne savait pas ce qu'elle avait pu faire pour avoir une fille aussi merveilleuse. Ces paroles furent extrêmement puissantes. J'ai suivi les deux femmes en thérapie et toutes deux sont parvenues au point de pouvoir s'autoriser à se mériter l'une et l'autre. Jeanne connut enfin avec sa mère la relation affective qu'elle avait tant voulue, et la mère reçut la gratitude authentique d'une fille qui l'aimait énormément.

Jeanne finit par quitter son mari, et elle et sa mère s'engagèrent dans un cheminement émotionnel qui procura du bonheur à ces deux femmes méritantes. La mère aida Jeanne avec ses enfants et Jeanne les inscrivit également dans une excellente garderie afin que toutes deux aient le temps de profiter des enfants, d'elles-mêmes et de la vie en général. Jeanne, sa mère et ses enfants s'épanouirent. Elle finit par rencontrer un homme charmant, mais n'était pas pressée d'entretenir une relation, et prenait son temps au moment où nous cessâmes la thérapie. Elle me rappela ultérieurement pour me dire qu'elle en avait fini avec ce « truc de martyr » et combien sa mère, ses enfants et elle-même se portaient merveilleusement bien.

Jeanne s'était forgé une image horrible d'elle-même à cause du travail acharné de sa mère. Elle avait évité son Abîme — être une « paresseuse ingrate » — en s'occupant d'un homme perturbé qui ne faisait pas sa part. Grâce à sa nouvelle conscience, elle se sauva non seulement elle-même, mais également sa mère et ses enfants.

Lorsque je pense aux « sauveurs » et au besoin d'être indispensable, un couple homosexuel que j'ai vu en thérapie me vient à l'esprit — « Mike » et « Tony ». Mike s'était occupé d'une mère très déséquilibrée et menait depuis de nombreuses années une vie « conventionnelle » d'hétérosexuel. Malheureusement, il choisissait des femmes très perturbées ressemblant beaucoup à sa mère ; il était également en train d'admettre son homosexualité et se débattait avec cette prise de conscience. Lorsqu'il révéla son homosexualité, il pensa que c'était le bon moment pour arrêter de sauver les gens et pour avoir des relations normales et saines. Il rencontra Tony, un homme très gentil et performant, mais les choses n'allaient pas s'avérer aussi simples. Tony avait eu plusieurs liaisons avec des hommes ayant de sérieuses difficultés à garder un emploi, un appartement, voire des amis. Il les soutenait et restait dans des relations où il donnait tout et ne recevait rien. Lui aussi avait décidé qu'il était prêt à vivre une relation avec une personne normale et responsable.

Lorsque Mike et Tony se rencontrèrent pour la première fois, leur rêva sembla s'être réalisé, mais ce ne fut pas aussi facile qu'ils le pensaient. Lors de la première séance, chacun se plaignit que l'autre ne le comprenait pas, d'avoir l'impression de ne servir à rien, d'être sous-estimé et inutile dans la vie de l'autre. Tous deux avaient besoin d'être indispensables, mais ni l'un ni l'autre n'avait appris à demander. Ils pensaient également qu'être utile signifiait que l'autre serait incapable de fonctionner seul — croyance fausse et dangereuse.

Au cours de la thérapie, nous mîmes en lumière la dynamique PCH dont tous deux étaient affligés ainsi que sa raison d'être. Ils réalisèrent qu'ils pouvaient soit continuer à courir après un sentiment d'estime de soi en vivant avec des personnes très perturbées, soit apprendre tous deux à demander, être reconnaissants et devenir plus équilibrés. Avec des efforts et parfois de l'humour, tous deux relevèrent le défi, finirent par comprendre aisément les sentiments de l'autre — ils se ressemblaient tellement après tout — et leur relation s'améliora grandement. Il ne suffit pas seulement de vouloir mieux se comporter ; il est souvent nécessaire de comprendre les *raisons* de notre comportement pour réellement amorcer un changement.

Une autre difficulté relationnelle qui survient souvent est de permettre aux autres d'aborder les sentiments négatifs dans une discussion. Certaines personnes de type PCH se sentent coupables d'avoir ne serait-ce qu'une pensée ou un sentiment qu'elles considèrent négatifs. Cela va à l'encontre d'une psychologie saine, car reconnaître vos pensées et vos sentiments est nécessaire si vous ne voulez pas que votre inconscient s'oppose à vous ; cela ne veut pas dire que ces sentiments se transformeront en actes. Vous avez plus de maîtrise lorsque vous admettez vos ressentis que lorsque vous fuyez ces sentiments ou les dissimulez d'une manière ou d'une autre.

Avez-vous jamais vécu une relation où vous avez tenté d'amener l'autre à se sentir coupable d'une chose anodine relevant de la zone grise ? On appelle formation réactionnelle le fait qu'un sentiment intense entraînant une forte culpabilité conduise une personne à adopter le point de vue inverse de ce même sentiment.

Lorsque j'étais à l'université, notre petit groupe d'amis discutait un jour entre les cours ; les examens de fin d'année étaient proches. Nous plaisantions sur le fait qu'un devoir de plus nous tuerait, etc. Puis, une autre étudiante nous rejoignit. Elle déclara qu'elle *adorait* le travail à la maison et que chaque devoir l'enthousiasmait, mettant un terme à la séance de défoulement dont nous profitions tous. Inutile de préciser que cela énerva tout le monde et quelqu'un lui répliqua qu'on ne faisait qu'évacuer la pression.

Nous avons tous connu ce genre de personne qui n'avoue jamais une seule pensée négative. On ne peut pas vraiment être intime avec elles, car elles ne sont pas naturelles avec nous. Elles n'essaient pas d'être méchantes ou supérieures, mais ont tellement peur de leurs propres pensées et sentiments négatifs qu'elles ne tolèrent pas ceux des autres. Ces pensées et ces sentiments négatifs font partie de la vie. Le monde est loin d'être parfait et si les gens sentent que vous êtes indifférent à leurs véritables sentiments, ils cesseront de les partager avec vous.

Avez-vous jamais nié les sentiments de vos proches ? Si oui, quel en a été le résultat ? Souvenez-vous, une expérience humaine normale et saine comporte toute une palette d'émotions. Croyez-le ou non, les gens gentils et d'une grande moralité éprouvent de temps en temps des sentiments de colère, de frustration, de déception et de haine. Ils n'agiront peut-être pas en conséquence, mais nous partageons tous ces émotions humaines normales. Une personne tellement « gentille » que toutes ses pensées et tous ses sentiments sans exception sont « beaux », cela n'existe tout simplement pas.

Lorsque vous commencez à comprendre que comportement et sentiments sont des choses distinctes, que le comportement représente une décision et un choix, vous pouvez commencer à vous autoriser à éprouver certains sentiments négatifs. Vous pouvez toujours vous comporter de manière moralement intègre si tel est votre choix, mais tout de même reconnaître que vos sentiments ne sont pas toujours aussi « gentils » que le suppose la manière dont vous vous comportez avec les autres.

À présent, examinons un autre mécanisme de défense qui peut interférer dans les relations : la projection. Nous avons abordé brièvement la projection dans le chapitre sur la dynamique et allons maintenant approfondir ce concept. Nous employons la projection lorsque nous attribuons aux autres quelque chose que nous n'aimons pas chez nous. Par exemple, si nous ne nous avouons pas que nous n'apprécions pas une personne, nous pouvons dire que celle-ci ne nous aime pas. Non, il n'est pas toujours commode ou agréable de s'avouer que l'on n'aime pas quelqu'un ; s'il s'agit de votre patron ou du conjoint de votre meilleur ami, vous préféreriez bien évidemment apprécier cette personne. Mais si tel n'est pas le cas, il est important de vous l'avouer. Vous pouvez continuer à vous comporter de manière décente en sa présence, car on mérite tous le respect. Mais nous méritons aussi d'être autorisés à avoir nos préférences personnelles, et l'on ne peut aimer tout le monde.

Si l'on vous dit du mal d'une personne, êtes-vous prompt à la condamner pour vous sentir mieux ? Avez-vous déjà jugé quelqu'un à cause de ses sentiments alors que cette personne avait besoin que vous la compreniez ? Quand les gens se sentent mal dans leur peau, ils se comportent souvent ainsi pour soulager leur souffrance. Bien entendu, cela est extrêmement inapproprié et ne fera qu'amoindrir davantage la piètre estime que vous avez de vous-même. Ce comportement est très dommageable, et des gens conscients n'agiraient pas ainsi. Et si vous vous comportiez de la sorte avec un perfectionniste PCH ? Et si cette dynamique est présente dans un couple ? Vous pouvez imaginer le potentiel de destructivité sur une relation.

Croyez-vous être censé devoir vivre en aimant tout le monde de manière égale ? Si c'est le cas, il est possible que vous refouliez, reniiez ou cliviez vos sentiments négatifs. Mais l'esprit exige de nous de la sincérité, peut-être pas vis-à-vis d'autrui, mais en tout cas vis-à-vis de nous-mêmes. Avez-vous jamais été accusé d'avoir un comportement passif-agressif ? Les gens de ce type ne souhaitent pas faire du tort, mais ils éprouvent un ressentiment qu'ils répriment et nient. Et puis un jour... *boum* ! – un petit coup de poignard hostile dans le dos leur échappe. Lorsqu'on est la cible d'une attaque d'agressivité passive, cela semble venir de nulle part. Quelle que soit la transgression commise, celle-ci a probablement eu lieu il y a bien longtemps, et la cible de l'attaque pense que la relation était bonne.

C'est une des raisons pour laquelle il est très important d'être honnête avec soi-même. Si on ne l'est pas, le sentiment réel, même inconscient, peut s'exprimer précipitamment. Quand cela se produit, notre comportement peut non seulement agacer les autres mais aussi les éloigner, et encore plus important : nous perdons la maîtrise de nos actes. Si vous admettez vos sentiments, votre maîtrise de vous-même se trouve sous le contrôle de votre *conscient*, ce qui est très important.

Si vous adoptez un comportement passif-agressif — même s'il résulte de l'intense autocritique à laquelle vous vous livrez — les gens se sentiront trahis. Bien qu'on ne puisse légitimement blâmer qui que ce soit pour ses sentiments, nous avons tous le choix de notre comportement. Si vous êtes en osmose avec vos sentiments authentiques, alors vous connaissez le plaisir que procure le fait de s'être comporté avec justesse ou d'avoir fait preuve de noblesse en dépit de sentiments plus primitifs vous poussant dans la direction opposée. Cela forge l'estime de soi. Être à l'écoute de ses sentiments réels et agir de manière décente conduisent au véritable amour-propre et au respect de soi-même.

Un autre mécanisme de défense que vous devez connaître est l'identification projective, concept que nous avons également évoqué dans le Chapitre 5. Rappelez-vous que la projection consiste à attribuer verbalement un prétendu sentiment négatif à quelqu'un afin, temporairement, de ne pas en endosser soi-même la responsabilité. L'identification projective va plus loin que la projection et aura un effet encore plus négatif sur vous-même et vos relations. L'identification projective est un mécanisme de défense consistant à inciter quelqu'un à faire une chose dont vous pourrez ensuite l'accuser, afin que cela concorde avec l'image de vous-même que vous souhaitez avoir.

Lorsque j'étais à l'université, une de mes connaissances nous racontait quand quelqu'un l'avait intimidée émotionnellement. Elle énumérait une foule d'affronts et, compatissant avec elle, nous nous exclamions « Quelle méchanceté ! Untel n'a absolument aucun respect pour les autres. ». Après que nous avions compati avec elle et pris sa défense, cette jeune femme nous regardait avec désapprobation et nous disait : « Vous êtes horribles ! Comment pouvez-vous dire des choses pareilles ? ». Il s'agit d'identification projective — pousser quelqu'un à adopter vos sentiments puis l'en rendre responsable. Cette femme nous avait fait ressentir *sa* colère pour pouvoir s'en dédouaner.

À l'époque, je ne savais pas ce qu'était l'identification projective, mais je savais par contre que ce comportement était inacceptable de la part d'une amie et je ne souhaitais vraiment pas donner l'impression d'être horrible. Je lui reparlai alors de l'incident en lui précisant que si elle voulait raconter une histoire et susciter la compassion, voire l'indignation, chez ses amis, elle devrait arrêter de les traiter de « méchants » lorsqu'ils prenaient sa défense.

Il est important d'admettre vos sentiments. Le choix vous appartient de les partager ou non, mais vous devez les reconnaître et en être conscient si vous voulez pouvoir choisir la façon dont vous interagissez dans ce monde. Il se peut que vous vous soyez comporté comme la femme évoquée ci-dessus dans une moindre mesure, et cela est inoffensif. Tant que vous êtes conscient de ce que vous faites et que la personne en face est d'accord avec cela, ce n'est pas destructeur.

Par exemple, une personne qui souhaite différer un projet prévu avec son conjoint pourrait lui demander en plaisantant si cela lui dirait d'aller voir un film. L'autre pourrait lui répondre en riant « Tu es impossible ! », tout en attrapant son sac pour aller au cinéma. Nous avons tous entendu des gens dire en plaisantant : « J'ai vraiment dû te forcer la main pour arriver à te faire faire ça », et les deux personnes riront.

Notez la différence lorsque ce type d'interaction est conscient. Dans le premier exemple, quelqu'un s'est senti utilisé et manipulé. Ici, les deux personnes sont au fait de leurs sentiments et agissent selon leur libre arbitre. Par conséquent, ils perçoivent l'humour de leur interaction. Vous pouvez dire à un ami que vous avez envie de sortir et dépenser de l'argent alors que tous deux tentez de faire des économies et ce dernier pourrait vous répondre : « Moi aussi. Accordons-nous un petit plaisir ». Ou il pourrait vous répondre : « Non, j'en ai aussi envie mais patientons et tenons-nous-en à notre budget pour mieux en profiter plus tard ». À nouveau, il s'agit d'une interaction consciente et honnête ; par conséquent, il n'y a pas de mal. Pouvez-vous imaginer comment une identification projective pourrait rendre cette interaction préjudiciable ?

Lorsque vous endossez la responsabilité de vos actes, vous ne les reprochez à personne d'autre — et il faut reconnaître que personne n'aime être blâmé. Lorsque vous endossez la responsabilité, même si l'on vous reproche quoi que ce soit, tout ce que vous avez à faire c'est de répondre : « Oui, je sais que j'ai fait ça, et je te répète que je suis désolé ». Essayez parfois. Lorsque vous niez vos sentiments et n'endossez pas la responsabilité, les personnes affectées par vos actes restent mécontentes, le reproche persiste et les relations sont endommagées. Si vous admettez vos actes et vos pensées, le reproche retombera à plat.

Ce type de comportement a-t-il interféré dans *vos* relations ? Je vous suggère d'y réfléchir et de prendre quelques notes. Souvenez-vous qu'il ne s'agit pas de vous juger, mais de décider que vous voulez désormais être en phase avec vos sentiments pour votre propre développement personnel, en vue de meilleures relations, et pour commencer à réellement vous aimer. Rappelez-vous qu'un martyr, une victime ou un sauveur provoque souvent chez l'autre un comportement qui suit ce scénario.

Si vous avez les penchants décrits dans ce livre, avoir tort vous est très pénible. Je sais que c'est difficile, mais je ne peux que vous dire que ne jamais avoir tort exaspère les autres. Personne ne veut tout le temps avoir tort et énormément de gens rencontrent le même problème. Puisque nous faisons tous des erreurs, si vous obligez les autres à en endosser la responsabilité sans jamais le faire vous-même, deux choses se produiront à coup sûr : les gens perdront tout respect pour vous et seront en colère, et ils s'éloigneront de vous.

Un jeune homme me raconta en larmes comment sa mère lui avait appris à ne jamais céder et que personne ne l'aimerait s'il le faisait. Cette croyance était évidemment erronée, mais elle était si forte que lorsqu'il franchit le pas et s'excusa auprès de sa femme de ce qu'il lui avait fait, il fut stupéfait de constater que cela les rapprocha et qu'elle l'aima encore plus.

Certaines personnes ont peur d'avoir tort, car elles pensent que cela implique qu'elles sont exécrables — ce qui les ramène à nouveau à leur peur de l'Abîme. C'est pourquoi la lucidité est si importante. Si les gens se comportent de cette façon, c'est uniquement en raison d'une souffrance émotionnelle intense. Bien que je compatisse à cette souffrance, il n'est pas bon de la laisser dicter vos interactions dans un sens qui nuira à l'autre. Cela aura un effet destructeur sur les autres et au bout du compte sur vous-même. Le problème est que les sentiments de l'autre n'entrent pas en ligne de compte. Tout comme quelqu'un a pu autrefois vous blesser en vous donnant l'impression que vous aviez toujours tort ou que vous étiez nul, vous perpétuez le même schéma et nuisez aux autres. Je n'insisterai jamais assez sur le fait que votre amour-propre augmentera considérablement lorsque vous endosserez la responsabilité de vos sentiments et de votre comportement.

« Leslie » redoutait et détestait avoir tort. Elle était parvenue au stade de pouvoir se l'avouer et me le dire sereinement, mais l'admettre devant son mari était une tout autre histoire. C'était comme si elle savait qu'elle était sur le point d'abandonner sa pensée manichéenne pour toujours et d'aller de l'avant — un formidable progrès en soi — mais était encore effrayée et perdue. Je lui demandai de faire un énorme acte de foi envers l'inconnu et elle le fit. Lorsque je lui demandai si elle était prête à faire ce grand saut, elle me répondit par un « Ouiii » prolongé et je sus que comme toujours elle irait de l'avant. Son superbe sens de l'éthique lui donne de la force — et vous aussi *vous* disposez de cette même force. La partie équilibrée de sa solide conscience lui fit réaliser qu'elle et son mari méritaient mieux, et elle franchit le pas. Elle me raconta à quel point elle s'était sentie mal un jour où elle avait pris conscience qu'elle s'était moquée de son mari pour ne rien avoir à se reprocher, pour ne pas se sentir en défaut. Elle réalisa alors qu'elle était parvenue à un stade où elle pouvait faire mieux et admit que son amour-propre s'améliorerait.

Leslie me dit avec tristesse qu'elle voyait dorénavant les autres plus clairement et réalisait que tout le monde a des complexes, et certains de très sérieux. Elle précisa qu'auparavant lorsqu'elle angoissait, elle pensait être la seule. Elle expliqua en pleurant à quel point elle avait passé toute sa vie à essayer de se sentir aussi bien que les autres alors que des gens souffraient beaucoup plus qu'elle, des gens comme elle qui ne font rien pour y remédier. Je lui répondis qu'ils n'étaient peut-être pas prêts ou que le courage leur manquait, et elle l'admit avec sagesse et maturité bien que cela lui pesât. Elle réalisa que c'est la vérité qui permet de se libérer de l'anxiété et que ce qui est refoulé n'est jamais gai.

Maintenant qu'elle a découvert la joie et la puissance de la conscience de soi, et a émotionnellement dépassé le stade auquel tant d'autres se trouvent, elle ne désire plus être meilleure que quiconque. Elle aimerait vraiment qu'il y ait dans sa vie davantage de personnes avec moins de positions défensives à éviter. La bulle de la pensée manichéenne a explosé, et Leslie fait désormais face à sa déception. Elle a connu bien des déceptions dont de nombreuses dévastatrices, mais elle les affronte avec son honnêteté et son courage habituels. Lorsque vous affrontez votre déception et votre tristesse, c'est tout ce qu'il vous reste : la déception et la tristesse — et non plus l'anxiété et la peur de l'Abîme. Vous n'avez alors plus peur de briser le fragile rempart qui vous dicte que vous devez être parfait et que les autres doivent l'être aussi.

Dès le premier jour, j'ai perçu la réelle essence de cette jeune femme merveilleuse et j'attends la magnifique journée où elle verra son authentique reflet dans le miroir. Elle pense que c'était drôle, quoique triste, d'avoir passé tant d'années en croyant être aussi nulle et inférieure. En tant que personne tenant le miroir, je ne peux que lui dire que je sais qu'abandonner le fantasme de la perfection en participant à la vie réelle est triste, mais comporte des satisfactions incroyables et joyeuses. Si à l'heure actuelle elle n'a qu'un aperçu de sa beauté intérieure, elle se verra bientôt telle qu'elle est réellement.

J'ai déjà abordé la question du contrôle dans ce livre, mais il est important d'y revenir, car cela affecte les relations de la personne PCH. De nombreuses personnes PCH souhaitent contrôler non par malice, mais par insécurité. Néanmoins, personne n'aime être contrôlé et quelqu'un qui se respecte finira par rompre ce type de relation. Paradoxalement, si la tentative de contrôler les autres vise à les empêcher de partir, c'est souvent ce qui les conduit à déguerpir. Les questions de contrôle peuvent soulever des problèmes avec des amis, un conjoint ou des enfants — toute personne avec qui l'on est en relation.

Comme nous l'avons vu, vouloir exercer davantage de contrôle sur les autres tire son origine d'une époque où l'on avait l'impression de ne quasiment rien contrôler. Pourtant, on ne peut que se contrôler soi-même. Bien que j'aie observé la tristesse que provoque cette connaissance, c'est la vérité et il est bénéfique de l'accepter. Nous connaissons tous la réalité très douloureuse de se sentir impuissant à un moment ou un autre. De nombreuses personnes se souviennent d'adultes qui ont abusé du pouvoir qu'ils avaient sur elles lorsqu'elles étaient enfants, et vivent déterminées à ce que cela ne se reproduise plus jamais. Pourtant, nous sommes impuissants à changer ou forcer les autres, et au bout du compte nous devons tous accepter ce fait. J'ai vu des gens rester dans des relations extrêmement dysfonctionnelles — non par amour, mais simplement par incapacité à accepter qu'ils ne pouvaient pas contrôler l'autre. En outre, tenter de contrôler excessivement les autres constitue une violation de leurs droits.

Quand bien même personne ne soit en mesure de véritablement bien gérer l'impuissance, dans la vie, il est crucial de savoir quand on ne peut vraiment rien faire et d'apprendre à simplement lâcher prise. Je me souviens lorsque ma mère mourut d'un cancer alors que j'étais une jeune adulte. Avant sa mort, je persistais désespérément à penser à ce que je pourrais faire pour qu'elle puisse vivre en bonne santé. À mes yeux, elle avait toujours été capable de m'aider et de me garder en sécurité, et je dis un jour à mon mari : « Si c'était moi qui étais en train de mourir, ma mère ne se contenterait pas d'attendre en pleurant et en essayant de l'accepter sans rien faire ! ». Mon mari me répondit avec sagesse : « Mais dans la situation inverse, qu'est-ce que ta mère aurait pu faire ? ». J'eus besoin de cette piqûre de rappel pour accepter mon impuissance et l'inéluctabilité de sa mort prochaine, par contre je pouvais contrôler le fait de lui apporter du réconfort et la manière de m'y prendre.

Les gens essaient parfois de trop contrôler en ayant l'impression que s'ils aiment suffisamment fort, ils pourront résoudre tous les problèmes de leurs proches. Il s'agit d'une leçon difficile et douloureuse, mais les gens se trouvent au niveau où ils doivent être. Si quelqu'un demande de l'aide ou un conseil, vous pouvez les lui offrir, mais même si cela fonctionnait, usurper les processus émotionnels de quelqu'un ne l'aidera pas à acquérir quoi que ce soit.

Tout au long de ce livre, vous avez vu des exemples de la manière dont les différents rayons de la roue sont tous reliés les uns aux autres et comment ils représentent tous des aspects de la même problématique centrale.

Dans une relation avec un autre être humain, et particulièrement s'il s'agit d'une relation sentimentale où l'autre concentre tant d'espoirs, de rêves et d'attentes, ces questions sont exacerbées et peuvent devenir plus extrêmes.

Lorsque deux personnes de dynamique PCH ont une relation sentimentale, on a alors affaire à deux ensembles de dynamique PCH connexe qui interfèrent dans leur aptitude à communiquer de manière honnête. Ceci est bien malheureux, surtout lorsqu'il est évident qu'au fond, ces deux personnes tiennent véritablement l'une à l'autre. Cependant, puisque ces dynamiques interfèrent effectivement avec une interaction authentique, elles peuvent être toxiques pour une relation intime.

On entend souvent parler dans les médias du piètre état dans lequel se trouvent les relations — des statistiques sur le taux de divorce, par exemple. Il est vrai que les gens semblent avoir beaucoup de mal à rester ensemble. Vous-même êtes peut-être en train d'apprendre combien il est difficile pour des adultes de rester ensemble. Avec autant de personnes investies dans l'idée du partenaire parfait, de la relation parfaite et de la vie parfaite, il est facile de comprendre pourquoi au départ elles se marient. Mais que se passe-t-il lorsque la « lune de miel est finie » et que chacun prend de plus en plus conscience des défauts de l'autre et de leurs incompatibilités ?

La plupart de nos défauts sont inoffensifs et ne sont pas « matière à rupture ». Mais lorsque vous avez espéré et désiré la perfection et vous retrouvez avec un simple être humain — une personne qui, comme vous, outre ses points forts possède également de nombreuses faiblesses — la déception qui en résulte peut susciter d'énormes sentiments d'indignation, d'injustice, voire même l'impression d'avoir été trompé ou trahi.

Personne n'a tenté de vous tromper, mais quand l'autre ramène ses problèmes, la personne PCH peut effectivement ressentir cela comme un affront. Il est également vrai que vous craignez que votre partenaire voie *vos* défauts. Alors, comment faire face à ces déceptions ?

À nouveau, ces questions ont été abordées dans les chapitres précédents. Mais si c'est une chose d'affronter votre *propre* sentiment de honte et de pensée perfectionniste et manichéenne qui vous a causé des ennuis par le passé, d'examiner vos espoirs et vos craintes et votre vie fantasmatique — de vous rapprocher de votre peur de l'Abîme —, c'en est une toute autre d'appliquer ces nouveaux progrès à vos relations à l'autre, qui peut lui-même avoir travaillé ou non sur lui.

Il est fréquent que les patients viennent en thérapie individuelle en raison de leurs difficultés relationnelles présentes. Il est fréquent que les relations houleuses sur lesquelles ils souhaitent travailler ne soient absolument pas le véritable problème, mais indiquent simplement des domaines où un développement personnel s'impose. La clé est d'examiner les constantes. Si vous repérez des points communs dans vos anciennes relations, vous pourriez vouloir analyser ce qui vous a poussé à répéter ces comportements et ce qui vous empêche de développer une relation authentique avec une autre personne.

Dès sa première séance, « Eileen » me parla de son petit ami, « Jonathan ». Elle se sentait blessée par le fait que Jonathan ne semblait pas la comprendre et ne prenait jamais le temps d'essayer de parler avec elle de ce qui la tracassait. Elle avait l'impression de toujours courir après lui, qu'il ne se rendait pas disponible et prenait ses distances à chaque fois qu'elle tentait de se rapprocher. À chaque fois qu'il s'éloignait émotionnellement, elle insistait en faveur d'une plus grande intimité et pour passer plus de temps à partager avec lui ses espoirs envers l'avenir et à lui dire combien elle l'aimait. Plus elle agissait ainsi, plus il se retranchait. Elle me demanda ce qui clochait chez elle et faisait fuir Jonathan.

Je demandai à Eileen de me parler de ses anciennes relations. Avait-elle connu des problèmes similaires avec des hommes par le passé ? Elle acquiesça énergiquement. « Les hommes sont tous les mêmes », répondit-elle. « Au début, quand on tombe amoureux, c'est tellement excitant, on est tout le temps ensemble et l'on partage tout, toutes nos pensées et nos sentiments. Et puis après un moment, ils se comportent comme si je faisais quelque chose de mal en essayant d'être proche d'eux. Plus je recherche l'engagement, plus ils reculent. ». Elle me dit qu'elle était fatiguée des hommes et de leurs petits jeux. Elle considérait que le problème venait des hommes en général, qu'ils avaient peur de l'intimité et de s'impliquer.

Je demandai alors à Eileen de réfléchir aux points communs dans ces diverses relations. Elle avait déclaré qu'au début, lors du premier rendez-vous galant, elle aimait se rapprocher de ces hommes. Je lui dis qu'il semblait que cela devenait vite intense, avant même qu'ils n'aient vraiment l'occasion de se connaître mutuellement. Cela mit Eileen mal à l'aise. Bien qu'elle fût d'accord avec moi, cela la préoccupait visiblement. Elle parut gênée et répondit : « Maintenant que vous le dites, oui, c'est vrai, je suppose qu'on a un peu précipité les choses au départ. ».

J'observe cela très souvent dans les relations, et c'est vraiment triste. Plutôt que d'apprendre à se connaître petit à petit, au cours du temps, il existe une tendance à précipiter les choses et à imposer une fausse intimité avant que cette dernière ne s'installe naturellement. Eileen avait expliqué qu'elle et Jonathan étaient tombés très vite amoureux, mais ceci n'a rien à voir avec l'amour. L'amour s'installe avec le temps, avec honnêteté, respect et aptitude à accepter une personne avec tous ses défauts et ses faiblesses. Vous ne tombez pas illico amoureux quand vous rencontrez quelqu'un, et si vous lui dites que c'est ce que vous ressentez, il est naturel que cela dégénère dans la poursuite des relations.

Eileen finit par réaliser que lorsque l'autre se retranchait d'une situation qu'il commençait à considérer de moins en moins positivement, elle insistait encore plus pour qu'il recrée avec elle la proximité et l'excitation qu'ils avaient connues initialement. Mais les gens ne peuvent maintenir ce faux optimum éternellement. Plus vous passez du temps avec une autre personne, plus vous allez voir ce qu'elle est réellement. Et si vous avez précipité les choses, il est très probable que vous lui ayez attribué nombre des qualités que vous *aimeriez* qu'elle ait, que celles-ci soient réelles ou non. À mesure que vous la connaissez mieux et finissez par découvrir qu'elle ne possède pas ces qualités, vous pouvez tenter de forcer les choses. Mais cette personne ne peut pas devenir la personne que vous avez espéré qu'elle soit. C'est pourquoi le mieux est de laisser les relations se développer graduellement afin que vous puissiez constater par vous-mêmes, à mesure que vous en apprenez plus l'un sur l'autre, si vous êtes ou non en adéquation.

Après plusieurs mois de thérapie, Eileen rompit avec Jonathan. Elle fut extrêmement blessée par sa réaction : il était soulagé. Eileen avait choisi une personne inaccessible émotionnellement qui, comme elle, appréciait l'intensité et la fausse intimité, mais n'était pas prête à être sincère avec quelqu'un d'autre. Plutôt que de le reconnaître honnêtement, Jonathan s'était prêté à ce petit jeu avec Eileen où il la laissait courir après lui puis se retirait émotionnellement de la relation de plus en plus. Quant à Eileen, les sommets des tous débuts de la relation lui manquaient et elle essayait de contrôler les sentiments changeants de Jonathan en lui montrant à quel point elle tenait à lui et pouvait être merveilleuse.

Ni Eileen ni Jonathan n'avaient entamé la relation avec leur véritable essence. Ils y avaient incorporé leurs attentes irréalistes et quelques idées démodées et rebattues quant à ce qu'une relation pouvait ou devait être. Ils traitèrent la relation comme un jeu et n'en obtinrent par conséquent guère plus que pour n'importe quel jeu. La vie n'est pas un jeu et vous n'aurez pas une véritable relation si vous la traitez comme un jeu. Le respect mutuel était absent, tout comme la capacité à s'apprécier en tant qu'êtres humains entiers, pour le meilleur et pour le pire.

Eileen finit par comprendre qu'il n'était pas question de Jonathan dans cette relation, ni de ses partenaires dans les relations précédentes qui avaient suivi le même schéma. Elle réalisa que c'était son propre désir d'intimité avec autrui qui la poussait vers ce type d'hommes avec qui elle pouvait instantanément développer une relation très intense. Malheureusement, passé cette première étape excitante, ces hommes étaient incapables d'un niveau d'interaction profond. Eileen réalisa que pour véritablement connaître l'intimité avec autrui, elle devait apprendre à être patiente et à laisser les choses se dérouler naturellement. Elle expliqua avec sagesse que profiter seule des choses qu'elle aimait faire lui procurait plus de bien-être que d'être avec une personne et tenter de la forcer à l'apprécier. Elle vit qu'elle avait recherché un regard valorisant chez ces hommes alors qu'il ne tenait qu'à elle d'avoir une image d'elle-même plus positive.

Après sa rupture avec Jonathan, la thérapie d'Eileen ne se concentra plus sur les hommes et les relations mais sur elle-même, ses propres pensées et sentiments — et son enfance. Ses parents avaient divorcé alors qu'elle était très jeune et avaient mis en place un dispositif de garde irrégulier. Bien qu'Eileen fût censée voir son père un week-end sur deux, en pratique elle ne le voyait souvent qu'une fois par mois, parfois moins. C'est quand elle était le plus impatiente de le voir qu'il appelait pour dire qu'il ne pourrait pas la prendre ce week-end là en espérant qu'elle comprendrait. Puis, lorsqu'Eileen le voyait enfin, il était distrait, distant et ne s'intéressait pas à ce qui se passait dans la vie d'Eileen. Il ne connaissait pas les noms de ses amis ou de ses professeurs, ni ne la questionnait sur ses notes ou sa pratique du football. Émotionnellement, il n'était pas disponible pour elle.

Eileen souhaitait que je comprenne que son père n'avait jamais été méchant avec elle. Il n'avait jamais rien dit de cruel ni n'avait fait quoi que ce soit à dessein pour la faire souffrir. Avoir des enfants semblait tout simplement ne pas l'intéresser. Ce fut un grand pas pour Eileen. Elle réalisa qu'elle n'était pas responsable du comportement de son père, que seul lui l'était. Il était émotionnellement imperméable aux sentiments de quiconque, quand bien même cette personne était sa propre fille qui avait besoin de lui. Lorsqu'Eileen allait chez son père les week-ends, elle essayait de l'obliger à faire attention à elle en étant affectueuse et tendre, en s'asseyant sur ses genoux dans la tentative d'être proche. Plus elle se comportait ainsi, plus son père se renfermait.

Eileen réalisa qu'elle avait répété ce schéma avec les hommes qu'elle avait fréquentés et que son comportement n'avait rien à voir avec ces hommes. Certaines problématiques ne se révèlent que lorsque nous sommes avec d'autres personnes, car c'est là que nous pouvons rejouer certaines situations que nous avons dû affronter lorsque nous étions plus jeunes.

Eileen finit par pardonner à son père son indisponibilité émotionnelle. Elle prit conscience que bien des années après avoir divorcé d'avec sa mère, il ne s'était jamais remarié ni n'était resté très longtemps avec une femme. Elle était désolée qu'il passât à côté de l'amour dans sa vie, mais précisa qu'elle croyait qu'il l'aimait vraiment, mais n'était seulement pas très doué pour le montrer ou pour être authentique avec les autres. Elle cessa de se concentrer autant sur la recherche du partenaire idéal et commença à prendre plaisir à prendre du temps pour elle-même. Elle avait toujours désiré être en couple et jusqu'ici ne s'était jamais permis d'être célibataire.

Finalement, Eileen rencontra un jeune homme charmant et prit le temps de le connaître. Au lieu de s'exclamer qu'elle était amoureuse, elle me dit qu'il paraissait avoir de nombreuses qualités et qu'elle était impatiente de mieux le connaître. Elle se réjouit du calme qu'elle ressentait alors et de ne plus avoir aucune envie de précipiter les choses. En retour, à mesure que leur relation devint plus sérieuse, le jeune homme ne tenta pas de s'éloigner ni de la faire fuir mais s'avéra au contraire capable d'entretenir une intimité adulte saine, tout comme Eileen.

Eileen avait pris le temps d'en apprendre davantage sur elle-même et de guérir certains aspects de sa personne qui avaient influencé ses relations avec les hommes. Elle avait changé et par conséquent, le type d'homme qu'elle attirait avait également évolué.

Eileen avait une personnalité PCH et était convaincue que si elle se comportait comme il fallait, l'autre s'améliorerait. Elle pensait qu'elle pouvait contrôler cela et s'efforçait en vain d'obtenir le résultat qu'elle escomptait. Elle croyait également que si elle était suffisamment bien d'une manière ou d'une autre, quelqu'un voudrait avoir une relation sérieuse avec elle. Pourtant, le problème n'était pas ses qualités propres, mais le fait qu'elle choisissait des hommes qui ne voulaient pas être proches, car elle pensait ne pas être assez bien. Comme toujours, se connaître lui apporta de nombreuses options dont elle ne disposait pas auparavant.

Il semble que les gens ayant survécu à une enfance extrêmement difficile et qui réussissent dans la vie aient une personnalité PCH — ce sont de solides survivants. Si vous faites partie de ces personnes, vous possédez de nombreuses forces que vous pouvez constater face à n'importe quel problème. J'espère que mes patients pourront vous inspirer et vous rappeler votre propre force tandis que vous progressez dans la connaissance de votre Abîme et de la prison que vous avez érigée quand vous étiez plus jeune afin de gérer la souffrance et la peur. Vous n'avez plus besoin des limites de cette « prison adorée » pour vous obliger à de faux principes — vous êtes capable de bien davantage.

Exercices

Exercice 1

Karen et John sont mariés. Karen aime être indispensable et se moque toujours de John d'une manière bon enfant de sorte qu'il ait l'air incompétent. Ensuite, Karen « répare » tout. John en a assez. Qu'arrive-t-il à John ? À la relation ?

Exercice 2

Joe critique constamment Mary et celle-ci manque toujours d'assurance. Joe constate son manque de confiance en elle et pense que ses problèmes ne sont pas si terribles — au moins il ne quémande pas l'amour ! La thérapeute de Mary lui dit que les critiques de Joe n'ont rien à voir avec elle et qu'essayer de lui faire plaisir n'y mettra pas un terme. Pourquoi ?

Exercice 3

Que voulez-vous que votre conjoint fasse pour vous ? Qu'êtes-vous prêt à faire pour lui ?

Exercice 4

Pensez à diverses occasions où un proche vous a critiqué ou demandé de faire les choses différemment. Comment avez-vous réagi ? Comment évalueriez-vous la maturité de votre réaction ?

Exercice 5

De nombreuses personnes bataillent désormais avec une intimité trop précoce. Après quelques rendez-vous, elles s'installent souvent ensemble et considèrent l'autre comme un partenaire. Lorsque cela ne fonctionne pas, comme souvent, une séparation radicale se produit. Bon nombre de personnes qualifient leur nouvel amoureux de « gentil », mais « gentil » ne constitue pas la totalité d'une personnalité. Même pour les animaux, c'est inapproprié. Par exemple, j'ai eu deux bassets. L'une, Mabel, était très douce, obéissante et câline, mais elle était passive-agressive et sournoise. Notre autre basset, Bebop, est grognon, susceptible, affectueux à sa façon, totalement direct et sans sournoiserie.

Pensez à une personne que vous avez fréquentée et décrivez-la. Répondez aux questions suivantes : Qu'aimiez-vous chez elle ? Qu'est-ce qui la mettait en colère ou l'énervait ? Qu'est-ce qui la faisait douter d'elle-même ? Qu'y avait-il de différent entre la personne que vous aimiez et celle que vous n'aimiez pas ? Qu'est-ce qui lui procurait du bien-être ? Comment réagissait-elle face à l'inconfort ? Pensez à d'autres questions que vous pourriez poser et tentez de décrire une personnalité réelle et entière.

Chapitre 10

L'Abîme

Jusqu'ici, nous avons abordé divers problèmes qui semblent distincts, mais qui font partie du même noyau structurel. J'ai surnommé ces difficultés — qui, il faut bien l'admettre, provoquent intrinsèquement du stress et du chagrin — les rayons de la roue. J'ai utilisé une structure circulaire pour souligner le fait que ces difficultés, ou rayons, constituent les symptômes d'une problématique centrale. Aucune ne précède l'autre et aucune n'existe isolément. Elles sont au contraire liées, chacune reflétant des aspects des autres traits et émanant de la structure fondamentale de la personnalité.

Si vous avez lu les chapitres précédents et avez fait les exercices, vous aurez accompli un bon travail cognitif sur les rayons eux-mêmes, mais vous aurez également constaté que, bien qu'il soit important de traiter les rayons, cela ne constitue pas l'ensemble du tableau. Pour cette raison, vous avez été encouragé et aidé à approfondir votre connaissance des phénomènes inconscients, à creuser au-delà des apparences.

Pour réellement modifier une personnalité, il faut prendre conscience des pensées et des sentiments qui demeuraient auparavant inconscients. Par exemple, nous avons parlé de la pensée manichéenne et des associations rigides auxquelles se livrent les personnes PCH. Souvenez-vous de ceux qui prêtaient toute une personnalité imaginaire à des personnes qui étaient simplement en retard ou avaient choisi de se teindre les cheveux. Vous vous souvenez aussi de ces patients qui pensaient qu'un petit mensonge était épouvantable et qui avaient l'impression de devoir être tout le temps brutalement honnêtes.

Mais *pourquoi* les gens procèdent-ils à ces associations spécifiques ? Parfois, je demande à une personne PCH pourquoi elle a besoin d'être parfaite et elle répond qu'à chaque fois qu'elle a été imparfaite par le passé, cela lui a valu de faire l'objet de cruauté ou d'humiliation. Ceci constitue une partie de la réponse, une partie *historique* ; c'est-à-dire que cela explique comment le comportement ou le sentiment est apparu et a été autrefois renforcé. Pourtant, nous sommes dans le présent. Une explication historique ne répond pas à ce qu'il y a *actuellement* dans la tête et le cœur d'une personne. C'est ce dont il sera question dans ce chapitre.

Ce livre tire son titre de ce chapitre. J'ai surnommé la peur réelle et sous-jacente des personnes PCH qui se manifeste dans les différents rayons : l'*Abîme* — un gouffre obscur et sans fond où l'on craint de tomber. L'Abîme n'est pas la façon dont vous *aimeriez* vous percevoir, mais l'image de vous-même que vous redoutez et tentez de ne pas connaître. Les rayons de la roue visent à vous aider à ignorer cette image de vous-même redoutée, à la nier et à la scinder en de nombreux rayons différents ou les diverses problématiques que nous avons abordées. Ces difficultés sont le prix que vous payez pour garder l'Abîme hors de votre champ de conscience.

Si seulement le déni fonctionnait ! Si tel était le cas, mon travail viserait pour l'essentiel à aider les gens à nier ce dont ils ont peur. Le fait est que ces problématiques mettent au supplice l'individu même qu'elles étaient censées protéger. Quand les gens sont sur la « défensive », c'est de leur propre Abîme personnel contre lequel qu'ils se défendent. Il est plus facile de voir l'attitude défensive des autres que la sienne, car peu de personnes ont le courage ou la conscience nécessaires pour affronter leur propre Abîme. Pourtant, c'est le seul moyen de se dégager des rayons anxiogènes et des problèmes qu'ils véhiculent.

Ainsi, l'Abîme est l'image de soi tant redoutée qui va à l'encontre de l'image que les gens prétendent avoir d'eux-mêmes. C'est l'image de soi qui est tellement redoutée que les personnes PCH ont le sentiment de devoir basculer à l'extrême opposé pour la dénier. D'où vient l'Abîme ? Du passé, évidemment ; en particulier, il peut plonger ses racines dans l'idée que vous vous faites d'une autre personne. On entend souvent les gens dire qu'ils ont peur d'être comme leur mère ou leur père. Quand ils disent cela, ils ont bel et bien une certaine conscience de l'Abîme, mais ils basculent ensuite à l'extrême opposé dans la tentative de surcompenser ces aspects redoutés de leur image d'eux-mêmes.

Ainsi, l'Abîme peut être un autre redouté qui forme une partie dissimulée de l'image de soi d'une personne. Une image de soi n'a pas besoin d'être le reflet de la réalité pour néanmoins influencer puissamment la personnalité. Les rayons de la roue constituent un moyen de défense contre l'image de soi qui représente l'autre redouté, mais ils entravent la conscience de soi et une plus ample croissance émotionnelle.

Outre la représentation d'un autre redouté, l'Abîme peut également être une image de soi basée sur la façon dont une personne était décrite dans son enfance ou l'impression d'elle-même qu'elle était amenée à entretenir : une cruelle vision déformée de soi. Une fois adultes, certaines personnes se sentent encore maladroites, stupides ou repoussantes et tombent dans l'excès pour éviter de le reconnaître. Lorsqu'un rayon est heurté, la peur de l'Abîme est activée et la personne PCH apeurée réagit d'une des manières décrites ici en tant que traits PCH. Fuyant l'Abîme, elle crée involontairement une prison qui devient émotionnellement oppressante.

Pour beaucoup de gens qui ont été maltraités, l'Abîme représente un de leurs parents. Ils pensent que si jamais ils ressentent de la colère, ils *deviendront* leur parent violent, père ou mère. Plus inconsciemment, ils ont l'impression *d'être* déjà comme ce parent. Bien que vous puissiez ressentir de la colère, voire même de la rage — tout comme votre parent — vous possédez aussi des valeurs, une maîtrise de vous-même et de nombreux traits positifs et rationnels. Quand j'énonce que mettre l'Abîme en lumière est le moyen de guérir, je veux dire qu'affronter des sentiments sur lesquels vous n'agirez jamais, au grand jamais, vous permet d'intégrer votre rage et d'autres caractéristiques de votre Abîme à vos nombreux sentiments positifs — voyez le Chapitre 5 pour une discussion sur l'intégration des sentiments. En outre, vous découvrirez que votre lucidité accrue apaise grandement les sentiments de colère ou de menace que vous ressentiez auparavant ; à mesure que vous reconnaissez vos problématiques, vous découvrez que vous n'avez pas besoin de les convertir en colère comme vous le faisiez par le passé.

Lorsque les sentiments sont intégrés, ils ne sont plus purs — ils se diluent. Sous cette forme, la rage est bien moins intense que celle d'une personne sans intégration émotionnelle. On ne pourra jamais assez insister sur ce point. C'est la raison centrale pour laquelle l'Abîme et ses contenus, ainsi que la signification de chaque rayon de la roue, doivent devenir conscients.

Peut-être votre Abîme provient-il de l'image de vous-même que l'on vous renvoyait dans l'enfance. Peut-être vous trouvez-vous incompétent ou stupide. Il se peut même que vous ayez été un enfant bien traité qui s'est créé un Abîme parce que vous vous sentiez coupable d'avoir des parents gentils. Lorsque vous affrontez cet Abîme, il vous sera alors peut-être plus tolérable, voire même confortable, d'admettre que vous êtes ignare dans certains domaines, comme nous le sommes tous. Vous pouvez alors commencer à renoncer à tenter de *tout* apprendre et simplement faire ce que vous appréciez le plus et connaissez le mieux. Personne ne peut vous couvrir de honte parce que vous ne savez pas quelque chose si vous avez déjà admis que vous ne savez pas, que ce n'est pas votre point fort et que vous n'avez pas besoin de vous développer intellectuellement dans tous les domaines possibles.

Lorsque l'on réfléchit aux problématiques abordées dans ce livre, il est important de prendre en considération la notion d'écarts de comportement. Tout le monde présente une fourchette de comportements, et je dis souvent à mes patients qu'ils doivent observer cette variation chez les autres pour déterminer s'ils veulent ou non les accepter dans leur vie. Par exemple, certaines personnes peuvent être extrêmement gentilles par moments, peut-être même plus que la plupart des gens, mais d'un autre côté, elles peuvent également devenir violentes. C'est ce qui rend difficile pour les femmes battues, par exemple, de quitter un conjoint violent ; elles évoquent le fait qu'il leur offre des fleurs, s'excuse et s'avère extraordinairement gentil envers elles par moments. Je leur souligne le fait que je ne conteste pas cette gentillesse, mais m'inquiète de l'écart de comportement qu'il manifeste. Je leur indique que je préférerais quelqu'un qui ne soit peut-être pas aussi excessivement gentil ou sensible par moments, mais dont la polarité opposée serait de simplement se taire pendant un moment ou d'être sarcastique, plutôt que de se montrer violent.

Rien ne nous est jamais enseigné sur la variation des comportements, et j'ai vu un grand nombre de personnes — des personnes intelligentes et parfaitement équilibrées — être désorientées par un comportement manipulateur à cause des moments de « gentillesse » ; et elles semblent oublier ou ne pas intégrer le pôle négatif de l'étendue des comportements. Si, par exemple, une personne est une amie merveilleuse dans les bons moments, mais s'avère destructrice sous le coup de la colère, ce n'est pas une amie acceptable. Nous devons savoir du mieux possible ce que les autres feraient sous diverses circonstances et quelle est l'étendue de leurs comportements.

Vous devez également connaître votre propre gamme de comportements. J'ai expliqué qu'avoir des points communs avec une personne alcoolique, violente, maltraitante, etc., ne vous rend pas semblable à elle, mais cette notion d'étendue clarifiera davantage ce point. Si vous avez été maltraité, vous connaissez les écarts de votre parent et ce sont ces écarts qui constituent le problème.

Quelle est la fourchette de vos comportements ? Quels sont ceux qui se trouvent au sommet de votre échelle quand vous vous sentez heureux et généreux ? Quels sont ceux qui se situent en bas quand vous êtes en colère ? Vous contentez-vous de voir rouge, si vous avez la capacité de reconnaître votre colère ? Ou faites-vous la tête ou vous comportez-vous de manière passive-agressive ? Bien que ces comportements puissent détériorer une relation et être agaçants, voire nuisibles, ils ne font pas de vous quelqu'un de violent ou *apparenté* à un individu maltraitant. Et si vous êtes une personne PCH dont les limites sont sûres, vous ne devez pas avoir peur d'examiner votre Abîme.

Le simple fait d'éprouver de la colère envers leurs parents suscite un sentiment de culpabilité chez certaines personnes PCH, même en cas de maltraitance ou de violence psychologique avérées. L'une des raisons en est que la plupart des gens ne sont pas tout le temps violents, et même dans le pire des foyers, il subsiste généralement des souvenirs heureux ou des périodes de trêve. À nouveau, c'est là où le concept d'étendue s'avère utile. Vous méritez ces heureux souvenirs, et ceux-ci rendent les mauvais plus faciles à supporter, mais l'étendue comportementale de la personne qui maltraite montre un sévère manque de contrôle et de la rage pure à son extrémité négative. Bien que rien ne gâche les bonnes actions, les mauvaises méritent également leur vérité, et vous ne devez pas vous sentir coupable de ressentir de la colère envers l'agresseur. Une personne normale possède une fourchette de comportements normale, même si celle-ci variera d'une personne à l'autre.

C'est également le bon moment pour rappeler que si de nombreuses personnes PCH — en particulier celles qui éprouvent d'intenses sentiments d'inaptitude, de tristesse et de honte — ont bel et bien été victimes de maltraitance, toutes ne viennent pas de foyers dysfonctionnels. Certaines ont de gentils parents PCH aimants et ont l'impression qu'elles ne pourront jamais être à la hauteur, même si elles sont énormément aimées. Ces personnes peuvent également développer un type de personnalité PCH, souvent à la consternation de leurs parents. Un autre scénario est de simplement avoir des parents normaux, affectueux et compétents. Dans cette situation, certains enfants se sentent coupables d'avoir des parents très gentils envers eux et développent toute la constellation PCH, outre la culpabilité. Souvent, les parents sont inquiets et confus face à cette situation et tentent d'aider l'enfant sans trop savoir comment.

Il est très difficile d'élever un enfant, et comme je le dis toujours, nous naissons tous pour vivre *certains* problèmes. Les enfants éprouvent de l'hostilité lorsqu'ils doivent faire leurs devoirs, aller au lit ou faire des corvées, par exemple. Certains parents sont tellement gentils qu'ils n'expriment jamais de colère, et l'enfant se retrouve avec un sentiment de grande culpabilité, de puissance excessive, d'agressivité et de honte. Les parents ne savent pas qu'ils doivent apprendre à leur enfant à gérer l'hostilité et que ce sentiment est normal ; ces bons et gentils parents ont souvent des enfants PCH. Je me souviens quand ma fille m'a demandé à l'âge de sept ans si je l'avais déjà détestée. Je lui ai répondu : « *Oui* ! Parfois tu me rends folle, mais ça ne m'arrive pas très souvent. ». Elle a répondu : « Oh, parfait maman, parce que parfois je vous déteste toi et papa même si je vous aime, mais si cela t'arrive aussi, peut-être que je ne suis pas aussi méchante que cela. ». Éprouver un peu d'hostilité mêlée à de l'amour est normal pour les êtres humains et dans une bonne relation, l'amour est intégré et surpasse de loin ce que l'on peut qualifier de colère ou de haine, il n'est ni à l'état brut ni fou furieux.

Dans l'éducation d'un enfant, il existe toujours un point de friction entre le fait de développer des compétences et celui d'étayer l'estime de soi. La manière dont la table est mise est-elle plus importante que l'image qu'a un enfant de lui-même ? Pourtant, qu'arrive-t-il si l'enfant n'apprend jamais à faire les choses correctement ? Il n'existe pas de bonne réponse et pour compliquer encore plus les choses, tous les enfants sont différents. Un bon parent normal peut dire à un enfant de toujours faire de son mieux, et il n'y a rien de mal à cela. Mais les enfants ne peuvent pas évaluer ce qui est important et ce qui n'en vaut pas la peine. Je connais beaucoup d'adultes qui ont développé une personnalité perfectionniste et sont accablés d'une grande culpabilité face aux activités les plus mineures parce qu'on ne leur a jamais appris qu'il existe des choses de peu d'importance. Pourtant leurs parents n'ont certainement jamais eu l'intention de leur insuffler une telle culpabilité. Néanmoins, un parent qui ne met jamais l'accent sur le fait de fournir un effort ou de faire de son mieux peut finir par se retrouver avec un enfant qui ne tente même pas de réussir quoi que ce soit.

Si nous ne connaissions aucune difficulté, si nous n'éprouvions aucune tension émotionnelle, nous n'accomplirions peut-être jamais rien. Ce qu'un enfant paresseux a besoin d'entendre diffère de ce qu'un enfant foncièrement PCH a besoin d'entendre. J'ai rencontré de nombreux jeunes adultes qui étaient très tristes que leur mère n'ait jamais exprimé davantage de propos élogieux ou d'affection, mais ce sont de jeunes adultes merveilleux. Ensuite, il y a ceux qui disent avoir été heureux, mais ne parviennent pas à donner une direction à leur vie, car rien ne semble les motiver.

Par conséquent, vous devez examiner la palette de comportements de ceux qui vous ont élevé ainsi que votre propre palette. Vous devez être honnête avec vous-même quant à ce qui fut difficile pour vous, dysfonc-tionnel ou impropre au cours de votre enfance, ou si vous avez développé de la culpabilité parce que vos parents étaient trop gentils à vos yeux et que vous ressentiez trop d'agressivité intérieurement. Bien que de nombreuses personnes viennent de foyers malheureux avec des parents déséquilibrés, beaucoup de personnes PCH ont des parents merveilleux et ont décidé à un jeune âge qu'elles ne pourraient jamais être aussi bien qu'eux, un sen-timent que leurs parents n'ont absolument pas voulu et auquel ils n'ont même jamais pensé.

Les parents manifestent divers comportements dans la réalité, mais le plus important est la façon dont l'enfant les perçoit, cette perception développant nos traits de caractère dans une large mesure. Je détestais quand ma mère était en colère ou de mauvaise humeur, mais je n'étais pas une enfant PCH. Je ne me rendais pas responsable des sautes d'humeur de ma mère et généralement, je savais ce qui les provoquait. Elles ne duraient jamais longtemps et je me sentais plutôt traitée injustement, évitant ma mère jusqu'à ce qu'elle soit de meilleure humeur. Plus tard, ma propre fille, qui avait de très fortes tendances PCH, développa un net sentiment de culpabilité et ressentit le besoin de me demander si j'avais jamais éprouvé des sentiments négatifs envers elle. Si elle n'avait pas posé la question, elle aurait développé davantage de culpabilité vis-à-vis de ses sentiments de colère, qu'elle se soit mal comportée ou non.

Cette digression vise non seulement à souligner la nécessité de penser en termes d'étendue de comportements lorsque vous analysez votre enfance et vous-même, mais aussi à déterminer l'origine de vos sentiments de culpabilité. Vous devez aussi comprendre que la fourchette de vos comportements vous distingue d'un individu maltraitant.

Tous les rayons sont des symptômes. Ils sont destinés à vous maintenir à distance de l'Abîme. Mais comme toutes les défenses émotionnelles, ils créent des problèmes qui leur sont propres. Dans le climat actuel où l'on souhaite des solutions rapides, les rayons ou les symptômes sont vus comme le problème et sont abordés en tant que tel à part entière. Le fait est que vous redoutez l'Abîme. Lorsque vous l'affrontez, la peur diminue.

Vous savez désormais ce que sont les rayons de la roue et que sous certaines conditions, certaines personnes PCH peuvent développer un trouble panique ou une dépression clinique lorsque leurs défenses sont menacées. Souvenez-vous de la personne qui n'arrivait pas à gérer la perte de son emploi, car elle pensait que cela impliquait qu'elle était stupide. Le licenciement avait activé les rayons du perfectionnisme et de la honte et elle était devenue cliniquement déprimée. Nous avons aussi évoqué une patiente qui avait développé un trouble panique sévère, car elle ne supportait plus la carrière que ses parents avaient choisie pour elle, mais avait l'impression qu'un enfant « parfait » ne pouvait aller à l'encontre des désirs de ses parents.

Si les rayons sont traités de façon thérapeutique, ces personnes ne seront jamais plus déprimées ou paniquées pour la même raison. Mais si seules la dépression ou la panique sont abordées sans tenir compte des causes sous-jacentes, la personne demeurera exposée au risque que la même chose se reproduise. Lorsque vous affrontez l'Abîme — et à ce stade, vous savez quel est le vôtre — vous pouvez vous avouer vos pensées et vos sentiments. Vous êtes alors en position de les intégrer.

Il est très important pour vous, lecteur PCH, de comprendre que des gens affligés de graves problèmes peuvent parfois imiter certains traits PCH, mais il leur manque les atouts, la maîtrise de soi et ce que l'on dénomme la force du Moi dont disposent les personnes PCH. J'ai eu des patients PCH dont un parent était un maniaque de la propreté jusque dans des proportions psychotiques et qui explosait régulièrement et mal-traitait ses enfants. Cette violence les disqualifie sans ambiguïté en tant que personnalité PCH. Certes, ils tentent de repousser la terreur de leur vie intime par le biais de la rigidité et de la tentative de contrôler les autres. Toutefois, leur propre perte de contrôle et leur cruauté signifient qu'ils ne sont *pas* des personnalités PCH, mais des individus souffrant de problèmes bien plus graves.

Face à une offense réelle ou imaginaire, ce type de personnes ne se livrent pas une autocritique comme vous pourriez le faire. Au lieu de cela, elles perdent tout contact avec la réalité et le respect de la moralité alors qu'elles se déchaînent en tentant d'éliminer la menace posée à leur senti-ment de soi extrêmement fragile et fragmenté. J'ai connu une femme qui maltraitait son bébé, car selon elle, il pleurait délibérément durant la nuit pour l'embêter. Ce n'était *pas* une personne PCH, en dépit de l'extrême propreté de sa maison. Rappelez-vous que les rayons de la roue n'existent pas isolément ; si une personnalité comporte un ou éventuellement plusieurs de ces rayons, mais pas le moyeu central, ce type de personnalité ne peut être qualifié de PCH.

Nombre de personnes PCH redoutent l'Abîme d'un parent violent intériorisé, car elles voient en elles des similitudes. Il est essentiel que vous compreniez que les points communs ne vous rendent *pas* semblable à une autre personne. Qu'est-ce qu'un tueur en série qui aime faire souffrir, dominer et contrôler, dont la maison est toujours propre et qui conserve soigneusement des archives de ses crimes odieux, a en commun avec une gentille infirmière efficace et impeccable qui aime s'occuper de ceux qui ont besoin d'elle et qui aime l'ordre ? La réponse est : ils n'ont *rien* d'important en commun. C'est à l'infirmière et aux gens comme elle que ce livre est destiné. J'espère aider des gens comme l'infirmière à se sentir plus paisibles, à s'accepter davantage, à cesser de s'inquiéter de ressembler à quelqu'un de totalement différent, et à cesser d'être terrifiés par des traits individuels qui n'équivalent pas à la même personnalité qu'un parent violent.

Le propos de ce livre n'est pas de vous dire de donner des coups de poing dans un oreiller et de vous « connecter » à votre colère jusqu'à ce que vous explosiez de rage. La question est de reconnaître vos sentiments afin de ne pas vivre sous un mode anxieux et défensif, avec des rayons qui sabotent chaque occasion — des rayons destinés à vous détourner de la peur d'être ce que vous ne serez jamais. Prenons un exemple.

Supposons qu'une personne PCH soit traitée injustement par son patron et accepte ce comportement pour conserver son emploi. Si l'Abîme de cette personne est d'être abusif et violent comme son père, elle se rangera du côté de son patron et lui trouvera des excuses, puis trouvera un moyen ou un autre de se rendre elle-même responsable de la situation. Une personne équilibrée qui n'est *pas* de type PCH peut reconnaître qu'on ne peut pas discuter avec ce patron et ne rien dire, mais rentrera chez elle et s'avouera à elle-même ou à quelqu'un d'autre qu'elle est en colère, qu'elle le déteste et qu'elle voudrait qu'il se fasse virer. Une personne de fort type

PCH dont l'Abîme provoque une peur d'admettre la colère, que ce soit à elle-même ou à un proche de confiance, niera éprouver cette colère, ce qui est très malsain.

Il est important que vous sachiez que les personnes normales bonnes et gentilles ressentent parfois de la jalousie, de la cupidité, de la méchanceté et de la colère. Elles ont parfois des pensées et des sentiments sous le coup desquels elles savent qu'il vaut mieux ne pas agir. C'est précisément pour cette raison que de nombreuses personnes PCH ne s'autorisent même pas à détester quelqu'un, car elles croient que ces pensées et ces sentiments *en elles* sont tout aussi mauvais que les comportements auxquels pourraient mener ces pensées et sentiments chez des individus n'ayant pas la maîtrise d'eux-mêmes. À nouveau, ces individus-là n'ont pas une structure de personnalité PCH.

On doit comprendre que dans la personnalité PCH, les pensées et les sentiments négatifs peuvent être reconnus et assimilés au lieu d'être niés. Passer à l'acte est très différent de la simple admission de sentiments — un exercice que vous pouvez pratiquer seul ou avec un psychothérapeute ou un proche de confiance si vous vous sentez à l'aise.

Lorsque j'étais à l'université, il y avait un professeur que personne n'aimait. Il se moquait des gens en classe, écrivait des remarques méchantes sur les copies et faisait de son mieux pour humilier ses étudiants et leur faire honte. Il n'était pas rare que quelqu'un fonde en larmes en cours. Une fois, lors d'une pause, nous parlions du fait que la taille de la classe avait diminué de trente à douze personnes et que nous avions mal au cœur avant d'aller en cours. Une étudiante dit : « Je voudrais qu'il lui arrive quelque chose pour qu'on en soit débarrassé. C'est insupportable. ». Nous fûmes tous d'accord.

Quelques jours plus tard, nous apprîmes qu'il était mort dans un accident. Nous nous regardâmes tous et la fille qui avait fait la remarque déclara qu'elle avait l'impression de l'avoir tué. Les autres aussi dirent qu'ils se sentaient coupables. Ce ne fut pas mon cas, même si sa mort constitua un choc. Je dis à mes camarades que nous n'avions rien fait pour provoquer l'accident et que je ne pouvais pas feindre que ce fût un homme bon ou gentil. Je précisais que je respectais la gravité de l'événement, mais ne me sentais pas coupable ni ne pouvais prétendre ne pas me sentir soulagée qu'un autre professeur reprenne ce cours obligatoire. Un autre professeur le remplaça effectivement et dès lors, le cours devint l'expérience plaisante qu'il aurait toujours dû être.

J'appris quelques années plus tard que le fils de cet homme avait dit à un camarade qu'il détestait son père et s'était senti coupable, car sa mort avait été un soulagement. C'est une tragédie de passer sa vie à rendre les autres malheureux de sorte que votre mort les amène à ressentir ce triste mélange de soulagement et de culpabilité. Mais le fait est que des gens qui ne feraient jamais rien de réellement mal ont des pensées et des sentiments « négatifs » et cela ne fait pas de vous une mauvaise personne — juste quelqu'un d'honnête avec lui-même. Souhaiter que quelqu'un sorte de votre vie et se sentir soulagé lorsque cela arrive, ce n'est pas la même chose que de lui faire du mal.

Il est bien connu que les gens qui ont été maltraités ont peur de maltraiter à leur tour. Et il est vrai que la plupart des auteurs de maltraitance ont eux-mêmes été maltraités. Le problème survient lorsqu'on renverse la proposition. De nombreuses personnes maltraitées sont tellement sensibles aux sentiments d'autrui qu'elles ne pourraient jamais maltraiter qui que ce soit. Nombre des personnes qui ont été maltraitées deviennent de type PCH. Quelque chose de mal a pu vous arriver, mais cela ne *vous* rend pas mauvais. Éprouver une colère normale ne fait pas de *vous* un agresseur. De même, manquer une journée de travail ne fait pas de vous un alcoolique qui néglige sa famille, et raconter un petit mensonge innocent ne fait pas de vous un escroc ou un voleur.

Vous connaissez votre Abîme. Je vous encourage à l'examiner calmement, peut-être progressivement, avec respect et autant de compassion que vous le pouvez afin de ne plus subir autant de rayons dans votre vie quotidienne. Vous pourrez alors intégrer vos sentiments et entrer plus pleinement dans la connaissance de vous-même. Vous pouvez *ressentir* de la colère ou de la frustration, mais vous ne *deviendrez* pas la rage, ce dont quelqu'un que vous avez connu avait peut-être l'habitude. Vous pouvez le faire, car votre colère s'intègre à tout l'amour et à toutes les bonnes intentions que vous avez jamais eus dans votre vie. Ce n'est pas de la rage pure et dure, c'est de la rage mêlée à de la compassion, de l'humilité, de l'empathie et de l'amour, contrairement à celle des personnes explosives dont la rage est brute. C'est lorsque la rage est pure que les gens agissent vraiment mal. Voilà ce que veut dire mettre l'Abîme en lumière. Vous n'aurez pas à craindre que le moindre point commun avec un ancien tourmenteur ne soustraie le bien qui est en vous. Vous aurez affronté l'Abîme et intégré une gamme normale d'émotions humaines.

Exercices

Exercice 1

Avez-vous peur de ressembler à quelqu'un, ou de ce que vous ressentiez autrefois, ou de l'image de vous-même qui vous était renvoyée ? Votre Abîme est-il constitué d'un autre redouté ou d'une image déformée de vous-même ?

Exercice 2

Pensez à deux ou trois associations que vous avez établies et érigées en principe, et qui ont pour origine votre peur de l'Abîme. Comment vous ont-elles protégé ? Quel prix avez-vous dû payer pour cela ?

Exercice 3

Avez-vous déjà été agacé par une personne PCH ? Pouvez-vous comprendre pourquoi elle agissait ainsi ?

Exercice 4

Pouvez-vous analyser certains de vos problèmes ou rayons et comprendre comment ils vous ont protégé de l'Abîme ?

Exercice 5

Redoutez-vous toujours l'Abîme malgré ce que vous savez désormais ? Si oui, pouvez-vous commencer à imaginer un état plus serein ?

Chapitre 11

Votre Moi authentique

J'ai autrefois traité une femme entamant la quarantaine, très riche et professionnelle accomplie. « Amy » et son mari, également un professionnel, avaient eu trois enfants. Elle avait l'habitude de diriger les gens et gérait beaucoup d'argent, de pression et de pouvoir dans sa vie professionnelle. Elle évoqua en passant que son mari ne lui avait jamais dit qu'il l'aimait, mais que tout était « merveilleux » dans leur relation. Quand je lui demandai si elle avait jamais réfléchi à la possibilité que son enfance, ou son vécu, aient pu avoir une influence sur le choix de son conjoint, elle répondit par la négative. Lui arrivait-il de réfléchir ou de méditer sur ses sentiments ? « Non, jamais », dit-elle.

Amy était venue me voir sur la recommandation d'un ami. Elle avait commencé à avoir les mains moites, pleurait parfois sans raison apparente et souffrait de sérieuses crises de panique. Elle avait consulté un psychiatre qui lui avait prescrit des médicaments, mais lui avait déclaré qu'il n'existait pas de traitement pour son trouble panique. Elle était dans tous ses états. Je lui expliquai qu'à mesure qu'elle prendrait conscience de ce que son esprit profond tentait de lui dire, la panique s'atténuerait.

Amy souffrait de traits PCH. Elle avait un frère extrêmement déséquilibré qui était à sa façon le perturbateur de la famille. Même si elle raconta que ses parents et son enfance avaient été « merveilleux », il apparut que son père était un homme très irascible dont le comportement frisait la violence. Sa mère était une femme gentille mais passive. Amy voyait sa famille plusieurs fois par an ; son père continuait à intimider sa mère.

Amy décida très tôt de faire ce qu'il fallait pour éviter le courroux de son père. Recevant peu d'affection, elle s'occupait souvent de sa mère déprimée et tentait d'obtenir l'approbation de son père. Excellente étudiante et populaire auprès de ses camarades, elle se sentait tout le temps seule et me disait souvent que sa vie sociale était du « chiqué » et qu'elle ne supportait aucune des personnes avec qui elle collaborait.

Amy me dit assez tôt lors de la thérapie, « Écoutez, je ne veux pas *contrôler* ça. On m'a déjà dit que mon trouble panique ne disparaîtrait jamais, mais ce n'est pas suffisant. Je n'ai pas toujours été ainsi. Qu'on me dise quel a été le facteur décisif. »

« Eh bien, Amy, le facteur décisif est qu'il y a eu de la souffrance dans votre vie », répondis-je. « Vous avez survécu à la souffrance en étant parfaite, mais sans aucune conscience. Vous avez été malheureuse pendant longtemps et vous « gérez » les gens comme vos projets professionnels. Le véritable facteur décisif est que vous devez vous connecter à vos sentiments et les accepter pour ne plus ressentir cette panique. Vous essayez de repousser les pensées qui tentent de remonter à la surface et ce conflit provoque les crises de panique. » Amy rétorqua, « D'accord. Je dois faire ça, hein ? C'est ce que mon ami m'a dit. Existe-t-il un autre moyen de s'en débarrasser une bonne fois pour toutes ? ». Je lui dis que je n'en connaissais aucun. Elle répondit, « D'accord, maintenant je sais et je ferai ce que j'ai à faire, mais je veux que vous sachiez que ça ne me plaît pas. ».

Amy était une véritable femme d'affaires dans tous les sens du terme. Elle demeura fidèle à son engagement envers notre travail thérapeutique et s'« attaqua » aux problèmes que nous examinions ensemble. Elle finit par s'apercevoir qu'elle avait épousé un homme qui ressemblait beaucoup à son père, très froid et difficile. Elle réalisa qu'elle était désespérément malheureuse dans son mariage et son travail, ce qui fut extrêmement douloureux à accepter. Après les maints efforts que fournit Amy au cours de plusieurs mois, les crises de panique cessèrent. Elle en vint à réaliser que ces crises constituaient ses pensées et désirs réels tentant de remonter à la surface.

Elle finit par comprendre à quel point elle était peinée pour sa mère et qu'elle avait cru qu'être parfaite la sauverait d'une manière ou d'une autre. Elle demanda à sa mère pourquoi elle était restée avec son père, et celle-ci répondit que c'était effectivement très difficile, mais qu'elle avait toujours eu peur de partir. Amy réussit à mettre un frein au comportement de son père lors des réunions familiales et devint plus proche de sa mère.

Amy traversa une période de dépression car son anxiété dissimulait en fait la dépression qu'elle redoutait de voir en face. Une fois, elle me dit même, « c'est pénible, cette dépression, mais c'est mieux que d'être terrifiée ». Lorsqu'une autre fois, je lui dis que la dépression était le remède à l'anxiété — voulant dire par là que les sentiments secrets réprimés n'étaient jamais joyeux — elle rétorqua que c'était « invendable », expression que j'utilise désormais avec mes patients. Pourtant, comme elle le dit, la tristesse est sans aucun doute préférable à la terreur ou à la panique.

Bien que personne n'aime être déprimé, les patients qui se mettent à déprimer *après* avoir souffert d'un état anxieux chronique peuvent reconnaître que dans la dépression, ils sont enfin en contact avec leurs véritables sentiments. Le processus que ces patients traversent pourrait être comparé à une désillusion. Dans le cas d'Amy, son illusion était que son enfance et son mari étaient « merveilleux ». Mais ce n'est pas du tout ce qu'elle ressentait au plus profond d'elle-même. Une fois cela admis, Amy vécut un désenchantement et la tristesse associée à laquelle on s'attend lorsque n'importe quelle illusion vole en éclats.

Avec l'analyse de sa dépression, Amy finit par accepter qu'elle ne pouvait pas tout contrôler. Elle comprit que le choix de ses parents de rester ensemble n'était pas son problème mais le leur. Sa mère connut un divorce très douloureux, mais apprécia cette nouvelle proximité avec sa fille. Amy finit par réaliser que son talent pour les affaires provenait de sa volonté de contrôler les gens et les situations, mais que ce n'était pas vraiment ce qu'elle souhaitait faire de sa vie. Durant cette période, elle conserva tout de même son métier, parce qu'il était stable et qu'elle avait d'autres problèmes à résoudre.

À un moment donné, Amy se rendit compte qu'elle avait vécu dans l'aveuglement. Elle dut aussi passer ce cap et accepter que, comme tout le monde, elle possédait ses vulnérabilités. Pour finir, Amy adjoignit l'enseignement à sa carrière, ce qui fonctionna très bien pour elle. Lors d'une réunion, elle eut l'occasion de parler à un homme qu'elle avait toujours trouvé très gentil. Il l'invita à boire un verre et lui parla de son divorce récent. Son histoire ressemblait à celle d'Amy, car lui aussi avait réalisé qu'il vivait dans l'aveuglement. Amy se mit à le fréquenter après la fin de sa thérapie. Quelques années plus tard, elle appela pour m'annoncer qu'elle venait de se marier avec cette charmante personne, qu'elle était très, très heureuse et que la panique ne l'avait plus jamais tourmentée.

Amy est un exemple plutôt extrême d'une vie non authentique. Elle était étrangère à sa propre vie. Si vous prétendez être parfait pour pouvoir recevoir l'approbation des autres, comment pouvez-vous vivre authentiquement ?

Il n'est vraiment pas étonnant que notre culture produise tant de gens souffrant de problèmes PCH ou liés à la honte. Une importance excessive est accordée au fait d'être meilleur que les autres, et on appelle ce sentiment de supériorité « estime de soi ». On voit de jeunes enfants pleurer convulsivement s'ils n'ont pas une bonne note et des adultes s'évaluer à l'aune du montant de leur compte en banque, de la taille de leur maison, de leur voiture, etc. Les jeunes sont encouragés à faire du sport et apprennent rapidement à quel point les entraîneurs et les parents sont affligés lorsque leur équipe ne réussit pas à gagner.

Nous vivons dans un environnement extrêmement compétitif. Lorsque les gens postulent à un emploi et ne sont pas embauchés, ils ont l'impression d'être fautifs sans quasiment avoir conscience que d'autres candidats vivent la même expérience. Quasiment depuis la naissance, on nous apprend à nous situer non seulement en nous comparant aux autres, mais en usant de paramètres qui sont au mieux superficiels, et au pire mesquins.

Pourtant, malgré toutes ces influences culturelles, de nombreuses personnes se tournent vers différents types de spiritualités, qu'elles soient orientales ou occidentales, qui mettent l'accent sur la connaissance de soi plutôt que sur la surenchère. Ayant atteint le succès dont elles croyaient qu'il repousserait l'Abîme à jamais, ces personnes ont découvert la vacuité de cette promesse de réussite, tout en ayant toujours le sentiment qu'il manque quelque chose dans leur vie. Elles ont appris à leurs dépens que ce qu'elles *ont* n'est pas ce qu'elles *sont*. Beaucoup se tournent vers la méditation pour trouver davantage d'authenticité — une bonne pratique pour les personnes que cela aide.

Mais un autre moyen est de réfléchir activement et sincèrement à vos sentiments et de faire les exercices de ce livre. Vous devez reconnaître qui vous êtes et ce que vous redoutez d'être, si vous voulez avoir des choix réels. Comme nous l'avons vu, l'alternative est de vivre anxieusement chaque interaction selon un script qui vous est propre, en ayant l'impression que vous devez constamment prouver quelque chose, ou plus exactement, réfuter quelque chose.

Une alternative existe. Vous pouvez vous avouer vos véritables sentiments et cesser de vivre comme si vous deviez constamment les nier. Vous pouvez cesser de regarder les autres et vos possessions pour savoir qui vous êtes, tout en luttant sans cesse contre la reconnaissance de votre Abîme personnel. À la place, vous pouvez regarder vos sentiments en face, les intégrer et disposer de réels choix dans la vie. Vous n'aurez besoin de personne pour alimenter une fausse image ou approuver toutes vos idées, et vous serez capable d'être présent et conscient dans vos relations.

La vie n'est pas nécessairement facile lorsqu'on est conscient, mais la conscience de soi est le remède à la douleur et à l'anxiété des traits PCH ainsi qu'aux problèmes qui en découlent. Beaucoup de gens ne sont pas conscients, et vous vous apercevrez rapidement quand les autres sont sur la défensive. On peut ressentir de la solitude lorsqu'on est plus conscient, mais vous ne serez enfin plus obligé d'impressionner les autres pour nier vos peurs. Vous leur aurez fait face et les aurez acceptées comme faisant partie de la condition humaine.

Quel sentiment merveilleux que de pouvoir admirer quelqu'un ou être content pour un ami proche sans se déprécier soi-même en comparaison. Vous pouvez être reconnaissant pour les dons et les atouts avec lesquels vous êtes né et travailler les domaines qui ont besoin d'être améliorés, ou bien les abandonner, et vous pouvez considérer les autres de la même manière. Il est incroyablement libérateur de ne pas devoir être parfait et d'être simplement la personne que l'on choisit d'être, car il est vraiment impossible d'évoluer sans authenticité. Vous pouvez finir par réaliser que vous n'êtes pas là par hasard, que vous avez le droit d'exister et de vous séparer des terribles angoisses avec lesquelles vous avez toujours vécu.

Lorsque vous êtes honnête et authentique avec vous-même, vous avez le choix de ce que vous partagez ou non. Lorsque vous tentez de plaire à tout le monde en essayant d'être parfait alors qu'il y a des choses que vous désapprouvez ou ne voulez pas faire, vous vous demandez ensuite si c'est vraiment vous que les gens aiment ou seulement la persona[1]. Je ne vous suggère pas d'invectiver les gens ou de vous montrer cruellement direct. Mais si vos rapports aux autres consistent à constamment tenter de leur montrer à quel point vous êtes quelqu'un de bien, vous ne vivez pas vraiment dans la sincérité et ne vous autorisez pas des relations pleines et entières. Comme nous l'avons évoqué, ce type d'interactions ne laisse pas la place aux besoins de l'autre.

Lorsque vous n'êtes pas authentique avec vous-même, vous ne vous rendez pas compte que vous avez des choix. Vous pouvez suivre un script dont vous avez l'impression de ne pas être l'auteur, ce qui peut donner lieu

---

1. Désignant à l'origine le masque que portaient les acteurs de théâtre pour indiquer le rôle qu'ils jouaient, ce terme renvoie, en psychologie, au masque que tout individu porte pour répondre aux exigences de la vie en société, à la personnalité de façade que l'on présente au monde. - NdT

à des sentiments de dépression, d'anxiété, voire de panique — ou *a minima*, un sentiment chronique de malaise. À chaque fois que vous acceptez de faire ce que quelqu'un d'autre suggère, mais ressentez une crise d'angoisse, cela indique qu'une partie de vous refuse de le faire et votre inconscient tente de vous en informer. Vous aurez toujours un inconscient, mais si vous le laissez jouer le rôle important qu'il est censé tenir et l'écoutez, il vous aidera à être authentique avec vous-même.

Comme vous l'avez vu, c'est notre manière de nous identifier avec ce que nous avons intériorisé qui produit un Abîme. S'il demeure inconscient, il continue à vous gouverner. Dès qu'on l'examine minutieusement, sa fausseté saute aux yeux presque immédiatement. Toutes les problématiques de ce livre découlent d'un noyau inconscient d'un certain type. Ce type peut se manifester sous différentes formes, mais le manque de conscience de soi vous empêche de profiter des autres et même de vous-même.

Beaucoup de souffrance est auto-infligée. Son origine peut provenir d'autres personnes, mais il arrive un moment où, comme le disait un ami, « on n'a pas besoin des autres pour se sentir malheureux ». Il est tentant de fuir un sentiment douloureux, et pourtant, vous savez que le véritable remède n'est pas de fuir, mais de trouver un moyen d'accepter ce sentiment avec respect à mesure que l'on gagne en compréhension.

Être authentique avec soi-même, à quoi cela ressemble-t-il ? Qu'est-ce que cela signifie ? En premier lieu, cela ne veut *pas* dire exprimer tous ses sentiments à tout le monde. Ni ne jamais être triste ou se sentir seul, ou encore aimer chaque facette de sa personnalité. Cela veut tout simplement dire être plus présent.

Par exemple, face à une personne qui possède un trait de caractère ou un talent que vous appréciez, vous pouvez éprouver une admiration authentique sans comparativement vous rabaisser ; vous pouvez tout simplement profiter de l'autre. Vous pouvez même ressentir de la gratitude en toute humilité — un sentiment vraiment magnifique — lorsque quelqu'un fait pour vous quelque chose qui fait une différence dans votre vie. Vous pouvez savourer diverses activités ou relations sans que ne pèse le poids de l'impression que vous jouez un rôle et devez convaincre les autres — et évidemment vous-même — que vous êtes parfait. Cela vous permet d'être spontané et de passer un bon moment sans rien avoir à prouver. Au travail et dans votre vie, vous pouvez comprendre les conséquences naturelles de vos actes sans vous flageller et vous demander si vous êtes une bonne ou une mauvaise personne pour n'importe quel incident mineur.

Vous pouvez aussi connaître la liberté d'avoir tort ou d'ignorer quelque chose, ou l'humilité de dire que vous êtes désolé lorsque vous commettez une erreur. Vous n'avez pas besoin d'avoir une vision hyper-simplifiée de vous-même et des autres, ni de recourir à des associations fausses ou superficielles. Vous pouvez connaître la complexité de la nature humaine et les contradictions présentes aussi bien en vous-même que chez les autres. Vous n'avez pas besoin d'avoir autant de règles strictes ni d'être excessivement critique envers vous-même et les autres, car vous connaissez votre Abîme et ne le projetez pas sur ces derniers d'une manière catégorique. Vous pouvez avoir des intuitions, justes ou fausses, mais ce sont les vôtres.

Durant mes dix-huit années de carrière, les personnes PCH m'ont toujours dit au début de la thérapie qu'elles n'arrivaient pas à comprendre ou à lire les autres. Elles me décrivaient des interactions et n'avaient aucune idée de ce que l'autre pouvait penser ou ressentir. Quant à moi, je comprenais les pensées et les sentiments de l'autre personne — cela me paraissait évident — alors que je n'avais même pas été témoin de la scène ! Voilà un des énormes bénéfices que procure le fait d'être authentique.

Régulièrement, mes patients me disent qu'ils arrivent désormais à comprendre les autres. Au lieu d'interpréter leur comportement en fonction du leur, ils parviennent à comprendre les associations que les autres peuvent établir. Ils arrivent à voir combien les autres ont également peur de ressentir de la honte ou de la gêne. Pour la première fois dans leur vie, ils « voient » réellement les autres au lieu de vivre dans un monde qui ne consiste qu'à tenter d'éviter de connaître leur propre Abîme. Mes patients sont toujours heureux de découvrir qu'ils peuvent réellement comprendre les autres au-delà de leurs propres penchants et besoins.

Même si le moyen de sortir de la dépression, de l'anxiété et de tous les rayons PCH qui génèrent du malaise est l'honnêteté avec vous-même et la conscience de soi — autrement dit, l'authenticité — je crois qu'être authentique signifie également connaître toutes les expériences de la vie, bien que ce ne soit pas toujours facile. Pour la première fois, beaucoup de personnes observent les autres faire ce qu'elles même avaient l'habitude de faire — devoir avoir raison, devoir être celui qui s'occupe de tout, qui est indispensable, juger les autres — et ressentent de la tristesse face au temps qu'elles ont perdu à agir ainsi. D'autres, enthousiasmées par la perte de leur attitude défensive, souhaitent des relations plus authentiques avec les autres pour finir par réaliser qu'ils sont très nombreux à encore souffrir de maux de type PCH. Avec ces derniers, elles se sentent fermement obligées de suivre un scénario, tout comme ce que ressentaient les autres avec elles. Parfois, elles éprouvent une amertume compréhensible puisqu'après avoir autant travaillé sur elles-mêmes, elles réalisent qu'il reste encore bien des gens qui choisissent de ne pas le faire.

Je n'ai jamais entendu quiconque dire qu'il préférait l'anxiété et les problèmes liés à l'état PCH, ou qu'ils abandonneraient leur intégrité retrouvée, mais j'ai entendu des patients exprimer une tristesse et une solitude profondes face aux personnes souhaitant être meilleures que les autres. C'est la contrepartie de l'authenticité. Il n'est pas dit que vous trouverez de nombreuses autres personnes prêtes à pleinement entrer en relation avec vous, mais combien cela est constructif lorsque cela arrive. Il devient évident que ce n'est pas la quantité des relations privilégiées qui importe, mais la qualité de quelques relations authentiques qui peut faire toute la différence dans la vie de quelqu'un.

Après avoir développé son authenticité, la prochaine étape est de cultiver l'empathie et la compassion envers la souffrance des autres et envers ceux qui n'ont pas trouvé le courage de changer. Cela peut s'avérer extrêmement difficile et pourtant, une fois la conscience acquise, celle-ci demeure.

Être authentique ne rendra pas votre monde parfait. Loin de là. Toutefois, cela vous permettra d'être *vous*, de vous voir vous et les autres, d'avoir de l'affection pour eux ou non, au lieu de constamment vous soucier de leurs sentiments envers vous. Vos horizons s'élargiront considérablement et vous saurez qu'être authentique constitue un état d'esprit plus évolué. Et, si vous y réfléchissez, quel autre choix existe-t-il ? Vous vous rappelez combien vous étiez malheureux avant, et vous connaissez à présent la tranquillité et la paix ainsi que des relations plus matures. Non, elles ne seront pas parfaites, mais elles peuvent être honnêtes, décentes et réelles.

Dans ce livre, vous avez constaté combien de nombreuses personnes dotées de traits PCH doivent porter un immense fardeau émotionnel afin de continuer à se voir comme elles l'aimeraient, malgré, ou à cause de, ce qu'elles pensent en leur for intérieur. C'est tout le contraire de l'authenticité avec soi-même, et j'espère que ce livre vous a aidé à devenir plus conscient, authentique et serein, puisque tout ceci va de pair. Je vous souhaite toutes les joies que procurent la conscience et l'authenticité, et bonheur et succès dans votre voyage vers un plus grand épanouissement émotionnel.

Références

ERIKSON, E. *Enfance et société*, Delachaux et Niestlé, 1982

HØEG, P. *Smilla et l'amour de la neige*, Éd. du seuil, 1996

KLEIN, M. « L'Amour, la culpabilité et le besoin de réparation » dans *L'amour et la haine : le besoin de réparation*, Payot, 2001

KLEIN, M. « Notes sur quelques mécanismes schizoïdes » dans *Développements de la psychanalyse*, PUF, 2013

WINNICOTT, D.W. "Transitional objects and transitional phenomena", *The International Journal of Psycho-Analysis*, 340 :89-97 (1953)

À propos de l'auteur

Le Dr Aleta EDWARDS exerce le métier de psychothérapeute depuis plus de vingt ans. Outre sa pratique en cabinet privé, elle a travaillé avec des enfants et des adolescents confiés aux services de la protection de l'enfance, suivi des personnes âgées dans une maison de retraite et traité des militaires en service actif. Elle s'intéresse à la honte et au perfectionnisme depuis de nombreuses années. Elle est également praticienne Reiki de niveau deux.

Le Dr EDWARDS est mariée et a une fille. Fervente cynophile, de nombreux chiens l'ont accompagnée durant sa vie et l'accompagnent encore aujourd'hui. Elle vit et travaille à Tampa, en Floride.

Visitez son site Internet, sa page Facebook et suivez-la sur Twitter :

- aletaedwards.com

- facebook.com/doctoraleta

- twitter.com/AletaEdwards

La ponérologie politique

Étude de la genèse du mal, appliqué à des fins politiques

Andrzej M. Lobacsewski

Préface rédigée par Laura Knight-Jadczyk

Le premier manuscrit de cet ouvrage a été jeté au feu cinq minutes avant l'arrivée de la police secrète en Pologne communiste.

Le deuxième, rassemblé péniblement par des scientifiques travaillant dans des conditions de répression quasiment invivables, a été envoyé au Vatican par l'intermédiaire d'un messager. Celui-ci n'a transmis aucun signe de vie et aucun accusé de réception n'a été reçu. Le manuscrit et toutes ses précieuses données étaient perdus.

Le troisième manuscrit a été rédigé dans les années 1980, après la fuite aux États-Unis de l'un des scientifiques ayant collaboré au projet. Zbigniew Brzezinski en a censuré la publication.

La ponérologie politique – étude de la genèse du mal, appliqué à des fins politiques a été façonnée dans le creuset même du sujet étudié.

L'auteur et son équipe, vivant sous un régime répressif et totalitaire, décidèrent d'étudier ce phénomène, ses fondateurs et ses acteurs, afin de déterminer le facteur commun dans la montée et la propagation de l'inhumanité de l'homme envers l'homme.

Choquant dans la sobriété clinique de ses descriptions de la véritable nature du mal, poignant dans les passages décrivant les souffrances vécues par les chercheurs qui ont été contaminés ou anéantis par la maladie qu'ils étudiaient, cet ouvrage devrait être lu par tout individu défendant les valeurs morales ou humanistes. Car il est certain que la moralité et l'humanisme ne peuvent longtemps supporter les déprédations du Mal. Connaître sa nature, la façon dont il se crée et se répand, et l'hypocrisie et la perfidie de son mode opératoire, en est l'unique antidote.

ISBN : 978-2-916 721-01-9

La formation de la personnalité par la désintégration positive

Kazimierz DABROWSKI

Pour le psychologue et psychiatre Kazimierz Dabrowski, la personnalité ne va pas de soi — elle doit être consciemment créée et développée par l'individu. cet ouvrage, publié pour la première fois en 1967, le Dr Dabrowski traite de la personnalité de manière exhaustive et toujours pertinente, peut-être encore plus de nos jours qu'à l'époque de sa rédaction. Dans ce livre, Dabrowski décrit les caractéristiques individuelles et universelles de la personnalité, les méthodes qui participent à son façonnage, et présente des études de cas de personnalités célèbres comme Saint-Augustin et Michel-Ange qui démontrent la nature concrète et normative du développement de la personnalité. Cette édition comprend l'introduction originale rédigée par l'ancien président de l'American Psychological Association, O. Hobart Mowrer, une annexe détaillant une étude conduite par le Dr Dabrowski sur les enfants surdoués et les aptitudes exceptionnelles, ainsi que des articles biographiques inédits analysant la personnalité de Beethoven, Kierkegaard et Unamuno.

Fondé sur la théorie de la désintégration positive de Dabrowski, *La formation de la personnalité* introduit les concepts au coeur de cette théorie et du potentiel humain, de la créativité, de l'aide apportée à la société, du conflit interne, de la maladie mentale et de la croissance personnelle. La perspective globale de Dabrowski est à la fois une alternative rafraîchissante aux théories et aux courants unidimensionnels omniprésents en psychologie, et en soi une affirmation pleine et entière de tous ces aspects de la nature humaine qui sont trop souvent marginalisés, ignorés ou niés — résultat sincère et révolutionnaire des observations incisives et de la vision globale du Dr Dabrowski.

Kazimierz Dabrowski (1902-1980) a développé sa théorie de la désintégration positive au cours de sa carrière de psychologue clinicien et de psychiatre, et l'a exposée dans plus de trente livres et deux cent cinquante articles en diverses langues. Il a été professeur et directeur de Recherche clinique et d'Internat à l'université de l'Alberta.

ISBN : 978-2-916 721-81-1

Programme Éiriú Eolas

Contrôle du stress, guérison et rajeunissement

Laura KNIGHT-JADCZYK

- Vous êtes stressé ?

- Vous souffrez de fatigue chronique ?

- Vous souffrez de maladies que votre médecin n'arrive pas à diagnostiquer et qu'il qualifie de psychosomatiques ?

- Vous ressentez des douleurs la plupart du temps ?

- Votre organisme souffre de cet environnement saturé de pollution ?

- Vous voulez faire face aux challenges de la vie avec plus de calme et de sérénité ?

- Vous voulez retrouver votre santé, la joie de vivre, une existence sans douleur ?

Tout cela et bien plus encore est possible grâce à Éiriú Eolas *(prononcez « ER-ou OH-lahss »)*, un programme révolutionnaire, scientifiquement prouvé et offrant des bénéfices exceptionnels : contrôle du stress, guérison, détoxification et rajeunissement, qui constitue la CLEF pour changer votre vie immédiatement et efficacement.

Cette technique est issue des travaux menés par Laura KNIGHT-JADCZYK et le Dr Gabriela SEGURA. Elle a fait l'objet de recherches poussées et son efficacité a été prouvée par des milliers de pratiquants qui bénéficient d'ores et déjà de ce programme unique.

DISQUE 1 :

1e partie (V.O.S.T.) : dans ce cours vidéo, Laura KNIGHT-JADCZYK donne un aperçu détaillé des théories scientifiques et philosophiques concernant la respiration – l'acte de respirer – et son importance pour notre bien-être physique, émotionnel et spirituel. Elle enseigne également la technique de respiration de base utilisée lors des exercices ultérieurs..

2e partie (V.O.S.T.) : présentation vidéo des exercices d'échauffement et des techniques de respiration du programme Éiriú Eolas qui, pratiquées régulièrement, peuvent apporter une profonde guérison émotionnelle, mentale et psychologique.

DISQUE 2 :

(V.F.) : Grâce à ce CD audio, vous pourrez pratiquer la totalité du programme Éiriú Eolas, dont le point d'orgue est la puissante Prière de l'Âme : une prière non confessionnelle, non sectaire et scientifique – une réalisation extraordinaire à notre époque, où le programme que vous tenez entre vos mains s'avère crucial.

Respiration en trois étapes : cet enchaînement d'exercices durant une quinzaine de minutes permet de stimuler la détoxification et la guérison naturelle de tout notre organisme. Ses effets, cumulatifs dans le temps, permettent entre autres de rééquilibrer en profondeur le corps et l'esprit, de stimuler la régénération de l'organisme, entraînant guérison et rajeunissement. Les résultats sont parfois visibles dès la première séance et une pratique régulière peut provoquer une véritable régénération.

Beatha (la vie) ou respiration circulaire : également connue sous le nom de respiration bioénergétique et découverte par Alexander LOWEN, élève de Carl JUNG. Cette technique permet d'atteindre et de libérer rapidement mais en douceur des années de toxicité émotionnelle et de souffrance psychologique ainsi que les blocages liés à des abus et traumatismes graves, y compris le syndrome de stress post-traumatique. Libérez-vous totalement des démons du passé ! Technique puissante à utiliser au maximum une fois par semaine et déconseillée en cas de grossesse ou de déséquilibre neurochimique.

La méditation ou Prière de l'Âme : c'est la partie la plus importante de tout le programme. Pratiquez-la tous les soirs avant de vous coucher. Précédée d'une série de respirations resserrées qui induit rapidement un état de profonde relaxation méditative, la prière est constituée d'affirmations positives qui pénètrent en profondeur dans le subconscient et provoquent guérison de l'âme et rajeunissement. Ses résultats se cumulent dans le temps et ses bienfaits sont visibles très rapidement, parfois dès la première séance !

DISQUE 3 :

(V.O.S.T.) : Ce DVD correspond au programme audio sous-titré en plusieurs langues et agrémenté d'images relaxantes de la nature. Utilisez-le si le CD n'est pas disponible dans votre langue, si vous êtes malentendant ou si vous souhaitez écouter la version originale. À partir de ce DVD, vous pourrez également télécharger le « Guide pratique » au format Pdf et les versions Mp3 du CD en anglais et dans d'autres langues.

ISBN : 978-2-916 721-19-4

Les Editions Pilule Rouge
B.P. 90 121
82 100 Castelsarrasin
France
Tél : (+33)5 63 04 54 30
info@pilulerouge.com
www.pilulerouge.com